普通高校体育选项课系列教材

JIANMEICAO

健美操

黄 荣 张 鹏 王彦旎◎主编

清华大学出版社
北 京

内 容 简 介

　　本教材主要对健美操的基本知识进行介绍，包括健美操概述、健美操术语与动作、健美操教学、健身健美操和竞技健美操的创编、健美操的营养卫生与安全知识、健美操竞赛组织与裁判法、健美操大众锻炼标准等理论知识；同时涉及包括踏板操、搏击操、水中操、健身球在内的健身健美操、竞技健美操以及包括瑜伽、街舞、踢踏舞、啦啦操、普拉提在内的时尚健美操等实践内容。整本教材内容丰富，便于读者全面了解健美操的相关知识，适用于高校师生与健美操爱好者。

图书在版编目(CIP)数据

健美操 / 黄荣，张鹏，王彦旎 主编. —北京：清华大学出版社，2015(2023.1重印)
（普通高校体育选项课系列教材）
ISBN 978-7-302-40105-6

Ⅰ. ①健⋯　Ⅱ. ①黄⋯ ②张⋯ ③王⋯　Ⅲ. ①健美操‒高等学校‒教材　Ⅳ. ①G831.3

中国版本图书馆 CIP 数据核字(2015)第 089467 号

责任编辑：王燊娉　胡花蕾
封面设计：赵晋锋
版式设计：周玉娇
责任校对：成凤进
责任印制：刘海龙

出版发行：清华大学出版社
　　　　网　　　址：http://www.tup.com.cn，http://www.wqbook.com
　　　　地　　　址：北京清华大学学研大厦 A 座　　　邮　　　编：100084
　　　　社 总 机：010‒83470000　　　　　　　　邮　　　购：010‒62786544
　　　　投稿与读者服务：010‒62776969，c-service@tup.tsinghua.edu.cn
　　　　质 量 反 馈：010‒62772015，zhiliang@tup.tsinghua.edu.cn
　　　　课 件 下 载：http://www.tup.com.cn，010-62790226
印 装 者：三河市铭诚印务有限公司
经　　　销：全国新华书店
开　　　本：185mm×260mm　　印　张：18　　字　数：438 千字
版　　　次：2015 年 8 月第 1 版　　　　印　次：2023 年 1 月第 8 次印刷
定　　　价：49.00 元

产品编号：064697-02

丛书编委会

主　　编：赵志明

编　　委（按姓氏笔画排名）：

丛 书 序

　　教育是立国之本,强国之基,没有优良的教育,一个国家就难以获得发展。在经济和社会的快速发展下,竞争日益加剧,而这种竞争逐渐演变为人才的竞争。在这一背景下,高等教育面临着培养全面型高素质人才的历史使命。而健康的体质是人才的基础,要培养合格的人才,高校必须重视体育教学。尤其是目前我国面临着国民体质日益下降的严峻形势,如何加强高校体育教育,进行体育教育改革,成为高校体育教育的重要工作。

　　我国对高校体育教育非常重视。《中共中央国务院关于深化教育改革全面推进素质教育的决定》中明确了体育教育工作的重要性,《全国普通高等学校体育课程教学指导纲要》也对体育课程进行了分析与定位,这些都为我国高校体育教育的发展指明了方向。高校体育教育要严格遵循"健康第一""以人为本""终身体育"的指导思想,以《全国普通高等学校体育课程教学指导纲要》为依据,遵循体育教育的客观规律,不断进行体育教育改革,提高体育教育质量,为实现培养全面人才的重任而努力。

　　高校体育教育的重要任务就是让学生获得体育运动的基本知识,掌握一两种体育锻炼的技能,从而促进自身身心健康与社会适应能力,增强体质,形成终身体育意识。基于这一任务,从高校体育教育与学生的实际情况出发,我们编写了《普通高校体育选项课系列教材》,包括《体育运动科学理论》《足球》《篮球》《排球》《乒乓球、羽毛球、网球》《健美操》《形体与体育舞蹈》《武术与养身》《跆拳道、散手及自卫防身术》《游泳救生及水上运动》《定向运动与野外生存》《休闲娱乐运动》等。

　　本套教材具有以下特点:

　　(1)内容丰富。本套教材根据高校体育教育的实际、学生体育学习的需要以及时代的发展要求,从庞大的体育系统中选择了一些对学生发展有利的、易于学生接受的、时代性强的内容进行讲解,既包含体育理论的相关知识,也包含体育运动项目的实践,编排全面、合理,能够满足高校体育教师教学与学生学习的需要。

　　(2)教育性强。本套教材在编写过程中突出教育性,不仅对学生进行体育文化的教育,还对学生进行体育实践的指导,更注重学生体育技能的掌握与体育意识的培养,体现出了体育在素质教育与人才培养方面的重要性。

　　(3)突出个性。本套教材在编写中严格遵守"以人为本"原则,内容选择上从学生的需要出发,讲解中考虑了学生的身心发展特征,并体现出了个体差异,有利于学生在学习过程中的个性培养,为终身体育奠定基础。

　　(4)实用性强。本套教材所选内容切合实际,编排遵循了人类认识的一般规律,语言通俗易懂,图文并茂,方便教师教学与学生学习,具有较强的实用性。

本套教材在编写过程中吸收、借鉴了国内外专家和学者的研究成果和资料,并得到了清华大学出版社的大力帮助和支持,在此表示衷心的感谢。由于编写人员精力和水平有限,书中难免存在不妥之处,敬请广大读者批评指正。

赵志明

湖南科技大学体育学院教授

北京体育大学体育教育训练学博士

2015 年 1 月

前　言

健美操具有广泛的适应性、高度的艺术性、强烈的节奏性,深受高校大学生的喜爱,是高校体育教学的重要内容之一。健美操运动的教与学能"寓教于体",将"德育""智育""美育"融于"体育"之中,对促进高校大学生的身心健康发展具有重要的意义。为了进一步推动我国高校体育教学,丰富高校体育教学内容,为高校大学生身心健康成长和终身体育思想的树立奠定基础,培养符合社会需要的全面素质人才,我们编写了《健美操》这一教材。

本教材以健美操运动为编写对象,在现代体育教学"健康第一""以人为本""终身体育"等思想的指导下,结合当代大学生的身心发展特点,着重分析了健美操运动的基本理论知识与学科基础,详细介绍了有利于提高大学生身心健康的健美操运动项目,围绕大学体育的功能和大学体育教学改革的最新动向,指出了现代高校健美操运动教学的方向,有利于进一步完善高校健美操运动教学,促进大学生健康成长。

本教材共十章,突出了大学生参与健美操运动的重要性和进行健美操运动实践的健康作用。第一章为健美操概述,内容包括健美操的起源与发展、概念与分类、特点与功能;第二章重点阐述了健美操术语与动作,同时介绍了健美操基本技术;第三章为健美操教学,详细介绍了健美操教学的内容与任务、原则与方法及教学能力训练;第四章为健身健美操和竞技健美操的创编知识;第五章为健美操的营养、卫生与安全知识;第六章为健美操竞赛组织与裁判法介绍;第七章着重介绍了现代健美操大众锻炼标准;第八章至第十章为健美操运动实践内容,主要内容涉及包括踏板操、搏击操、水中操、健身球在内的健身健美操、竞技健美操以及包括瑜伽、街舞、踢踏舞、啦啦操、普拉提在内的时尚健美操。整本教材涉及健美操运动的方方面面,通过本教材内容的学习,能有效掌握健美操理论知识,提高身心素质,有助于身心健康、全面发展。

在编写过程中,除了具有本系列教材内容丰富、教育性强、突出个性及实用性强的一般特点外,本教材还具有以下特点。首先,本教材对健美操的基本知识阐述十分详尽,理论知识系统,实践学练深入浅出,这符合当前高校体育教学和学生认知的客观规律;其次,本教材重点分析了健美操与营养、健美操与卫生、健美操与安全的逻辑关系,为大学生的健美操学练提供了更安全的保障;最后,教材的内容选择以大学生的健身需要为出发点,为教师教学和学生学练提供了选择余地。总之,本教材是一本将最新的健美操运动知识与大学生的体育活动实践紧密结合的实用性教材。

本书由陕西理工学院黄荣,长安大学张鹏,琼台师范高等专科学校王彦旎编写完成,并由3人共同统稿。具体分工如下。

第一章、第二章、第四章、第九章:黄荣;

第三章、第五章、第六章、第七章:张鹏;

第八章、第十章：王彦旎。

本教材在编写过程中，参阅和引用了相关学者的教材和文献资料，在此衷心地表示敬意。由于编写时间有限，书中难免存在不足之处，恳请广大师生给予批评、指正。

编　者
2015 年 1 月

目　录

第一章　健美操概述···1

  第一节　健美操的起源与发展·······································1

  第二节　健美操的概念与分类·······································8

  第三节　健美操的特点与功能······································12

第二章　健美操术语与动作··17

  第一节　健美操术语··17

  第二节　健美操动作··25

  第三节　健美操基本技术··41

第三章　健美操教学···45

  第一节　健美操教学内容与任务···································45

  第二节　健美操教学原则与方法···································49

  第三节　健美操教学能力训练······································64

第四章　健美操创编···71

  第一节　健身健美操创编··71

  第二节　竞技健美操创编··87

第五章　健美操营养、卫生与安全······································101

  第一节　健美操与营养···101

  第二节　健美操与卫生···113

  第三节　健美操与损伤···116

第六章　健美操竞赛组织与裁判法······································123

  第一节　健美操竞赛概述··123

  第二节　健美操竞赛的组织···125

  第三节　健美操竞赛的裁判法······································129

第七章　健美操大众锻炼标准···147

  第一节　健美操大众锻炼标准概述·································147

  第二节　健美操大众锻炼标准套路教学··························150

第八章　健身健美操···177

  第一节　踏板操···177

  第二节　搏击操···188

　　　第三节　水中操···197

　　　第四节　健身球···202

第九章　竞技健美操···209

　　　第一节　竞技健美操基本功···209

　　　第二节　竞技健美操表现力···218

　　　第三节　竞技健美操成套动作···224

　　　第四节　竞技健美操难度动作···229

第十章　时尚健美操课程···239

　　　第一节　瑜　伽···239

　　　第二节　街　舞···245

　　　第三节　踢踏舞···255

　　　第四节　啦啦操···260

　　　第五节　普拉提···267

参考文献···275

第一章　健美操概述

健美操有着悠久的历史,它以其良好的健身性、健美性和娱乐性深受人们的喜爱。本章主要介绍了健美操的起源与发展,概念与分类,特点与功能等基本知识,以帮助大学生初步了解健美操运动。

第一节　健美操的起源与发展

一、国际健美操的起源和发展

(一)国际健美操的起源

国际健美操的起源是由古老的运动文化通过融合、发展演变而来的。首先,国际健美操的起源最早可追溯到两千年前的古希腊。当时的古希腊人非常崇尚人体美,他们认为,在世界万物之中,只有人体的健美才是最匀称、最和谐、最庄重、最有生气和最完美的。他们提出了"体育锻炼身体,音乐陶冶精神"的主张。

另外,古代印度当时所流行的一种瑜伽术,把姿势、呼吸和意念紧密结合起来,通过调身、调息、调心,运用意识对身体进行自我调节。瑜伽健身术动作包括站立、跪、坐、卧、弓步等各种基本姿势。这些姿势与当前世界流行的健美操所常用的姿势是一致的。

在欧洲,意大利医生墨库里奥斯在 1569 年出版的 6 卷《体操艺术》等著作中,详述了各种形式的体操动作。18 世纪,德国著名体育活动家艾泽伦开设了培训体育师资的课程,创造了哑铃、吊环等运动。欧洲最著名的体操倡导者维特采用游戏和娱乐的形式推广体操,增加了体操的趣味性。19 世纪,德国人斯皮斯(1760—1858 年)为体操动作配曲;丹麦体操家布克创造了"基本体操",并根据性别、年龄等对体操进行了分类;瑞典体操学派创始人佩尔·亨里克·林(1776—1836 年),根据体操练习的功能将其分为教育、军事、医疗和美学 4 大类,他的理论为现代健美操的理论和实践奠定了坚实的理论基础。弗朗索瓦·特尔沙特(1811—1871年)赋予体操动作两个新特征:美感和富于表情。瑞士教育家雅克克尔克罗兹设计了一种描述肌肉活动和肌肉伴奏相结合的音乐体操。

以上所述是国际健美操最初的雏形,通过这些运动文化的发展,不断地演变,最终统一发展至今,成为现代健美操。

(二)国际健美操的发展

1. 健身健美操运动的发展

现代健美操实际上是从20世纪60年代末开始萌芽的。最初缘于美国太空总署医生库帕博士于1968年为太空人设计的体能训练项目。库帕根据宇航员所处的特殊环境和对宇航员身体机能的特殊要求,为太空人的体能训练设计了一些动作并逐渐加上音乐伴奏和服装,形成了具有独特体系的运动——阿洛别克(Aerobic Exercise),这种运动出现不久便因其对身体机能,尤其对心血管和改善体型的作用引起了人们的关注,并很快风靡世界。1969年美国人杰姬·索伦森综合这种有氧操的特点,结合当时流行于美国黑人的各种爵士舞和非洲民间舞,创编了健身舞,这种舞带有较强的娱乐性,形式新颖,把较强的节奏性和自然而大幅度的动作融为一体,对现代健美操的形成产生了深远的影响。人们开始关注既能增进健康,又能健美身材,也可作为娱乐消遣方式的健美操。当时美国跳健身舞的人数达到1 870万,几乎与打网球的人数不相上下。1984年9月美国《新闻周刊》题为"遍及全球的健身热"一文中报道:美国人对体形和健美操的崇拜日甚一日。

美国是现代健美操十分盛行的国家,而且对世界健美操的发展有着重要的影响。其代表人物是简·方达。她根据自己的体会和亲身经历撰写的《简·方达健身术》一书,自1981年首次在美国出版以来,一直畅销不衰,并被翻译成20多种文字,在世界30多个国家出售。著名影星和健美操专家这两个身份使她成为80年代风靡世界的健美操的杰出代表和开拓者。她创编的几套比较科学、饶有趣味的健美操能从社会学、生态学、生物学、人体美学和营养学的角度,对"健"与"美"提出一些比较新颖并有一定说服力的观点。她在书中写道:"健美操可以改变你的形体,烧掉身体各处积存的多余脂肪,并且在你从未想到的部位增加肌肉的张力,它将使你在身体上和心理上感觉更加良好。"她主张"进行健美操锻炼要配上音乐,其中可用流行音乐、乡间音乐、摇滚音乐、西部音乐等"。她认为"美来自健康和强壮,来自蕴藏着充沛精力,焕发勃勃生机的身体",她用自己为了追求人体美,多年采用"节食减肥法""饥饿减肥法""自导呕吐法""药物减肥法"致使身体虚弱,得了慢性泌尿疾病的失败教训,和以体育锻炼,特别是用健美操来保持身体健康和体态苗条的成功经验现身说法,提倡健美操运动。

简·方达健美操分为初级课程和高级课程两部分,每个部分包括热身活动,手臂运动,腰部运动,腿、髋运动和放松活动等内容。另外还设有特别课程,包括背部运动、小腿和踝部运动以及月经问题等内容,共有66个练习,需要44分钟完成。每个练习都简单易学,效果明显,目的、做法、要求十分明确。简·方达健美操已成为世界健美操的一种模式,各国相继模仿、采用,对我国健美操的创编和开展也有着重要的影响。

美国以健身为主要目的的健身健美操和以竞技为主要目的的竞技健美操,近30年来,一直处于世界领先地位,为世界健美操的发展作出了重要的贡献。美国创办了上千个健身俱乐部、健身房,为人们提供了大量从事健美操锻炼的场所。现在美国拥有众多的人参加各种类型的健美操练习,在野外饭店或素菜餐厅,在食品店,甚至在整形外科医生的小桌旁,处处都可以见到人们在做健美操。

法国做健美操的人已超过 400 万,超过了法国体操联合会会员的人数。仅巴黎就有 1 000 多个健美操中心,每人约花 335 美元参加健美操中心的活动,每周日上午 10 点,500 万法国人都要挪开家具、卷起地毯,跟随电视台健美操领操员做一小时的健美操。一位巴黎健身俱乐部的老板说:"以前体育锻炼是一种枯燥乏味的活动,但今天的健身舞却其乐无穷。"

德国人很强调健身与娱乐相结合,提出"君欲健美、开展体育"的号召,他们每年用于健美食品、资料和训练费用达 16 亿马克,只要形体美人们不惜花钱。而意大利的罗马有 40 处健美操场所,每天做操的人从早到晚从不间断。英国早在 1956 年就建立了大不列颠健美协会。根据报道 1984 年时英国大约有 270 万人每天清晨都要打开电视机跟着电视里女教练做健美操。

苏联早在 20 世纪 20 年代已有人倡导健美操,但尚不普遍。现在,健美操已发展成为最有群众性的几项体育运动之一。尤其是在俄罗斯,健美操已经列入大、中、小学的体育教学大纲,并多次举办全国性教练员培训班,定期在电视台向广大健美操爱好者教授健美操。全国最大的健美操组织是舍宾格(SHAPING)健美协会。它的体系非常完善,每年都要举行大型的舍宾格健美操比赛,每个优秀的舍宾格运动员都具有无可比拟的体型和非常健康的身体。

1992 年舍宾格系列健美操传入我国,给人耳目一新的感觉,动作优美而简单,垫上动作虽重复次数多,但见效快。舍宾格健身舞动作舒展、流畅,具有浓重的芭蕾味,优秀的舍宾格运动员的柔韧性是不可思议的,修长的下肢能摆动到不可想象的部位。为了吸引更多的人加入到舍宾格的行列中来,它的总部每年都要举办一次舍宾格选美大赛,这大大吸引了众多的青年妇女的参与。波兰、保加利亚等东欧国家的健美操开展情况大体与苏联相似。

30 多年来,随着遍及全球的健身热和娱乐体育的发展,健美操运动风靡世界。特别是进入 80 年代以来,健美操运动以它强大的生命力,在世界范围内迅猛开展起来。美国式的健身俱乐部、健身舞培训班、健美院、健美操中心如雨后春笋般地到处涌现。

亚洲的健美操发展也是风起云涌。1977 年日本韵律体操家佐腾正子开始讲授韵律操,1980 年她在日本开设了韵律操学校,并出版了《自学韵律操》一书。她提出"韵律操不像舞蹈旨在表达感情喜怒哀乐。它最重要的是透过肌肉的思考,自由地把喜悦、快感传达给自己的运动"。她传授的韵律操动作,崇尚创造性与自由性,动作大量取材于爵士舞、非洲民族舞蹈,因而其动作奔放,扭动、弹动、摆动动作多。1982 年 10 月日本"国民体育大会"上就有 420 名 50 岁以上的老人表演了"健身体操",1984 年首届远东区健美操大赛在日本举行。1987 年日本成立了健美操协会。同时健美操在新加坡、韩国、中国香港地区以及东南亚国家和地区也迅速兴盛起来。

从西方到东方,现代健美操的发展令人振奋。健美操作为健与美的新兴体育项目,将继续受到人们的欢迎,即使健美操的形式和方法会有所改变,但从事健美操的人数仍将继续增加。健美操运动自从 20 世纪 80 年代初兴起以来,以它强大的生命力迅速在世界范围内流行。到目前为止,健美操不仅在欧美等发达国家蓬勃发展,而且在一些发展中国家和地区也得到不同程度的开展。许许多多的人选择健美操作为自己主要的健身方式,形成了世界范围的"健美操热"。

健美操能够在世界范围内兴起并得到广泛的开展,其原因是多方面的。首先,健美操和人们追求健康热潮有关。随着社会的发展、科学的进步,尤其是20世纪六七十年代以来,信息产业、电子技术得到快速发展,人们体力活动减少,脑力工作增加,工作环境更加舒适,生活水平明显提高,但同时也带来一系列的健康危机,如肥胖症、糖尿病、心血管疾病以及由于各种压力的增加而引起的心理问题等,从而使人们逐渐认识到这种健康危机,人们发明了多种多样的健身方法,越来越多的人加入到健身行列中来,各种健身活动得到广泛地开展,如跑步、打球、骑自行车等,健美操正是在这种大环境中产生并发展起来的。其次,健美操本身的项目特点促进了健美操运动的发展。健美操运动内容丰富,变化多,其动作表现具有"健、力、美"的特征,包含着较高的艺术因素,因此不仅健身的效果好,而且能够满足人们"爱美"的心理。同时,健美操练习还有音乐伴奏,其强烈的音乐节奏令人兴奋,催人奋进,使人们在轻松、欢快的气氛中达到锻炼身体的目的。另外,健美操锻炼所需的场地器材简单,练习形式多样,适合各年龄层次人群的特点,这也是健美操能够发展的原因之一。

2. 竞技健美操运动的产生与发展

在长期的实践过程中,健美操已从一项单纯的健身运动逐步发展成一项独立的体育竞赛项目,在运动形式、动作技术特征以及竞赛组织方法等方面有其自身的特点。竞技健美操的首次国际比赛是由国际健美操联合会(IAF)在1983年举办的第一届国际健美操比赛,约有近百名运动员参加比赛。可以说,竞技健美操的发展历史只有十几年。另外,比较著名的比赛还有由国际健美操冠军联合会(ANAC)举办的世界健美操冠军赛,1998年的比赛还增加了少儿健美操比赛,有34个国家参加比赛,运动员人数达200多人。国际体联(FIG)从1995年开始,每年举办国际体联(FIG)健美操世界锦标赛,到目前已举办过7届,每届均有40多个国家、百名以上的运动员参赛。除此之外,各个健美操国际组织还单独或联合举办各种世界健美操巡回赛和大奖赛,以扩大健美操运动在世界范围的影响。每年各种国际比赛的参赛人数呈逐年增多的趋势,这些都表明竞技健美操发展很快,是一个很有生命力的竞技体育项目。

从竞技健美操的产生发展至今,各种国际比赛不断发展变化,技术水平也不断提高。由于所使用的竞赛规则不同,因此各个比赛的场地与时间也不同。但比赛项目则较统一,均为男单、女单、混双和三人,国际体联(FIG)比赛在2001年已增加了6个比赛项目。此外,俯卧撑、仰卧起坐、高踢腿、开合跳曾是比赛的规定动作,是竞技健美操难度动作和动作技术的标志,但随着比赛激烈程度的增加、技术水平的提高,规定动作已被取消。今后竞技性健美操的技术发展趋势,将是突出成套动作编排的艺术性和动作质量的不断提高。

3. 国际健身协会和竞技性健美操组织的发展

(1)国际体操联合会健美操委员会(FIG):国际体操联合会成立于1881年,总部设在法国,原有体操、艺术体操等项目,于1994年接受健美操为其正式的比赛项目,并颁布了第一本竞技性健美操竞赛规则,从2000年起,每逢双数年举办一次世界锦标赛。1999年,国际体操联合会合并了蹦床、技巧两个国际组织,成为拥有体操、艺术体操、健美操、蹦床、技巧、大众体操 6 个大项的单项体育组织。我国是国际体操联合会的正式会员国。

（2）国际健美操冠军联合会（ANAC）：成立于 1990 年，总部设在美国，每年举办 ANAC 世界健美操冠军赛。

（3）国际健美操联合会（IAF）：成立于 1983 年，总部设在日本，在 1994 年以前是世界上最大的国际健美操组织，目前有会员国近 30 个。每年举办 IAF 健美操世界杯赛。

上述这些健美操组织均致力于健美操运动的发展及其在全世界的普及，为扩大健美操在世界范围的影响，提高运动技术水平作出了重要贡献。尤其是国际体操联合会健美操委员会（FIG），虽然只是在 1994 年才接受健美操为其正式的比赛项目，但由于国际体操联合会健美操委员会（FIG）是国际奥委会正式承认的正规国际体育组织，具有悠久的历史和把握项目发展方向的能力，尤其提出的"健美操进入奥运会"的目标，得到了世界各国健美操组织的热情支持与信任，也只有国际体操联合会健美操委员会（FIG）才能担当起把健美操带入奥运会的重任。

二、我国健美操的起源和发展

（一）我国健美操的起源

健美操最本质的意义就是强身健体，而我国关于强健体魄的身体练习的最早记载，在两千年前的《黄帝内经》中就已经作了详细描述，比如书中曾有的"导引养生功"的介绍。

在 1979 年湖南长沙马王堆墓出土的西汉时期的帛卷上，上面的人物采用站立、坐、蹲等基本姿势做着屈伸、扭转、弓步、跳跃等动作，这些动作与现代的健美操运动非常的相似，这是迄今为止能够形象地反映我国体操或健美操的最早的历史资料。

东汉时期的名医华佗曾经发明了"五禽戏"，所谓"五禽戏"就是模仿虎的勇猛扑击、鹿的伸展奔腾、熊的沉稳进退、猿的机敏纵跳、鸟的展翅飞翔，并把各个导引动作改编为虎、鹿、熊、猿、鸟五组动作。有人称之为"五禽戏"是我国早期具有民族特色的人体健美操的套路。

（二）近现代我国健美操的发展

1. 我国健身健美操运动的发展

早在 20 世纪 30 年代，我国健康书局曾出版了署名为马济翰等人著的《女子健身体操集》。该书在摘要中介绍说，"本书所选欧美各国最新发明的体操数种，有适于少年女性者，有适于中年妇女者，皆为驻颜之秘诀，增美之奇方。至于身体健康，自不待言，能恒心练习，立可获得美满之奇效"，并从不同角度阐述了人体美的价值，介绍了采用站立、坐卧姿势做的各种健美体操，并附有 30 多幅照片，其动作与现代女子健美操有许多相似之处。此后又出版了《男子健美操集》，从多方面阐述了健美操对增进人体美的价值、方法、要求。男子健美操增加了许多哑铃等轻器械，许多动作与现代健美操十分相近。这两本书说明我国早在 20 世纪 30 年代已介绍和开展了健美操运动。

世界性的健美操热传到我国是 20 世纪 80 年代初期，我国正处于改革开放时期，健美操首先在高校得到普及。当时不少高校教师陆续在报刊杂志上刊登了一些介绍健美操和探讨美育的文章,并编排了一些成套动作,如《女青年健美操》《男青年哑铃健美操》《形体健美操》等。从此追求人体健与美的"健美操"一词迅速被广大体育工作者所采用。1984 年《健与美》杂志创刊,中央电视台播放了《减肥体操》,并在北京体院师生中传授。同年北京体院成立了健美操研究组,由其编排并推出的《青年韵律操》等 6 套健美操,迅速传遍全国各大专院校,使健美操迅速在我国各大专院校得到普及。1986 年,北体又编写出版了我国第一部《健美操试用教材》,并正式在北体本科学生中开设了健美操选修课。此后不久,许多高校将健美操列入教学大纲,使健美操成为一项重要的体育教学内容,为健美操的推广普及打下了良好的基础。另外,每年很多高校还组队参加各种形式的全国健美操比赛,使高校成为我国竞技健美操发展的基地和不可缺少的重要组成部分。随着我国各大报刊、电视台对人体健与美和健美操的一系列宣传报道,使世界性的现代健美操热迅速传入中国,强化了人们对健美操运动的认识,就此拉开了我国健美操运动发展的序幕。

我国的社会健美操热始于 20 世纪 80 年代,当时在全国的部分城市已经有了健身俱乐部的雏形。1987 年我国第一家规模较大的健身中心"北京利生健康城"面向社会开放,首次把健美操这项新的运动项目介绍给广大人民群众,其新颖的锻炼方式、良好的健身效果很快就被人们所接受,吸引了大批的健身爱好者。随后,越来越多的以健美操为主要形式的健身中心在社会上相继开业。尤其是北京、上海、广州等大中型城市,人们的思想观念更加开放,追求健康、健美成为时尚,并且随着生活水平的不断提高,为健康投资逐渐深入人心,因此千千万万的人热衷于健身,热衷于健美操锻炼,他们每周 2~3 次到健身院参加健美操练习,通过锻炼,不仅增强了体质,而且娱乐了身心,同时使健美操成为健身市场的一个重要组成部分。另外,电视等有关媒体的健美操节目的大量出现也对社会健美操热的持续发展起到了推波助澜的作用。

当时我国社会健美操的发展受简·方达健美操的影响较大,并随着时间的持续形成了各种流派,但是和国际健身健美操的发展还有一定的距离,如在练习的内容上普遍存在着重视操化练习,轻视力量练习,没有沿着有氧运动的基础理论来发展,单纯地以过多的跳跃动作来增加运动负荷等问题,但近年来随着国际交流的加强和各种宣传与培训,人们对健美操运动的认识不断深入,逐渐接受了国际上的一些新观念,这些问题正逐步得到解决,并逐渐与国际接轨。

近年来,中国健美操协会为健美操运动的普及推广做了大量的工作,成绩斐然,效果显著。这对我国健美操运动的普及与提高具有重大意义,必将推动我国健美操运动的快速发展。

2. 我国竞技健美操运动的发展

由于健身健美操运动的蓬勃开展和广泛普及,健美操运动被纳入体育竞争机制。在我国健身健美操发展的同时,以竞技为主要目的的竞技健美操也在发展。竞技健美操以它所具有的动作美、难度大、节奏快、质量高、编排新的特点,适应了新形势的要求,为现代健美操运动的发展注入了强大的活力。

如果把我国竞技健美操运动按阶段划分,大致可分为探索期、规范期、与国际接轨期 3 个时期。

(1)探索期

我国第一次竞技健美操比赛是在 1986 年 4 月 6—7 日在广州举行的"全国女子健美操表

演赛",参加比赛的有 8 个省市的 9 支队伍,各队表演了自编的 6 人健美操,风格各异、百花齐放,引起了观众浓厚的兴趣。这次全国女子健美操表演赛,开创了我国健美操比赛的新路,探索了我国健美操比赛的方法,展示了我国健美操发展的成果。

1986 年 12 月,为了准备首届正式的全国健美操比赛,由北京体院和康华健美研究所共同举办了全国健美操教练培训班,来自全国 20 多个省市的 200 多名学员参加了培训,培养了一大批骨干力量。1987 年 5 月,由康华健美研究所、北京体育学院、中央电视台等单位联合举办了全国首届"长城杯"健美操友好邀请赛。这次比赛的项目吸收了美国阿洛别克(Aerobic)健美操的比赛项目,结合我国健美操比赛的特点,进行了男女单人操、混合双人操、混合三人操和混合六人操等 6 个项目的比赛。这是我国首次全国性的竞技健美操比赛。每套动作与阿洛别克健美操比赛一样,要求有连续 4 次俯卧撑、4 次仰卧起坐、4 次高踢腿、5 秒钟;连续跳 4 种规定动作,时间在一分半到两分钟之间。共有来自全国各省市 30 多个队的 200 名运动员参加,盛况空前。北京体院队以优异成绩取得了团体和 6 个项目的全部 7 项冠军,引起了广泛的称赞和重视。

这一阶段,从比赛名称的繁多到比赛服装的不一致,从竞赛规则的不稳定性到参赛运动员的业余性,均显示了我国竞技健美操运动处在探索阶段的特征。

(2)规范期

为了加强技术交流和学术研究,1992 年 2 月中国大学生体育协会健美操、艺术体操分会在北京成立,我国大学生健美操运动的开展进入了一个新的阶段。1992 年 9 月,经国家民政部批准,代表我国健美操全国性组织的中国健美操协会在北京成立,标志着我国健美操运动进入一个有组织、有计划发展的新时期。

随着我国经济和体育体制改革的不断深入,1997 年国家体委将中国健美操协会由社会体育指导中心划归体操运动管理中心。经过几年的实践、探索,中国健美操协会先后推出了《健美操活动管理办法》《全国健美操指导员专业技术等级实施办法》《全国健美操大众锻炼标准实施办法》《健美操运动员技术等级标准》和《健美操竞赛规则》,将健美操运动纳入到科学化、正规化管理轨道,进一步推动了我国健美操运动的普及和竞技性健美操运动的发展与提高。

这一阶段管理组织的建立、竞赛规则的统一、各种制度的完善,标志着我国竞技健美操运动步入到正规化管理和发展阶段。

(3)与国际接轨期

在国内全面普及的同时,我国健美操运动的国际交往也在逐步增加。1987 年,代表我国健美操运动发展水平的北京体育大学健美操队首次走出国门,访问了日本;1988 年,我国举办了"长城杯"健美操友好邀请赛;1995 年,我国首次组队参加了在法国举行的第一届世界健美操锦标赛;1997 年,我国又分别组队参加了在日本举行的 ANAC 世界锦标赛。虽然我国现代健美操运动水平不高,我国健美操运动员在国际比赛中的成绩不够理想,但参加这些比赛毕竟是我国竞技性健美操运动走向世界的一个良好开端。1997 年和 1998 年,中国健美操协会先后派出 8 人参加国际体操联合会(FIG)组织的健美操国际裁判员培训班和国际健美操教练员培训班。

国际交往的不断增多,一方面促进了我国竞技性健美操运动水平的提高,另一方面使我国竞技健美操步入新的阶段,即与国际接轨阶段。1999 年,中国健美操协会聘请日本专家来华就国际规则讲学,同时在全国健美操锦标赛上首次采用了《国际健美操竞赛规则》,并决定以后全国健美操比赛和全国大学生健美操比赛将统一采用国际竞赛规则。这标志着我国竞技健美操运动将出现与国际健美操运动接轨的新局面。

3. 我国健美操运动项目管理体系的发展

近年来,中国健美操协会克服了人员少、资金不足等困难,为健美操管理体系的建立做了大量的工作。如 1996 年在全国范围内统一规则,此后每年举办健美操教练员裁判员培训班、全国健美操锦标赛,并先后 6 次派队参加国际竞技健美操比赛等,并于 1995 年推出健美操运动员技术等级制度;1998 年 9 月推出《健美操指导员专业技术等级制度》(试行)和《全国健美操大众锻炼标准(试行)办法》;2000 年 8 月经劳动和社会保障部批准、颁布的《社会体育指导员国家职业标准》,使健美操真正成为一种职业。这些举措对我国健美操运动的普及与提高都具有重大的意义,推动了我国健美操运动的快速发展。

知识拓展

简·方达

简·方达,1937 年生于美国纽约,是美国著名的好莱坞影星亨利·方达的女儿,同时她也是一位好莱坞巨星,名声相比其父有过之而无不及,曾两次荣获奥斯卡最佳女主角奖。然而除了她在演艺事业上的巨大成就之外,她在健美操领域同样有着巨大的贡献。她根据自己的健身经验和体会录制的简·方达健美操销量高达 1 700 万,被译成 20 多种文字。这也奠定了她健美操女皇的地位,对健美操产生了巨大的影响。

第二节 健美操的概念与分类

一、健美操的概念

健美操的概念是以有氧运动为基础,以身体练习为基本手段,配合音乐节奏所进行的一项体育运动项目。它在健、力、美的特征之余,具有健身性、竞技性、娱乐性和观赏性的价值,这也是现代文明的重要组成部分。

另外,健美操在国外也被称作"有氧体操"。它是在氧气供应充足的情况下,以有氧系统提供能量的一种运动形式,其运动特点是持续一定时间的、中低强度的有氧运动。健美操主要发展身体各部位的协调性和柔韧性,锻炼练习者的心肺功能,是进行有氧耐力训练的一种有效方式。

经过长期的实践发展,健美操逐渐变成了一项独立的体育竞赛项目。在运动形式、动作技术特征以及竞赛组织方法等方面有其自身特点。

二、健美操的分类

目前健美操运动的种类繁多,从世界健美操和我国健美操的分类方法来看,大部分教材主要根据健美操活动的目的和所要解决的主要任务为标准来划分,有的教材划分为两类,即健身健美操和竞技健美操,也有的教材划分为 3 类,即健身性健美操、竞技性健美操、表演性健美操。本文按后一种分类进行讲解。健身性健美操的宗旨是"健康第一";竞技性健美操的目的是获得佳绩、夺得冠军;表演性健美操的目的是为了娱乐、观赏,追求形体美和愉悦性。

(一)健身性健美操

健身健美操,也称为大众健美操,健身健美操主要有以下特点:第一,健身健美操的音乐节奏鲜明、旋律轻松愉快,音乐速度较慢,一般选择 20～24 拍/10 秒;第二,健身健美操动作简单、易学,运动强度和难度相对较低,动作形式多以对称方式出现,重复次数多,突出健身性;第三,健身健美操可在公园、小区等相对宽阔的场地进行,对场地和器材的要求少,随意性较大。主要以健身、健美、健心为目的,集健身、娱乐、防病于一体的群众性、普及型健身运动。健美操的练习形式分为热身部分、有氧练习部分、形体练习和放松部分等几大块,成套动作一般是从头颈、四肢、全身、跳跃、放松等练习顺序来编排。活动的顺序是从身体的远端开始,逐渐过渡到躯干部位。健身性健美操适合人群广泛,是一项很好的体育休闲、娱乐健身活动。按照分类标准可将健身健美操分为以下几个不同的类别。

1. 按性别划分

按照性别分为男子健美操和女子健美操。男子健美操的动作设计突出"阳刚",动作幅度大而有力;女子健美操的动作设计突出"阴柔",强调的是艺术性和柔美性。

2. 按年龄划分

根据人在不同年龄阶段的不同生理、心理、体态、体能等特征和锻炼需要,将健身性健美操分为老年健美操、中年健美操、青年健美操、少儿健美操、幼儿健美操等。

3. 按练习形式划分

按照练习的形式可以划分为徒手健美操、持轻器械健美操、专门器械健美操操等。其中徒手健美操最为常见。持轻器械健美操中常用的器械有哑铃、球、橡皮带、彩带、棍等。专门器械健美操中常用的器械有踏板、健身球、圆盘、体操垫、健身器等。

4. 按人体解剖部位划分

按人体解剖部位划分为颈部健美操、肩部健美操、手臂健美操、胸部健美操、腰腹部健美操、髋部健美操、腿部健美操等。这主要是针对人体某个部位进行针对性的健身锻炼。例如,腿部健美操主要锻炼腿部肌肉功能以及关节的灵活性。

5. 按人数划分

按照人数主要划分为单人、双人、三人、六人和集体健美操。集体健美操在练习时，除了包括平时锻炼的动作外，往往增加一些动作组合和队列、队形的变化，以反映练习者半时锻炼的情景。

6. 按目的和任务划分

按照目的和任务划分为形体健美操、康复健美操、热身健美操、韵律健美操、姿态健美操、保健健美操和减肥健美、产后健美操等。

7. 按动作风格划分

按照动作风格划分为拳击健美操、搏击健美操、拉丁健美操、迪斯科健美操、武术健美操、舞蹈健美操、仿生健美操等。不同动作风格的健美操就是在传统健美操的基础上结合了其他不同运动项目的元素而成的。例如，拉丁健美操中，就是结合了恰恰、斗牛、伦巴、桑巴等各种拉丁舞的元素，再结合现代健美操的基本步伐，使其动作丰富、时尚。

8. 按人名划分

按照人名所划分的主要是简·方达健美操，这主要是为了纪念简·方达对健美操发展所作出的杰出贡献。

(二)竞技性健美操

竞技性健美操是根据竞赛规则与技术规程的要求，创编出的具有较高艺术性、展示运动员高水平专项技术能力的成套动作，以比赛取得优异成绩为主要目的的竞技运动。竞技健美操只进行自编动作比赛，自编动作必须要达到一定的要求。在规定的时间内，根据其动作组合的基本步伐、特色、难度、完成情况、时间、体型等各种因素对每套组合动作进行评分。

目前国际体操联合会举办的健美操世界锦标赛所设的正式比赛的项目有女单、男单、混双、三人和集体六人5个项目。对各项参赛人数、比赛场地、参赛服装和成套动作的时间等都作了严格的规定，从而保证比赛的规范性、公正性和客观性。

国际上较大规模的竞技性比赛有国际体操联合会(FIG)组织的健美操世界锦标赛、国际健美操冠军联合会(ANAC)组织的世界健美操冠军赛、国际健美操联合会(IAF)组织的健美操世界杯赛等。

在我国的大型竞技健美操比赛有：全国健美操锦标赛、全国健美操冠军赛、全国青少年健美操锦标赛等。

(三)表演性健美操

根据场合、目的、要求和表演者的不同情况进行编排的健美操叫作表演性健美操，主要是用于各种节日庆典和宣传活动中。表演性健美操的主要目的就是为了"表演"。在表演性健美操中具有竞赛规则、比赛人数、形式、规模及动作的设计和选择限制性较小，自由度较大的特点。与竞技性和健身性健美操最大的区别就是表演性健美操更加具有观赏性，通过表演来展示健美操的魅力、价值和活力,让观众在观赏健美操的过程中就能够愉悦身心、陶冶情操,同时,起到宣传和推广健美操的作用。

表演性健美操比赛时间的规定一般是2～5分钟,内容的编排比较自由,可根据表演者自身的特点来选择。为了取得较好的表演效果,一般动作重复较少,音乐速度可快可慢,强调动作的新颖性。表演者可以通过一些道具烘托气氛,让舞蹈动作更加风格化,感染观众,增加表演效果。表演性健美操常用的形式有有氧拉丁操、有氧搏击操、健身街舞、踏板操等。由于表演性健美操的动作比健身性健美操的动作复杂多变,所以较好的协调性是每个表演者所必须具备的素质之一,另外还要有一定的表演意识和集体配合的意识。在表演健美操中还可分为3个类型。

1. 艺术表演类健美操

艺术类的表演健美操最重要的是要凸显外在的艺术性。主要是用于大型比赛和活动的开幕式、新产品展示等。能够吸引观众眼球,丰富群众体育文化生活。从外在展示上来说,突出的是动感美、活力美和韵律美。

2. 健身表演类健美操

这类表演性健美操主要有健身健美操、踏板操和搏击操。在这类操的创编中我们要有意识地强调该类健美操本身特点的动作,尽可能地展示动作本身给身体带来的作用,集中展示其精华部分。

3. 技巧表演类健美操

展示技巧类健美操强调以高难度动作等技术作为支撑,并融合技巧的成分。技巧类健美操的主要特征是动作难度大。

知识拓展

健美操练习动作要点

第一,动作要有规范性

动作的规范性建立在动作的标准性上,因此,练习时肢体的位置、方向及运动的路线一定要准确。注意动作的速度、肌肉力度和动作幅度,是肌肉充分拉长与收缩这样才能达到动作的整体效果。

第二,动作要有弹性

动作富有弹性是健美操特点之一,动作的弹性所涉及的身体部位很多,因此练习时要注意肌肉的收缩与放松要有控制,是动作富有弹性,节奏均匀,避免动作过分僵硬和关节的过度伸展。

第三,动作要有节奏感

掌握好动作节奏对健美操练习非常重要。练习者要想表演好较好的动作,必须具有一定的肌肉控制能力、音乐节奏以及动作的完成能力。因此在练习时,要重视开发、训练学员的动作的节奏感,使学员在听懂音乐节奏的基础上慢慢掌握动作的节奏感。

第三节　健美操的特点与功能

一、健美操的特点

(一)强烈的节奏性

健美操动作是根据音乐节奏来进行的。健美操运动之所以深受人们喜爱,除练习本身的功效外,很重要的因素之一是现代音乐给健美操带来了活力。健美操运动利用音乐的节奏感和韵律感强的特点,结合运动体现生理节奏(呼吸节奏、心率节奏)、运动节奏(力度、步幅、步频)、时空节奏(时间节奏、空间节奏)、色彩节奏(服装、灯光)。健美操是在节奏鲜明、欢快奔放的乐曲伴奏下进行的身体练习。

音乐是健美操不可或缺的一部分。健美操音乐多取材于迪斯科、爵士、摇滚等现代音乐和具有上述特点的民族乐曲,而正是音乐中的高低、长短、强弱、快慢等节奏性的变化,使健美操运动更富有一种鲜明的时代气息和韵律感。正是音乐在健美操运动中的应用,才给健美操运动带来了生命力和感染力,起到了烘托氛围、激发锻炼者和观赏者情绪的效应。

(二)健身的安全性

健美操最本质的意义就是为了保持健康的体魄,强身健体。在运动负荷、运动强度、运动时间、运动节奏及运动量等方面,充分考虑了由于运动而产生的一系列刺激结果的可行性,因此,适合不同体质的人群进行锻炼。同时,人们在平坦的地面上,在节奏欢快的音乐声中进行运动,十分安全,并且能够达到最佳的锻炼效果。

(三)广泛的群众性

健美操练习形式多样,运动量可大可小,容易控制,对场地器材的要求也不高,因此对各个年龄层次、不同性别、不同身体素质、不同技术水平的人都适宜,各种人群都能从健美操练习中找到适合自己的方式,都能从健美操练习中得到乐趣。例如对中老年人来说,可选择音乐节奏感小、强度低的有氧练习,达到锻炼身体、娱乐身心、增进健康的目的。而对身体素质较好的年轻人来说,可选择节奏感较强、难度性较大、运动量较多的竞技健美操作为练习手段,来增强自己的体质和提高自己的技术水平。健美操在带给人们热情奔放的情感体验的同时,也满足了现代人追求健美、自娱自乐的需要,因此受到了广大群众的喜爱。

(四)不断的创新性

在健美操的竞赛中,要求成套动作必须展示创造性,在运动的环节中必须有一个是原创的,否则就不能成为优秀的成套动作。健美操运动的创新性主要表现在完成动作的技术风格和质量、动作的组合形式、成套动作的编排、集体动作的配合、队形的变化、音乐的选配、健美操器械以及教学方法手段不断推陈出新,在原有基本动作的基础上经过加工、提炼、操化,使之成为具有健美操风格的动作。随着健美操运动的发展,不断创编出独特新颖的健美操动作,是健美操长盛不衰的重要原因。

(五)优美的观赏性

健美操是以力量性为主的徒手动作为基础,通过动作组合综合表现出力量、力度、弹力、活力。在追求人体健康与美丽的过程中,它将人体语言艺术和体育美学融为一体,使健美操成为极具观赏性的运动项目。其主要体现在"健、力、美"的项目特征上。"健、力、美"是人类有史以来追求的身体状况的最高境界。在健美操运动中,不论是什么类型的健美操,无处不体现着"健、力、美"的特征。它所形成的动作力量风格可充分表现出人体健的风采、美的神韵和力的坚韧。

随着健美操运动的发展和竞技水平的提高,难度高、套路新、节奏鲜明是竞技健美操运动的发展趋势和方向。

二、健美操的功能

健美操内容丰富,简单易学,变化繁多,不受年龄、性别、场地、器械的限制,可使全身各关节都得到充分的活动,各部位的肌肉得到均衡的发展,塑造出良好的体态。具体来说,健美操运动的功能主要有以下几种。

(一)达到强身健体的效果

1990年,WHO对人体健康的定义是:具有健康的躯体和心理,良好的社会适应能力和道德品质。世界卫生组织(WHO)其实早在1948年成立之出的《宪章》中就明确指出:"健康不仅是没有疾病和不衰弱,而是使身体、心理、社会功能三方面的完满状态。"这也是强身健体的核心含义。

健美操运动是以能够提高心肺功能的有氧运动为基础的。长期参加健美操锻炼可以使心肌增厚、心脏容量增大,血管弹性增强,从而使心搏有力,心输出量增加,进而提高心脏的功能,提高全身供氧能力;使呼吸肌变得有力,增大了肺部的容积和吸氧量,安静时呼吸加深,次数减少,运动时吸氧量增大,提高了有氧代谢能力,增长了人体的耐力。长期保持健美操运动锻炼可以有效地避免心血管疾病和呼吸系统疾病等。

经常参加健美操运动对人体各关节的灵活性和各器官的功能有很大的提高。健美操运动可以提高肌肉力量,使肌肉韧带、肌腱等结缔组织的弹性提高;使关节面骨密质增厚,肌腱和韧带增粗,增强关节的稳固性;提高人的动作记忆能力和再现能力,提高神经系统的灵活性和均衡性;腰腹部和臀部的活动,加强了胃肠蠕动,增进了消化能力,有利于充分吸收和利用营养元素。

(二)具有调节心理健康的作用

社会发展和时代进步给予人们舒适便利的生活条件,但与此同时,社会竞争所带来的精神压力也随之加强,由此所引起的心理疾病逐渐成为社会所关注的热点。同时因为这些精神压力还产生了许多的躯体疾病,如高血压、心脏病、癌症等。健美操运动以其动作优美协调、全面锻炼身体,同时有节奏强烈的音乐伴奏而著称。可缓解精神压力,预防各种心理疾病的产生。在轻松优美的健美操锻炼中,排除心理上的紧张与烦恼,尽情享受健美操运动所带来的欢乐,得到内心的安宁,从而缓解精神压力,使人具有更强的活力与最佳的心态。

另外,健美操是集体运动,这就让很多健美操爱好者同聚一处,增加了人们的社会交往机会。目前,国内外人们参加健美操锻炼的方式是去健身房,在健美操教练的带领和指导下集体练习。而参与健美操锻炼的人形形色色,来自不同的阶层、不同的环境,因此,这种形式扩大了人们的社会交际面,把人们从工作和家庭的单一环境中解脱出来,接触人群,开阔眼界,学会与人沟通,从而为生活开辟另一个天地。在大家共同锻炼的同时,互相增加了友谊,有些人因此成为终生的朋友。因此,健美操锻炼不仅能强身健体,同时还具有娱乐功能,可使人在锻炼中得到一种精神享受,满足人们的心理需要。

(三)帮助人体塑造完美形体

形体的塑造是通过体型、体态两个方面来进行的。体态主要是指身体各部位所表现出来的外部形态;体型主要是指整个身体的形状,即整个身体从头到脚各部位之间的比例及各肌肉群曲线的大小。

健美操对站立姿态、坐姿、走姿都有着严格的要求,塑造正确的体态。例如,在站立姿态中,要求头正直、两眼平视、下颌微收、两肩下沉、挺胸、收腹、立腰等。通过严格的要求就能够改正人们日常生活中所造成的脊柱弯曲、驼背含胸等不良的形态,从而表现出一种良好的气质与修养,给人以朝气蓬勃、健康向上的感觉。

在塑造体型方面,健美操不但可以塑造肌肉的围度,还可以雕琢人体的曲线。健美操通过增粗肌纤维,增大肌肉体积,使肌肉围度发生变化,给人"力"的美。此外,健美操练习能够消耗体内多余的脂肪,维持人体吸收与消耗的平衡,具有减肥的效果。例如腰腹部健美操、髋部健美操等,减少这些部位堆积的脂肪,使人体变得匀称健美。

(四)提高身体各方面的素质

身体包括力量、速度、耐力、灵敏、柔韧和协调等各方面的素质,健美操运动对提高身体素质这几个方面起着积极作用。例如,健美操运动前的准备活动,如压腿、热身等以及运动时各种伸展性动作,都使肌肉处于充分拉伸或收缩的状态,能够提高肌肉、肌腱和韧带的弹性和柔韧性。另外,健美操运动的一系列动作是上肢、下肢及躯干协调完成的,要求动作优美、舒适、协调一致,因此,可以有效地提高身体的协调性。

(五)具有医疗保健的作用

健美操运动在强身健体的同时也是医疗保健的手段。健美操作为一项有氧运动,其特点是内容丰富、强度低、密度大、运动量可以因人而异,因此对健康的人具有良好的健身效果,对一些病人和老年人也是一种医疗保健的理想手段。例如,孕妇可以进行水中有氧操运动练习,也可在床上采用卧姿的形式进行练习;对一些下肢瘫痪的病人来说,可在地上或椅子上做操进行练习,一方面防治下肢技能进一步衰退,同时,也使上肢和躯干得到较好的锻炼。只要控制好运动量和运动范围,就可以让健美操发挥最佳的医疗保健的目的。

第二章 健美操术语与动作

学海导航

　　健美操的学练是一个系统的过程,健美操术语说明动作的方向、路线、节奏、方法和相互关系,健美操的专门术语说明动作的性质类别,健美操教学术语让学生明晰教学过程和学习任务,认识和熟悉健美操术语与动作是进行健美操技术学练的基础,而掌握健美操基本技术则是健美操科学化学练的关键所在。

第一节 健美操术语

一、健美操基本术语

　　健美操的基本术语主要是用来说明动作的,主要包括场地方位术语、运动方向术语、动作关系术语、运动形式术语、动作连接术语和运动轴与运动面的术语。

(一)场地方位术语

　　健美操学练需要场地支持,在健美操学练过程中,为了表明人的身体在场地上所处的方位,可借鉴舞蹈中基本方位的术语。把开始确定的某一面(主席台、裁判席)定为基本方位的第一点,按顺时针方向,每45°为一个基本方位,将场地划分为8个基本方位,即1、2、3、4、5、6、7、8点(图2-1)。

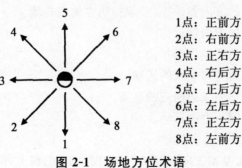

1点:	正前方
2点:	右前方
3点:	正右方
4点:	右后方
5点:	正后方
6点:	左后方
7点:	正左方
8点:	左前方

图 2-1 场地方位术语

(二)动作关系术语

健美操的动作关系术语主要用来表示不同动作之间的关系,常见的健美操动作关系术语主要有以下几个:

(1)同时:不同部位动作要在同一时间内完成。

(2)依次:肢体不同个体相继做相同性质的动作。如右、左脚依次做并步。

(3)交替:不同肢体或不同动作反复进行。

(4)同侧:同一侧的上肢和下肢动作的配合。

(5)异侧:不同侧的上肢和下肢动作的配合。

(6)对称:左、右肢体做相同的动作,但方向相反。

(7)不对称:左、右肢体做不同方向的动作。

(三)动作连接术语

动作连接术语用于描述一个连续动作过程时,用以表达动作的先后顺序及关系,是表示动作间联系的用语。

(1)由:动作开始时的方位,例如:由左向右。

(2)经:动作过程中须强调经过某一特定位置时用经,例如:如两臂经胸前交叉向外大绕环。

(3)接:两个单独动作之间强调要求连续完成,如交叉步接迈步后屈腿。

(4)至:用以指明动作须到达的某一特定部位,如两臂还原至体侧。

(5)成:用以指明动作应完成的结束姿势,如右腿向侧迈一步成分腿半蹲。

(四)运动方向术语

健美操的动作方位术语具体是指运动者身体各部位运动的方向,运动方向是根据人体直立时的基本方位来确定的。

在健美操运动中,通常用以下术语表示运动者的运动方向。

(1)向前:向胸部所对的方向做动作。

(2)向后:向背部所对的方向做动作。

(3)向侧:向肩侧所对的方向做动作,必须指明左侧或右侧。

(4)向上:向头顶所对的方向做动作。

(5)向下:向脚底所对的方向做动作。

(6)向内:肢体由两侧向身体中线的运动。

(7)向外:肢体由身体正中线向两侧的运动。

(8)同向:不同肢体向同一方向运动。

(9)异向:两个肢体向相反方向运动。

(10)中间方向:指两个基本方向之间45°的方向。例如:前上方、前下方、侧下方等。

(11)斜方向:3个互成90°的基本方向之间的方向,例如:前侧上、前侧下等。

(12)顺时针:转动过程与时针运动方向相同。

(13)逆时针:转动过程与时针运动方向相反。

(五)运动形式术语

健美操的动作形式术语是健美操运动中使用最多的对动作的具体描述用语,常见的健美操运动形式术语主要有以下几种。

(1)举:手臂或腿向上抬起,停在一定位置,例如:臂上举。

(2)屈:身体某一部位形成一定角度,例如:体前屈。

(3)伸:身体某一部位形成一定角度后伸直,例如:伸臂。

(4)踢:腿由低向高做加速有力的摆动动作,例如:侧踢。

(5)撑:手和身体某部分同时着地的姿势,例如:俯卧撑。

(6)卧:身体躺在地上的姿势,例如:仰卧。

(7)跪:屈膝并以膝着地的姿势,例如:跪立。

(8)坐:以臀部着地的姿势,例如:并腿坐。

(9)蹲:两腿屈膝站立的姿势有半蹲和全蹲。

(10)摆:臂或腿在某一平面内由一个部位运动到另一个部位动作,不超过180°,例如:后摆。

(11)绕(环绕):身体部分转动或摆过180°以上(360°以上称环绕),例如:肩环绕。

(12)提:由下向上做运动,例如:提臂。

(13)沉:身体某部分放松下蹲的动作,例如:沉肩。

(14)含:两肩胛骨外开,胸部内收,例如:含胸。

(15)挺:一般指胸部或腹部向前展开,例如:挺胸。

(16)振:臂或上体做大幅度的加速摆动作,例如:振臂。

(17)夹:由两侧向中间收紧,例如:夹肘。

(18)收:向身体正中线靠拢或还原到起始位置,例如:收腿。

(19)推:以手作用于地面或对抗性用力,例如:前推。

(20)蹬:腿部由屈髋到伸直发力的过程,例如:蹬地。

(21)倾:身体与地面形成一定角度,例如:前倾。

(22)控:身体或肢体(等)抬在一定的高度上,并保持一定的时间,例如:控腿。

(23)交叉:肢体前后或上下交叠成一定角度,例如:手臂交叉、交叉步。

(24)转体:绕身体纵轴转体的动作,例如:单脚转体,水平转体。

(25)水平:身体保持和地面平行的一种静止动作,例如:分腿水平。

(26)波浪:身体某部分邻近的关节按顺序做柔和屈伸的动作,例如:手臂波浪、身体波浪。

(27)跳跃:双脚离地,身体腾空并保持一定的姿势:例如:团身跳、开合跳。

(28)劈叉:两腿分开成直线着地的姿势,例如:横叉、纵叉。

(六)运动轴与面的术语

健美操运动中,根据人体解剖学的方位,人体有 3 个相互垂直的基本切面和 3 个相互垂直的基本轴(图 2-2),具体如下。

(1)矢状面:沿身体前后所作的与水平面垂直的切面。矢状面将人体分左右两半。

(2)额状面:沿身体左右径所作的与水平面垂直的切面。额状面将人体分前后两半。

(3)水平面:横切直立人体与地面平行的切面。水平面将人体分上下两半。

(4)矢状轴:也称前后轴,是前后平伸与水平面的平行,是与额状轴垂直的轴。

(5)额状轴:也称横轴,是左右平伸与水平面平行,与矢状轴垂直。

(6)垂直轴:也称纵轴,是与人体长轴平行,与水平面垂直的轴。

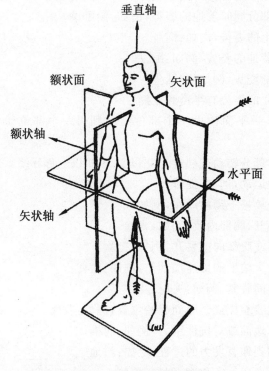

图 2-2 人体的基本轴

二、健美操专门术语

健美操专门术语是指描述健美操动作或技术性质、类别确切含意的词汇。

(一)基本手型术语

(1)并掌:五指伸直,相互并拢。大拇指微屈,指关节贴于食指旁。

(2)立掌:手掌用力上屈,五指自然弯曲。

（3）分掌：五指用力伸直，充分张开。

（4）花掌：五指用力，小指、无名指、中指自掌指关节处依次屈，拇指稍内扣。

（5）芭蕾舞手型：五指微屈，后三指并拢、稍内收，拇指内扣。

（6）拳：握拳，拇指在外，指关节弯曲，紧贴于食指和中指。

（7）剑指：食指、中指并拢伸直，其余三指相叠。

（8）响指：无名指与小指屈握，拇指与中指、食指磨擦后击打大鱼际肌处产生响声。

（9）"V"指：食指、中指伸直分开，其余三指相叠。

（二）下肢名称术语

（1）半蹲（Squat）：两腿有控制地屈伸，可分为并腿半蹲和分腿半蹲。

（2）提踵（Cull raise）：两脚跟提起，脚跟落下时稍屈膝。

（3）踏步（March）：包括原地踏步、踏走步等动作。两腿原地依次抬起，依次落地；手臂前、后自然摆动。

（4）走步（Walk）：踏步移动身体。

（5）漫步（Mambo）：一脚向前迈出屈膝，重心随之前移。另一脚稍抬起然后原地落下。

（6）跑步（Jog）：两腿经过腾空，依次落地缓冲，两臂屈肘摆臂，要求小腿向后屈膝折叠。

（7）并步（Step touch）：一脚迈出，另一脚随之并拢屈膝点地，再向反方向迈步。

（8）弓步（Lunge）：两腿前后分开，两脚平行站立，蹲下，起来。

（9）迈步点地（Step tap）：一脚向侧迈一步，两腿经屈膝移重心，另一腿再向前、侧或后用脚尖点地。

（10）迈步吸腿（Step knee）：一脚迈出一步，另一脚屈膝抬起，然后向反方向迈步。

（11）迈步后屈腿（Step curl）：一脚迈出一步，另一腿后屈，然后向反方向迈步。

（12）一字步（Easy walk）：一脚向前一步，另一脚迈步并于前脚，然后再依次还原。

（13）V字步（V Step）：一脚向左（右）前迈一步，另一脚随之向右（左）前侧方迈步，呈两脚开立。屈膝，然后再依次退回原位。

（14）侧交叉步（Grapevine）：一脚向侧迈一步，另一脚在其后交叉，随之再向侧迈一步，另一脚并拢，屈膝点地。

（15）脚尖点地（Touch Tap）：一腿稍屈膝站立，另一腿伸出，脚尖点地，然后还原到并腿姿势。

（16）脚跟点地（Hell）：一腿稍屈膝站立，另一腿伸出，脚跟点地，然后还原到并腿姿势，只可做向前和向侧的脚跟点地。

（17）吸腿（Knee up）：一腿屈膝抬起，落下还原。

（18）摆腿（Leg lift）：左腿屈膝支撑，右腿向左前方摆动，接着再向右后方摆动。

（19）踢腿（Kick）：一腿稍屈膝站立，另一腿抬起，然后还原。

（20）弹踢腿（跳）（Flick）：一腿站立（跳起），另一腿先后屈，然后向前下方弹踢，还原。

（21）后屈腿（跳）（Curl）：一腿站立（跳起），另一腿向后屈膝，然后放下腿还原。

（22）并腿跳（Jump）：两腿并拢跳起。

(23)分腿跳(Squat Jump):分腿站立屈膝半蹲,向上跳起,分腿落地屈膝缓冲。

(24)开合跳(Jumping jack):由并腿跳起,分腿落地,然后再由分腿跳起,并腿落地。

(三)动作强度术语

健美操的动作强度术语是根据脚接触地面时身体所承受的冲击力大小来划分的,包括无冲击力动作、低冲击力动作和高冲击力动作 3 类。

(1)无冲击力动作(Non Impact Moves):指两脚始终接触地面,身体重心在两脚之间,没有腾空动作。一般是双脚弹动、半蹲、弓步、提踵等。

(2)低冲击力动作(Low Impact Moves):指有一脚始终接触地面,包括踏步类、点地类、迈步类、单脚抬起类等。

(3)高冲击力动作(High Impact Moves):指有腾空阶段,对身体有一定的冲击力,包括迈步起跳类、双脚起跳类、单腿起跳类、后踢腿跑类等。

(四)难度动作术语

2003—2016 年版《健美操竞赛规则》把健美操难度动作分为 4 类:动力性动作、静力性动作、跳与跃、平衡与柔韧。难度动作中绝大多数都是以常规术语描述竞技健美操难度动作目前共有 300 多个。

此外,健美操运动中的一些难度动作是以特有的术语名称来指代的,简单归纳主要有如下几种:

(1)开普(Capoiers):单臂支撑侧水平劈腿。

(2)剪踢(Scissors kick):单脚起跳,一腿踢至水平面上,腾空后剪刀式交换大踢。

(3)科萨克跳(Cossack jump):双脚同时起跳,双腿膝关节并拢平行于地面,一脚屈膝。

(4)分切(Cut):以俯卧撑开始,双手推起后,分腿摆跃,臀部吸起前穿。

(5)给纳(Gainer):由站立姿势开始,一腿向前摆动使整个身体腾空并平行于地面,腾空后双脚并拢。

(6)文森(Wenson):膝关节内侧放于肘关节处的地面支撑动作。

(7)依柳辛(Illusion):由站立开始,一腿后摆在垂直面内绕环,同时身体以支撑腿为支点转体 360°。

(8)直升飞机(Helicopter):分腿坐后倒,两腿依次做绕环后成俯撑。

(9)剪式变身跳(Scissors leap1/2turn):单脚起跳,转体 180°变换腿展示纵叉姿态。

(五)动作表现形式术语

(1)弹性:指健美操运动者关节自然地屈伸,给人一种轻松、自然的感觉。

(2)力度:指健美操动作的用力程度,通常以肢体的制动技术来体现力度。

(3)节奏:指健美操动作的用力强弱交替出现,并合乎一定的规律。

(4)幅度:指健美操动作展开的大小,一般是动作经过的轨迹越大则幅度越大。

(5)风格:一套健美操动作表现的主要艺术特色和思想特点。

三、健美操教学术语

健美操术语是描述健美操动作的专门用语,用来表达健美操动作名称以及描述动作、技术过程的专门用语和专有词汇。健美操术语的使用可规范教师的课堂语言,使学生准确理解教练或教师所想表达的意思。

正确使用健美操术语描述动作时可使学生大脑接受的动作信息达到尽可能精确,加深对动作的理解;教练或教师使用术语进行教学活动可大大节省课上的时间。

健美操运动源于国外,所以常见的健美操动作术语有转意词和音译词,根据本国特色,为了符合"准确、简练、易懂"的要求,尽量与国际惯例保持一致。

(一)讲解性语言

健美操运动教学的讲解性语言明确、扼要、有的放矢。在讲解动作过程中,语言要准确、精练、生动并富有启发性。如"左吸腿跳左转接右腿大踢跳"这一组合动作可提炼为"左吸、转踢"。这样既讲清了动作之间的转换、运动路线及动作方向,使学生在听、看、想、练几方面能有机结合,同时又有助于进一步掌握健美操的术语。

(二)提示性语言

健美操运动教学的提示性语言是在练习过程中,为引起练习者注意而采用的提示或口令。语言提示或口令的声音要洪亮,发音要准确,声调要恰当,且要随着音乐和动作的要求起伏和变化,做到轻重有别、快慢有序。

健美操提示语常用于以下四种情况的教学过程中。

(1)提示动作方向:"向左三四,向右七八"。

(2)提示动作速度:可提示"五六加快"。

(3)更换动作:可叫"五六 V 字步"。

(4)停止练习:可叫"五六七停"等。

(三)评价性语言

在健美操教学中适时对学生进行评价具有十分重要的意义,有助于学生建立正确的动作定向,掌握正确的知识和动作。在教学过程中,无论是表扬语还是批评语、激励语,贵在即时调控,及时遏制不良的现象。如在健美操练习过程中,当身体出现扛肩、含胸、塌腰、松腹等毛病,指导者就要用"立颈、沉肩、挺胸、收腹、紧腰",再用"跟我来、跳起来、加油"等语言来调节练习者的情绪和注意力,使学员及时了解学习效果,能够轻快自信地坚持练习。

(四)身体语言

身体语言,又称"肢体语言",是指利用姿势、手势、步态、眼神、面部与练习者交流的非语言行为。在健美操运动教学实践中,教师正确使用非言语交流的方法,能够巧妙地互通感情、和谐教与学的关系,对学生提高健美操练习效果有重要作用。

(五)音乐语言

音乐是健美操运动的重要组成部分。在健美操练习中,音乐作为独立的主体形式而存在。健美操动作具有强烈的节奏性特点,通过音乐才能充分表现出来。音乐在帮助记忆、提示统一方面可以起到领导者的作用。

四、健美操术语的记写

记录动作是健美操术语的一个重要作用,是教师在编写教案、教材及专业书籍时准确的书面用语。由于书面的文字必须精确和专业,再加上健美操术语的记写多用于规范、传播和交流,因此健美操术语的记写要求和方法非常严格。

(一)健美操基本动作的记写

用健美操术语记写健美操基本动作,具体要求如下。

(1)在描述一个完整的动作时,一般由下列几个因素构成:开始(预备)姿势、动作方向、动作形式、动作间的关系、动作连接过程、结束姿势。

(2)只记写第一个动作的开始姿势,后一个动作的开始姿势可以省略,因为下一个动作的开始姿势就是前一个动作的结束姿势。

(3)后若干拍与前若干拍动作完全相同,记写时可以省略,但要注明。动作相同但方向相反,也要注明。

(4)注意应按照动作的节拍顺序记写每个动作的做法。

(5)注意用词的顺序,一般先下肢,后上肢。

(6)注意指出方向上的变化,动作的重复次数。

(二)健美操成套(组)动作的记写

1. 文字记写法

健美操成套(组)动作的文字记写通常用于编写书籍、专业教材等。它是根据以上介绍的对健美操术语记写的要求,详细、准确地写明具体动作和过程。这种方法较为复杂,但具有描述准确性高的特点。尤其作为竞赛、考核、测验等的规定动作,为了力求统一,不产生误解,在书写时必须完全按照规范术语的要求。

2. 缩写法

健美操动作上肢动作的变化比较复杂也比较灵活,重在步法的配合动作,因此通常省略上肢动作不写,而以健美操基本步法名称本身直接记写,只用两三个字表明该动作。如交叉步、V字步等。动作之间连接过程用加号"+"表示。该方法简便实用,但无法准确描述具体的动作过程细节,一般较多用于快速记录、编写教案等。

以一组 4 个 8 拍的健美操动作记写为例,具体记写如下。

1×8:2 个交叉步。

1×8:2 个一字步。

1×8:4 个迈步后屈腿。

1×8:2 个 V 字步。

注:每一行代表一个 8 拍。

3. 图解法

健美操动作记写的图解法可分为单线条简图法和双线条影像绘图法两种方式,具体如下。

(1)单线条简图法:该记写方法比较简单、直观地再现动作及过程,它的特点是运用单线条简图法在健美操的教学、训练中应用非常广泛,是一项必备技术。

(2)双线条影像绘图法:该记写方法能像照片一样清晰地、立体地勾画出动作的外部形态、服饰及头部的具体形态。但这种绘图方法要求绘图者具有一定的美术基础和专业技术基础,因此不普及,只有在书籍和专业教材中使用。

知识拓展

中国健美操一姐——黄晋萱

黄晋萱,1988 年生,沈阳人,国际级运动健将,健美操世界冠军,黄晋萱是国家健美操队唯一的女队员,也是国内健美操界唯一的女冠军。在第 26 届世界大学生运动会上获得 4 项冠军。2010 年获第 3 届亚洲室内运动会女子单人操冠军,2010 年获第 11 届世界健美操锦标赛团体季军,2011 年获在深圳第 26 届世界大运会健美操比赛中获得团体和个人 4 枚金牌。当前,黄晋萱的单人运动水平可以排名世界前三。

第二节　健美操动作

一、健美操基本动作

(一)基本手型

(1)合掌。五指并拢伸直。

(2)分掌。五指用力分开,手腕保持一定的紧张程度。

(3)拳。五指弯曲紧握,大拇指压在食指弯曲部位。

(4)推掌。手掌用力上翘,五指自然弯曲。

(5)西班牙舞手势。五指用力,小指、无名指、中指自掌指关节处依次弯曲,拇指稍内扣。

(6)芭蕾手势。五指微屈、后三指并拢,稍内收,拇指内扣。

(7)一指式。握拳,食指伸直或拇指伸直。

(8)响指。拇指与中指摩擦与食指打响,无名指、小指弯曲至握。

健美操运动的基本手型具体如图 2-3 所示。

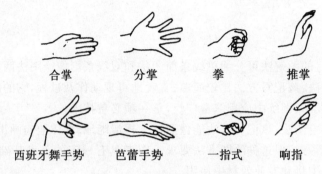

| 合掌 | 分掌 | 拳 | 推掌 |

| 西班牙舞手势 | 芭蕾手势 | 一指式 | 响指 |

图 2-3　健美操基本手型

(二)头、颈部动作

1. 屈

头部向前、后、左、右 4 个方向分别做颈部关节弯曲的运动(图 2-4)。

动作要点:身体正直,做动作时应缓慢,充分伸展颈部肌肉。

动作变化:有前屈、后屈、左侧屈、右侧屈。

2. 转

头保持正直,然后头颈部沿身体垂直轴向左、右转动 90°(图 2-5)。

动作要点:注意下颌平稳地左右转动。

动作变化:左转、右转。

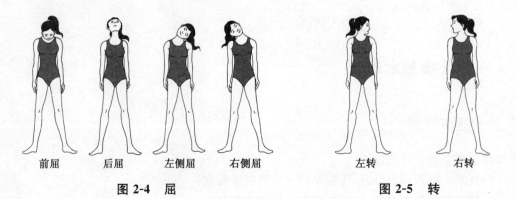

前屈　　后屈　　左侧屈　　右侧屈　　　　左转　　　　右转

图 2-4　屈　　　　　　　　　　　　　图 2-5　转

3. 环绕

头保持正直,然后头颈部沿身体垂直轴向左或右转动 360°(图 2-6)。

动作要点:转动时,头部要匀速缓慢,不要过快。动作要到位,向后转时头要后仰。

动作变化:左或右环绕,两动作一致,方向相反。

(三)肩部动作

1. 提肩

脚开立,身体保持正直,然后肩部沿身体垂直轴向上提起(图 2-7)。

动作要点:尽可能向上提起,提肩时,身体不能摆动。

动作变化:单提肩、双提肩。

左环绕

图 2-6　环绕

单提肩　　　　双提肩

图 2-7　提肩

2. 沉肩

脚开立,身体保持正直,然后肩部沿身体垂直轴向下沉落(图 2-8)。

动作要点:尽可能向下沉落,沉肩时,身体不能摆动,头尽量往上伸展。

动作变化:双肩下沉。

3. 绕肩

脚开立,身体保持正直,然后肩部沿身体前、后、上、下 4 个方向进行绕动。

动作要点:绕肩时,身体不要摆动,动作尽量的大,要舒展开。

动作变化:单肩环绕、双肩环绕(图 2-9)。

(四)上肢动作

1. 举

以肩关节为中心,手臂进行活动。

动作要点：注意动作到位，有力度。

动作变化：前举、后举、侧举、侧上举、侧下举、上举（图 2-10）。

2. 屈

肘关节由弯曲到伸直或由伸直到弯曲的动作。

动作要点：关节做有弹性的屈伸。

动作变化：胸前平屈、肩侧屈、肩侧上屈、肩侧下屈、胸前上屈、头后屈（图 2-11）。

沉肩

图 2-8 沉肩

单肩环绕　　　双肩环绕

图 2-9 绕肩

前举　　后举　　侧举　　侧上举　　侧下举　　上举

图 2-10 举

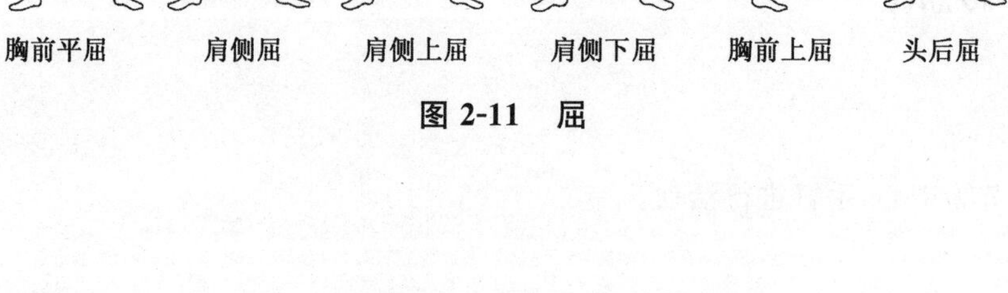

胸前平屈　　肩侧屈　　肩侧上屈　　肩侧下屈　　胸前上屈　　头后屈

图 2-11 屈

3. 绕和环绕

两臂或单臂以肩为轴做弧线运动。

动作要点:路线清晰,起始和结束动作位置明确。

动作变化:两臂或单臂向内、外、前、后绕或环绕(图 2-12)。

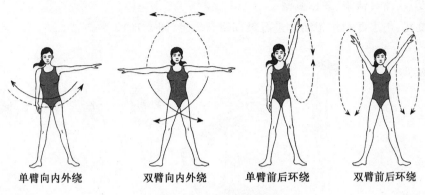

单臂向内外绕　　　双臂向内外绕　　　单臂前后环绕　　　双臂前后环绕

图 2-12　绕和环绕

(五)胸部动作

1. 移胸

髋部位置固定,腰腹随胸部左右移动。

动作要点:注意移胸时,腰腹带动胸部移动,动作要尽量大。

动作变化:左右移胸。

2. 含胸、挺胸

含胸时低头收腹,收肩,形成背弓,呼气;挺胸时,抬头挺胸,展肩,吸气(图 2-13)。

动作要点:注意含胸时身体放松,但不松懈。挺胸时,身体紧张但不僵硬。

动作变化:手臂胸前平屈含胸,手臂侧平举展胸。

(六)腰部动作

1. 屈

腰部向前或向侧做拉伸运动。

动作要点:充分伸展,运动速度不宜过快。

动作变化:前屈、后屈、侧屈(图 2-14)。

2. 转

腰部带动身体沿垂直轴左右转动(图 2-15)。

动作要点:身体保持紧张,腰部灵活转动。

动作变化:迈步移动重心与转腰运动结合。

3. 绕和环绕

腰部做弧线或圆周运动。

动作要点:路线清晰、动作圆滑。

动作变化:与手臂动作相结合进行腰部绕和环绕(图 2-16)。

含胸 挺胸	前屈　后屈　左侧屈　右侧屈
图 2-13　含胸和挺胸	图 2-14　屈

左转　　右转	左环绕　　右环绕
图 2-15　转	图 2-16　绕和环绕

(七)髋部动作

1. 顶髋

两腿开立,一腿伸直支撑、另一腿屈膝内扣,上体保持正直,用力将髋顶出。

动作要点:动作用力且有节奏感。

动作变化:双手叉腰顶髋,左顶、右顶、后顶、前顶(图 2-17)。

2. 提髋

髋向上提。

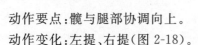

动作要点:髋与腿部协调向上。

动作变化:左提、右提(图 2-18)。

3.绕和环绕

髋做弧线或圆周运动。

动作要点:运动轨迹要圆滑。

动作变化:左、右方向进行绕和环绕动作(图 2-19)。

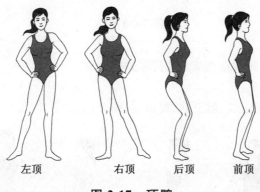

左顶　　　　　右顶　　　后顶　　　前顶

图 2-17　顶髋

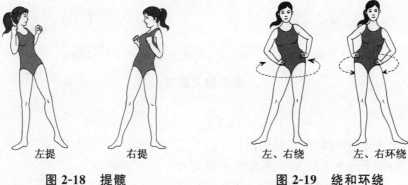

　　左提　　　　　右提　　　　　　左、右绕　　　　左、右环绕

图 2-18　提髋　　　　　　　**图 2-19　绕和环绕**

(八)下肢动作

1.立

(1)直立、开立

身体直立,再双腿打开,做开立动作。

动作要点:直立时身体要抬头挺胸;开立时,脚的间距约与肩相等(图 2-20)。

动作变化:结合手臂动作的直立、开立。

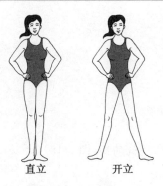

直立　　　　开立

图 2-20　立

（2）点立

先直立，再伸出一条腿做点立或双腿提起做提踵立。

动作要点：动作要舒展。

动作变化：侧点立、前点立、后点立、提踵立（图 2-21）。

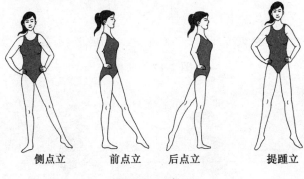

侧点立　　　前点立　　　后点立　　　提踵立

图 2-21　点立

2. 弓步

直立后，大步迈出一腿，做屈膝动作。

动作要点：步子迈出不能太小，当然也不能太大。

动作变化：前弓步、侧弓步、后弓步（图 2-22）。

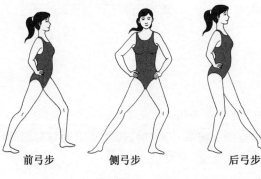

前弓步　　　　侧弓步　　　　后弓步

图 2-22　弓步

3．踢

双腿交换做踢腿动作。

动作要点：动作干净利落。

动作变化：前踢、侧踢、后踢（图 2-23）。

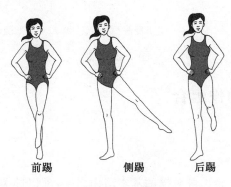

前踢　　　　侧踢　　　　后踢

图 2-23　踢

4．弹

双腿进行弹动动作。

动作要点：双腿弹动要有弹性。

动作变化：正弹腿、侧弹腿（图 2-24）。

正弹腿　　　　　　　侧弹腿

图 2-24　弹

5．跳

做各种姿势进行腿部练习。

动作要点：跳的时候要有力度和弹性。

动作变化：并腿跳、开并腿跳、踢腿跳（图 2-25）。

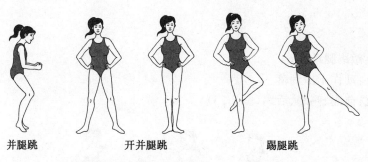

并腿跳　　　　　开并腿跳　　　　　踢腿跳

图 2-25　跳

二、健美操基本动作组合

(一)髋部动作组合

健美操的髋部动作组合是由健美操的基本动作之一,配以健美操手臂的特色动作组合而成,主要是躯干和上肢运动,它包括左右顶髋、臂屈伸及挥摆等。

动作特点:短小(共 3×8 拍),便于记忆,学习后可有充分时间反复练习。可通过变换方向重复练习。

音乐选择:旋律清晰、节奏感强的迪斯科音乐,速度为 24 拍/10 秒。

动作要点:原地顶髋是健美操髋部动作中最基本的一种。开立后左(右)腿屈膝内扣,同时向右(左)顶髋,上体保持正直。此外,髋部动作幅度大,节奏感强;上肢动作到位,有力度,与髋部动作配合协调。

1. 预备阶段

预备姿势:开立,两手叉腰。

第 1~4 拍保持预备姿势。

第 5 拍左腿屈膝内扣,同时向右顶髋。

第 6 拍右腿屈膝内扣,同时向左顶髋。

7、8 拍和 5、6 拍相同(图 2-26)。

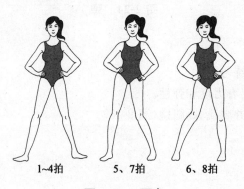

1~4拍　　　　　5、7拍　　　　　6、8拍

图 2-26　预备

2. 第一个 8 拍

第 1 拍左腿屈膝内扣,同时向右顶髋,两臂胸前平屈。

第 2 拍右腿屈膝内扣,同时向左顶髋,两臂下伸。

3、4 拍同 1、2 拍(图 2-27)。

第 5 拍腿和髋同第 1 拍,同时两臂经侧至头上交叉 1 次后成上举,抬头。

第 6 拍腿和髋同第 2 拍,同时两臂头上交叉 1 次后成上举。

第 7 拍腿和髋同第 1 拍,同时两臂肩侧屈,头向右转。

第 8 拍腿和髋同第 2 拍,同时两臂还原至体侧,头还原(图 2-28)。

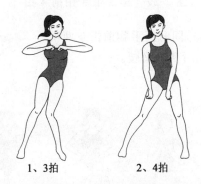

图 2-27　第一个 8 拍前 4 拍

图 2-28　第一个 8 拍后 4 拍

3. 第二个 8 拍

第 1 拍腿和髋同第一个 8 拍的第 1 拍,同时左臂胸前屈。

第 2 拍腿和髋同第一个 8 拍的第 2 拍,同时右臂胸前屈。

第 3 拍腿和髋同第 1 拍,同时左臂前伸。

第 4 拍腿和髋同第 2 拍,同时右臂前伸(图 2-29)。

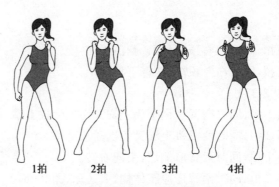

1拍　　　2拍　　　3拍　　　4拍

图 2-29　　第二个 8 拍前 4 拍

5、6 拍自左脚起踏步走两步,同时两手胸前击掌两次。

第 7 拍双脚起跳成开立,同时两手叉腰。

第 8 拍不动(图 2-30)。

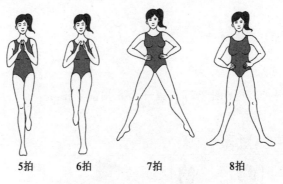

5拍　　　6拍　　　7拍　　　8拍

图 2-30　　　第二个 8 拍后 4 拍

(二)跳步动作组合

跳跃动作是健美操的特色之一,具有丰富多彩、富有弹性的特点。这里简单介绍一套 6 个 8 拍的跳步动作组合,由健美操的几种主要的跳步,配以规范有力的上肢动作组合而成。

音乐选择:节奏感强的音乐,速度为 26 拍/10 秒。

动作要点:跳跃轻快,富有弹性;上肢动作到位,有力度;整套动作连贯,节奏准确,富有表现力。

预备姿势:开立,两手叉腰。

第一个 8 拍:

1、2 拍不动。

3、4 拍两脚弹动 2 次(图 2-31)。

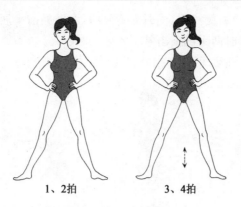

1、2拍   3、4拍

图 2-31 第一个 8 拍(一)

5、6拍跳成并立,同时两脚弹动 2 次。

第 7 拍跳成开立。

第 8 拍跳成并立,同时两臂落至体侧(图 2-32)。

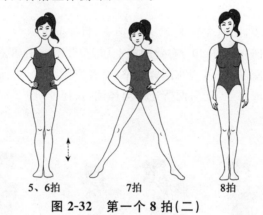

5、6拍   7拍   8拍

图 2-32 第一个 8 拍(二)

第二个 8 拍:

第 1 拍右腿后踢跑,同时两臂胸前屈。

第 2 拍左腿后踢跑,同时两手胸前击掌。

第 3 拍右腿后踢跑,同时两臂肩侧上屈。

第 4 拍并腿,手同第 2 拍(图 2-33)。

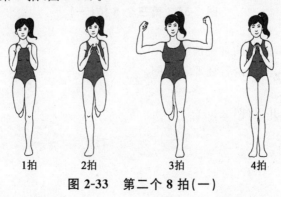

1拍   2拍   3拍   4拍

图 2-33 第二个 8 拍(一)

第 5 拍双脚向右蹬跳成右侧弓步,同时左臂侧举,右臂胸前平屈,头稍左转。

第 6 拍还原成并立,同时两手胸前击掌。

7、8 拍同 5、6 拍,方向相反,但第 8 拍两臂还原至体侧(图 2-34)。

5拍　　　　6拍　　　　7拍　　　　8拍

图 2-34　第二个 8 拍(二)

第三个 8 拍:

第 1 拍左脚向侧一步,同时左臂上举,右臂前举,目视前方。

第 2 拍提右膝同时向右转体 90°,右臂胸前上屈,左臂胸前平屈。

第 3 拍右腿后伸成左前弓步,同时左臂侧举,右臂肩侧上屈,头向左转。

第 4 拍右腿还原跳成并立,同时两臂还原至体侧,头还原(图 2-35)。

1拍　　　　2拍　　　　3拍　　　　4拍

图 2-35　第三个 8 拍(一)

第 5 拍左腿提膝跳,同时两臂胸前平屈。

第 6 拍还原成并立,同时两臂还原至体侧。

第 7 拍右腿高踢跳。

第 8 拍右腿落下成并立(图 2-36)。

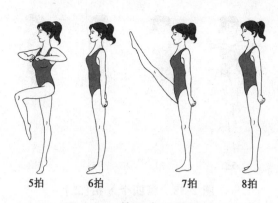

5拍　　　　6拍　　　　7拍　　　　8拍

图 2-36　第三个 8 拍(二)

第四个 8 拍：

第 1 拍右脚向侧一步,同时右臂上举,左臂前举,目视前方。

第 2 拍提左膝同时向右转体 90°,左臂胸前上屈,右臂胸前平屈。

第 3 拍左腿后伸成右前弓步,同时右臂侧举,左臂肩侧上屈,头向右转。

第 4 拍左腿还原跳成并立,同时两臂还原至体侧,头还原(图 2-37)。

1拍　　　　2拍　　　　3拍　　　　4拍

图 2-37　第四个 8 拍(一)

第 5 拍右腿提膝跳,同时两臂胸前平屈。

第 6 拍还原成并立,同时两臂还原至体侧。

第 7 拍左腿高踢跳。

第 8 拍左腿落下成并立(图 2-38)。

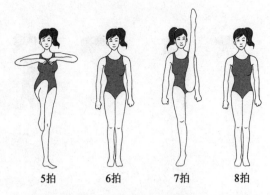

图 2-38　第四个 8 拍（二）

第五个 8 拍：

第 1 拍跳成开立，同时左臂侧举，头向左转。

第 2 拍跳成并立，同时左臂肩侧上屈，头还原。

第 3 拍跳成开立，同时右臂侧举，头向右转。

第 4 拍跳成并立，同时右臂肩侧上屈，头还原（图 2-39）。

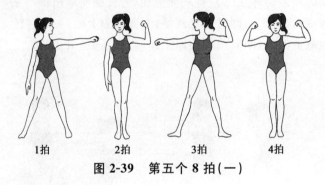

图 2-39　第五个 8 拍（一）

第 5 拍跳成开立，同时两臂胸前屈。

第 6 拍跳成并立，同时两臂胸前平屈。

第 7 拍跳成开立，同时两臂上举。

第 8 拍跳成并立，同时两臂还原至体侧（图 2-40）。

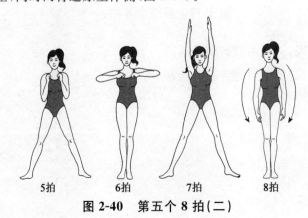

图 2-40　第五个 8 拍（二）

第六个 8 拍：

1～4 拍跑跳步向左转体 360°，同时两臂体侧屈自然摆动。

5、6 拍原地踏步走，同时两手胸前击掌两次。

7、8 拍跳成开立，两臂向外绕至肩上屈，两手扶头后，挺胸立腰，目视前方（图 2-41）。

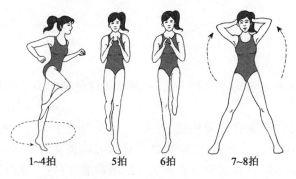

1~4拍　　　5拍　　　6拍　　　7~8拍

图 2-41　第六个 8 拍

中国健美操协会（CAA）

　　中国健美操协会，英文名称为 Chinese Aerobic Association，缩写为 CAA。协会会址在北京。中国健美操协会是全国性的群众体育团体，是全国健美操工作者自愿结成的非营利性的专业社会组织，是中华体育总会的团体会员。中国健美操协会的协会宗旨是团结全国健美操工作者，调动一切积极因素，推动全国健美操的普及和发展，提高全民身体素质，努力提高竞技健美操运动技术水平，增进我国与各国运动员之间的友谊与交流。

　　中国健美操协会先后制定了《健美操活动管理办法》《全国健美操指导员专业技术等级实施办法》等，这些举措对我国健美操运动的普及与提高具有重大意义。

第三节　健美操基本技术

　　健美操的基本技术主要有落地技术、弹动技术、半蹲技术、重心移动技术和身体控制技术，掌握这些技术不仅可以使健美操的动作更美观，而且还可以预防运动损伤的发生。

一、落地技术

　　在健美操系统中，健身性健美操中的高冲击力动作对人体产生的冲击力很大，容易使关节、肌肉受到损伤，因此落地技术的正确与否很重要。

具体来说,健美操运动的落地技术是一种滚动技术,即脚后跟先着地,然后过渡到全脚掌着地;或前脚掌先着地,再过渡到全脚掌着地,紧接着屈膝屈髋缓冲,从而使冲击力减小。该技术的最后环节是"全脚掌"着地,这是因为,如果脚后跟长时间不着地,容易使小腿的肌肉负担过重而产生疲劳,严重时会引起肌肉过度疲劳或拉伤,甚至导致胫骨或腓骨骨膜炎。

二、弹动技术

弹动技术是健美操最重要的基本技术之一,是体现健美操的最基本特征,用以区别其他运动项目的重要因素之一。

健美操的弹动技术主要是依靠踝关节、膝关节、髋关节由下至上的缓冲产生的,所以要完成这个技术就要掌握缓冲。一方面,可以通过提踵练习来提高踝关节的屈伸能力,即双脚并拢,反复上提和下落脚后跟,这样可以提高踝关节的缓冲能力;另一方面,可以通过半蹲练习提高膝关节和髋关节的屈伸能力,即双脚分开,半蹲,髋关节稍屈。

健美操弹动技术的学练应注意在关节的缓冲能力得到提高的同时,加强相应肌肉的协调用力能力,这样才能使整个弹动技术流畅。此外,动作富有弹性是健美操特点之一,动作的弹性所涉及的身体部位很多,因此练习时要注意肌肉的收缩与放松要有控制,是动作富有弹性,节奏均匀,避免动作过分僵硬和关节的过度伸展。

三、半蹲技术

在健美操运动中,无论是落地技术还是弹动技术,都要求膝关节弯曲缓冲,从这个角度上可以说它们都与半蹲技术有着紧密的联系。

健美操的半蹲技术要求上体挺直,身体重心在两腿之间,臀部向后45°,膝关节弯曲的角度不得超过90°,两脚外开,膝盖与脚尖同方向,并且膝盖的垂线不能超过脚尖。这一点在学练健美操技术的过程中要尤其注意。

四、身体控制技术

(一)身体姿态的控制

身体姿态的控制是表现健美操"美"的关键。健美操的身体姿态是根据现代人的人体与行为美的标准而建立的,正确的身体姿态是头正直,向上顶,两眼平视,下颌略回收,两肩下沉,挺胸,收腹,立腰,提气。

一般来说,正确的健美操身体姿态是最基本的动力定型,是建立准确的本体感觉的第一步,也是建立良好健美操形态的基础。

（二）操化动作的控制

　　操化动作的控制是表现健美操"力"的关键。健美操运动者对操化动作的控制是指操化动作的肌肉发力与控制。在健美操的操化动作中要求肢体迅速运动到准确的位置，并且肌肉用力将肢体瞬间控制在一定的位置上。

　　需要特别指出的是，健美操运动者对操化动作的控制应使动作有力而不僵硬，松弛而不松懈。

第三章　健美操教学

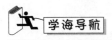
学海导航

在健美操教学中,教学质量和效果的好坏将直接影响到健美操在学校中的发展。因此,加强健美操教学的研究就显得尤为必要。本章重点讲述了健美操教学的内容与任务、原则与方法,以及教学能力的训练等基本知识,以帮助健美操初学者学习健美操打下良好的基础。

第一节　健美操教学内容与任务

一、健美操教学的内容

教学内容,就是指为完成教学任务和教学目标而进行的各种理论知识和身体练习。健美操教学内容是教师和学生开展健美操教学活动的根本依据。没有教学内容,教学活动就无法开展。一般来说,健美操教学内容主要包括两大部分,一个是理论课,一个是技术课。

(一)理论课教学的内容

1. 健美操基本理论

健美操基本理论知识主要包括健美操的起源和发展,功能和特点,竞赛规则及裁判知识等。通过对这方面知识的讲授,能够使学生对健美操有一个基本的了解。

2. 音乐和动作创编

健美操的音乐和创编是健美操重要的组成部分,这方面的知识主要包括音乐的特点及作用、音乐的选取、音乐的制作和动作创编的原则、创编的步骤以及创编方法等内容。教师通过对这些知识进行讲授,能够使学生对音乐的创编知识及动作的创编知识有一个基本的了解。

3. 其他运动常识及注意事项

这方面的知识主要包括健美操运动的生理卫生、保健卫生、运动常识及注意事项。通过这方面知识的讲授,能够促进学生科学地锻炼身体,从而更好地建立和形成终身体育的思想。

(二)技术课教学的内容

高校健美操技术课的内容主要包括两部分,即徒手操和器械操。

1. 徒手健美操

徒手健美操的教学内容主要包括基本动作、组合动作和成套动作 3 个部分。

(1)基本动作

基本动作是学生学习健美操的基础。通过基本动作的学习,能够培养学生对健美操动作的基本感觉和表现意识。具体来说,健美操的基本动作教学主要包括基本动作、基本技术、基本步伐等部分。

健美操的基本动作主要包括手臂动作和上肢动作。基本技术包括落地技术、弹动技术、半蹲技术和身体控制技术。基本步伐包括无冲击力动作、低冲击力动作和高冲击力动作。另外,还有一些常见的动作类型,主要包括伸、屈、转、绕、绕环、提、移、沉、旋、展、含、举、跑、踢、跳等。

在健美操教学过程中,教师要结合基本动作、基本技术和基本步伐,进行基本技术训练,这样有利于培养学生对健美操动作的基本感觉。另外,教学过程中,教师还要向学生讲解动作的力度训练、动作的速度训练、动作的幅度训练、动作的控制训练、动作的表现力训练等内容。需要注意的是,教师在讲解时,要对学生的准备动作、基本动作以及基本步伐等动作姿态进行时刻的观察,强调使学生严格要求自己,并且从健美操基本动作学习开始养成一个良好的动作姿态。

在健美操教学中,学习者的乐感非常重要。因为音乐是健美操的灵魂,也是基础训练中的关键要素。因此,在教学过程中,教师要加强学生乐感的培养。在培养学生乐感时,教师需要注意以学生的实际水平和动作特点为主要依据来选择适宜的音乐并进行训练。需要强调的是,教师所选择的音乐结构宜简单,节奏鲜明,速度适中。这样,有利于逐渐引导学生尽快地适应健美操技术课的要求,帮助学生了解健美操音乐的基本知识,培养乐感,提高运动水平。

(2)组合动作

在健美操中,组合动作是由两节或两节以上的基本动作组合起来的动作。通过组合动作的学习,能够培养学生良好的协调能力和动作过渡能力,从而为成套动作的学习奠定必要的基础。

(3)成套动作

组合动作搭配在一起的动作组合,就是成套动作。成套动作具有动作多、动作复杂的特点。通过成套动作的教学,能够培养学生良好的全身协调能力和健美操表现能力,从而有利于运动技能的进一步提高。

2. 器械健美操

利用器械完成动作的健美操,就是器械健美操。这种健美操所用的器械主要包括哑铃、踏板、体操垫等。

(1)哑铃

运用哑铃进行健美操教学的动作内容主要包括屈臂、伸、绕、环绕、举摆等,同时,还要根据需要配以下肢步伐。运用哑铃进行健美操练习,对于发展上肢肌肉力量具有较大的帮助。

(2)踏板

运用踏板进行健美操教学的动作内容主要包括上板、下板、转体、抬腿、踢腿、并步跳、分腿跳等,还要根据需要配合一定的手臂动作练习。通过踏板健美操的训练,能有效发展练习者下肢腿部的肌肉力量,并提高身体的协调性。

(3)体操垫

运用体操垫进行健美操教学的动作内容主要包括腹肌练习、腹内外斜肌练习、背肌练习、臀大肌练习、压腿、踢腿等动作。通过这一器械健美操的训练,能够使腹部、背部肌肉力量和身体的柔韧性得到进一步的发展和提高。

二、健美操教学的任务

健美操是集体育、舞蹈、音乐为一体的运动,因此,在教学中必须体现出体育、舞蹈、音乐 3 个方面的教育功能,一般来说,健美操的教学任务主要应包括以下几个方面。

(一)初步认识健美操

(1)建立健美操动作的正确概念。

(2)了解与掌握健美操动作的技术原理。

(3)学会和掌握健美操运动中动作与音乐配合的技巧。

(4)掌握创编成套健美操动作的一般规律。

(5)学会识别健美操音乐的节奏。

(6)学会提高专项身体素质的理论与方法。

(7)增强自我保健意识,了解自我保健常识。

(二)掌握健美操基本技能

(1)掌握健美操动作节奏与动作方法。

(2)掌握健美操动作技术细节。

(3)掌握健美操运动后恢复的常用方法。

(4)提高练习健美操动作的熟练性。

(5)纠正练习健美操运动时错误的身体姿势。

(6)改进练习健美操运动时单个动作或连接动作技术。

(7)加大练习健美操运动时动作幅度的表现力。

(8)增强柔韧、协调、弹跳、力量、耐力等身体素质。

(9)提高动作与音乐配合的一致性。

(10)增强音乐感、节奏感。

(11)塑造健美形体。

(三)培养与发展健美操情感

(1)培养对健美操的兴趣。

(2)加强组织纪律性。

(3)增强动作的情感表现力。

(4)增强自信心。

(5)增强竞争意识。

(6)增强合作意识。

(7)培养良好的意志品质。

(8)培养责任感与事业心。

(9)培养认真细致、精益求精的工作作风。

(10)培养创造性思维。

(11)树立正确的审美观。

(四)培养健美操应用能力

(1)培养灵活应用素材、随意创编的能力。

(2)掌握创编健美操组合动作的方法。

(3)掌握创编健美操成套动作的方法。

(4)掌握创编健美操表演动作、组织表演活动的方法。

(5)培养良好的语言(口语、肢体语言)表达能力。

(6)培养指挥健美操配音练习的能力。

(7)培养分析问题和解决问题的能力。

(8)培养自我评价和相互评价的能力。

(9)提高对美的鉴赏能力。

(10)提高灵活应变的能力。

(五)培养终身体育意识

发展到现在,随着现代教育的不断发展,"终身体育"的观念也逐渐深入人心。联合国教科文组织在《体育运动国际宪章》中明确规定:"体育是全民教育体制内一种必要的终身教育因素""确信保持和发展人的身心、心智与道德力量能在本国和国际范围内提高生活质量""必须有一项全球性的、民主化的终身教育制度来保证体育活动和运动实践得以贯彻于每个人的一生"。因此,在健美操教学中,必须突出终身体育的重要地位,在教学中完成以下教学任务。

（1）培养体育锻炼的兴趣、意识和能力。

（2）掌握系统的健美操理论知识和锻炼身体的科学方法。

（3）提高自学能力，能自主学习健美操运动的知识与技能。

（4）提高自练和自评能力，在健美操运动锻炼过程中能结合实际对体育锻炼的内容、方法、负荷等进行调控和评价。

（5）提高自我创造能力，能创造性地运用自己掌握的健美操知识与技能。

知识拓展

终身体育

终身体育主要包括两个方面的内涵：一是指人从生命开始至生命结束中学习与参加身体锻炼，使终身有明确的目的性，使体育成为一生生活中始终不可缺少的重要内容；二是在终身体育思想的指导下，以体育的体系化、整体化为目标，为人在不同时期、不同生活领域中提供参加体育活动机会的实践过程。

第二节　健美操教学原则与方法

一、健美操教学的原则

健美操教学的过程和内容非常复杂，在教学过程中必须要遵循一定的规律和原则，这样才能保证教学的质量和效果，促进高校健美操教学的发展。一般来说，健美操教学的原则主要包括以下内容。

（一）整体性原则

健美操教学内容非常丰富，其中涉及许多不同项目的不同技术动作，各个项目的技术动作外部特征都有一定的区别，相互之间是独立的，但是从技术结构的角度看，这些动作又是相互联系的，彼此之间构成了一个完整的立体化的体系。在这个完整的体系中，各个技术动作无论是在纵向上，还是在横向上，每一个动作都与其他动作之间有着紧密的联系，都是本项目中高一级动作学习的基础，或是其他项目中技术结构相似动作的基础。因此，在健美操教学中，必须要遵循整体性原则，教师要从整体上把握健美操教学工作，组织教学活动。

（二）审美性原则

健美操具有姿态美、节奏美、协调美、表情美、音乐美等特点，表现出较高的审美价值。因此,在健美操教学中,教师应遵循审美性原则,培养学生美的意识。学生通过在健美操练习中表现出的丰富的运动路线、优美的运动姿态、和谐的运动节奏、协调的肢体配合等体验健美操运动所带来的运动之美、形体之美、节奏之美、音乐之美,并将体验到的这种美内化,以提高学生对美的感受能力、欣赏能力和评价能力,提高审美意识和能力。

(三)安全性原则

健美操动作内容丰富,形式多样,一些具有较高难度的健美操动作对大学生的身体素质要求较高,如果练习不当很容易造成运动损伤,因此,在健美操教学的过程中,教师应做到"以人为本"的安全性原则,以防伤害事故的发生。遵循健美操的安全性原则应做到以下几点。

(1)加强课堂安全教育,增强学生的安全意识,提高学生的自我保护能力。

(2)加强课堂组织纪律,避免学生出现运动不当的行为。

(3)合理组织教学,逐步提高运动负荷。

(4)重视学生的身体素质训练,提高学生的身体素质。

(5)做好场地器械的安全检查工作。

(四)循序渐进原则

健美操的动作比较复杂,在教学的过程中,教师应合理安排教学的顺序和运动量,在这一过程中,要遵循循序渐进的原则。具体应做到以下几点。

1. 教学内容方面

第一,对教学内容的安排应逐步提高,先易后难、先简后繁、先单一动作再组合动作、先基本动作再难度动作。

第二,对教学内容的搭配应逐次递进,先考虑分类系统教学的纵向关系,再考虑各动作技术和身体素质的横向关系。

第三,在教学内容的衔接上要承前启后,先基础后提高,有步骤地扩大教材的深度和广度。

2. 教学步骤方面

遵循由原地练习到行进间练习、由基本练习到提高练习、由局部动作到全身动作、由单一动作到组合动作、由组合动作到成套动作、由口令指挥练习到配合音乐伴奏练习、由慢节奏到快节奏等的教学程序。

3. 运动负荷方面

教师在组织学生训练时,对运动量、运动强度、动作时间、动作难度、动作密度等方面的安排要循序渐进,结合学生的具体实际,按照适应—加大—再适应—再加大的规律有节奏地增加运动负荷。

4. 身体素质方面

在健美操教学过程中,随着教学内容的不断增加和深化,对学生各种身体素质的培养应与教学内容、教学任务相适应,应使之与理论水平、技术水平同步增长。这样才能从整体上提高健美操教学的水平。

(五)全面发展原则

健美操动作众多而复杂,各种动作对大学生的身体素质都有着不同程度的要求,也对其有不同程度的提高作用,因此,教师在教学过程中应本着全面发展的原则合理安排教学内容,保证学生的全面发展。

(1)在教学中注意不同教材的均衡搭配,使学生全面掌握各类动作技术。

(2)既要突出教学重点,又要注意学生身体各部位的锻炼,全面发展身体素质。

(3)在进行教学考核时,考核项目和内容应考虑全面发展身体的因素,使学生在复习过程中,重视各种身体素质、身体机能、动作技术的提高。

(六)教师主导性原则

健美操教学是一种教师与学生共同参与的双边活动,其中,教师主要发挥主导作用,对学生学习健美操具有重要的指导作用。在高校健美操教学中,遵循教师主导性原则应做到以下几点。

(1)教师要向学生讲解学习健美操的意义,引导学生树立正确的学习观。

(2)教师要敬业、认真负责、耐心细致,用良好的教态和丰富的知识去教育和感染学生。

(3)教师要为人师表,应谈吐高雅、举止大方、服饰整洁,用良好的言行、仪表美感染学生。帮助学生在健美操实践中切实感受搭配健美操中的动作美、音乐美、姿态美、情感美。

(4)教师要认真执行教学大纲、进度计划,认真钻研教材,深入了解学生情况,在教学中突出重点和难点,科学组织教学、选用教法,提高教学效果。

(5)教师要善于发现学生的各种优点,鼓励学生勇敢地面对困难和挫折,建立学习健美操的自信心,主动进行健美操练习。

(七)学生主体性原则

在健美操教学活动中,学生居于主体地位,在教学过程中,教师应遵循学生主体性原则,采取必要的手段和措施激发学生学习健美操的积极性和兴趣,以提高技术水平。

大量的实践表明,个体强烈的求知欲望和认识兴趣是推动其积极学习的动力。在健美操教学过程中,学生的求知欲望和认识兴趣不仅来源于认识的需要,还来源于强烈的好奇心和好胜心。因此,教师在健美操教学中应积极创造条件,激发学生的求知欲,促进其自主学习。

运动生理学研究发现,当人的大脑皮层神经元处于兴奋状态时,注意力就易集中,积极性就高。因此,在健美操教学中,教师应善于创设一定的情境,利用丰富有趣的教学内容和教学方法来充分调动学生的积极性,促进学生形成认识兴趣、体会学习乐趣,进而提高大学生大脑皮层神经元的兴奋程度,使学生集中注意力,积极地投入到健美操的学习中去。

(八)素质先导性原则

在健美操运动中,健美操对学生的力量、柔韧、协调性等素质的要求较高。与其他运动项目的教学不同,高校健美操动作有些需要超常规的身体姿势来完成,对人体的柔韧性要求较高,如果个体的柔韧性不好,就会影响健美操动作的幅度和动作的顺利完成,甚至还会造成运动损伤的发生,因此,在高校健美操教学中,教师应遵循素质先行的原则,重视对大学生身体素质的训练。

在高校健美操教学中,教师要想贯彻好素质先导性原则,就要在健美操教学的过程中根据学生身体素质发展的规律,系统地安排学生进行身体素质练习,有针对性地发展学生的各种身体素质,为学生健美操技术的提高打下基础。

(九)从实际出发原则

进行健美操教学的目的是增强学生的体质、磨练学生的意志、提高学生的审美能力。因此在教学过程中,教师应从具体实际出发,结合学生的实际情况,有针对性地选择教学内容、方法和手段等,合理安排运动负荷,这就是从实际出发原则的运用。

在健美操教学中,遵循从实际出发原则就是要做到使教学的深度、广度、进度等适合学生的年龄特点、知识水平、接受能力和学习需求,同时考虑学生的个性特征、性别差异以及实际的教学环境,尽量做到使每一个学生都能获得全面的发展。

(十)直观与思维相结合原则

直观与思维相结合的教学原则是根据人们对客观事物和现象的认识规律提出来的。目的是为了培养学生的主动观察感知能力与思维能力。具体操作过程是让学生结合本身各种感觉器官(看示范、听讲解、做练习感知动作)去直接或间接的获得动作经验和动作形象,然后通过思维活动对感知到的事物(时间、空间、用力程度、用力节奏)进行分析,强化正确的感觉意识,建立正确的动作概念,尽快地领会和掌握健美操知识、技能和技术。

在健美操教学中,直观性主要体现在教师通过动作示范、模型演示、图解、图像等方式将动作过程显示出来,让学生了解动作外部的运动学特征。思维活动主要体现在学生通过视觉器官感知教师所传递的信息,然后将这些信息传递给大脑,大脑通过加工整理后形成动作表象。

通过直观与思维相结合原则的运用,能帮助学生建立正确的动作表象,改进复杂的技术细节,从而实现动作技术的自动化。在健美操教学中,贯彻直观与思维相结合原则应注意以下几点。

(1)教师运用动作示范法帮助学生建立正确的动作表象,示范动作必须做得准确、优美、规范、富于表现力。示范动作前告诉学生动作的重点,启发学生运用发散思维,提高主动解决问题的能力。

(2)教师通过生动形象的讲解启发学生的思维活动。如利用生动、形象、简明、易懂的语言讲解动作的方法、要领、要求、用力等,使学生在教师的语言意境描述中,启发想象力和表现力,积极地进行思维活动。

(3)教师运用助力与阻力这一通过肌肉本体感受来感知动作的方式,使学生在动作的学习过程中,明确目标,保持清醒的头脑,然后按照正确的要领完成技术动作。

二、健美操教学的方法

发展到现在,健美操也有了自己一套比较健全的教学理念,并且教学理念也会随着时代的发展而不断发展。在健美操教学中,教学方法就属于教学理念的一部分,教学方法选择的是否合理,将直接影响到健美操教学的效果。在健美操教学中,必须要合理选择教学方法,这是完成健美操教学任务、提高教学质量的关键。一般来说,健美操教学方法主要有以下几种。

知识拓展

教学理念

教学理念是人们认识的集中体现,同时也是人们对教学活动的看法和持有的基本的态度和观念,是人们从事教学活动的信念。教学理念有理论层面、操作层面和学科层面之分。明确的教学理念对教学活动有着极其重要的指导意义。

(一)基本动作教学方法

1. 讲解法

讲解法是指教师运用语言向学生说明教学任务、动作名称、作用、要领、做法及要求等,以指导学生进行健美操学习的方法。运用讲解法时应注意以下几点。

(1)讲解要正确。教师所讲的内容应是科学的、准确的。即言之有理,实事求是,并运用统一规范的专业术语。

(2)讲解要简洁易懂。简明扼要,通俗易懂,力求少而精,尽可能使用术语和口诀。

(3)讲解要有目的性。所讲的内容要围绕教学任务、内容、要求以及教学过程中学生存在的问题等情况有针对性地进行。

(4)注意讲解的时机和效果。健美操教学的讲解可以在示范后进行,也可边做边讲。讲解时要根据学生已有的知识经验来确定讲解内容的深度和广度,以便学生更好地理解和掌握。

(5)讲解的顺序要合理。讲解的顺序一般先讲下肢动作,再讲上肢动作,最后讲躯干与头颈、手眼的配合。

2. 示范法

示范法是教师以自身完成的动作作为教学的动作范例,用以指导学生进行练习的方法。运用示范法时,应注意以下几点要求。

（1）示范的目的要明确。教学任务、步骤以及学生的水平是教师的示范确定的根据。例如教授新教材时，为了使学生建立完整的动作概念，一般可先做一次完整的示范，然后结合教学要求，做重点示范、慢速和常速的示范。

（2）示范的动作要准确，教师要不断提高示范动作的质量。教师的示范要力求做得准确、熟练、轻松和优美，给学生留下深刻印象，使学生看完示范后就产生跃跃欲试的感觉。

（3）示范与讲解相结合。在健美操教学中，只有把示范与讲解紧密地结合起来，才能获得最佳的教学效果。

（4）示范要有利于学生的观察。在进行示范时，要注意选择合适的示范面、示范速度以及学生观察示范的距离和角度。

3. 带领法

带领法是指学生在教师的带领下，连续完成单个动作、组合动作、成套动作练习的一种方法。此种方法能帮助学生在较短的时间内建立正确的动作概念，培养良好的乐感。运用带领法进行教学时应注意以下几点。

（1）根据动作需要正确选择带领的示范面。通常在身体有前后行进、转体变化及动作较复杂时，采用背面示范带领；结构较简单的动作一般选择镜面示范带领。身体有左右方向变化的动作根据观察动作的需要，选择镜面或背面示范带领。

（2）教师在领做动作时，可将背面及镜面示范结合起来运用，在转换示范面后，教师示范的方向，应跟学生的动作方向保持一致。

（3）大部分时间都应采用镜面示范，以利于教师观察学生掌握动作的情况和便于与学生沟通。

（4）教师在带领学生练习时，除示范动作要做得一丝不苟外，还要与手势、口令、语言等提示方法紧密结合，使学生达到眼看、耳听、心想、体动的目的，从而达到最佳的教学效果。

（5）在完成较复杂动作时，可慢速带领，待学生熟练掌握后，恢复正常速度带领。在完成下肢配合动作时，可先反复领做步法，在此基础上将手臂动作添加到动作中，形成一个完整的动作。

4. 完整法与分解法

完整法指从动作的开始到结束，不分部分和段落，完整地进行教学的方法。此种方法不破坏动作结构，不割裂动作各部分或动作之间的内在联系，可使学生建立完整的动作概念，迅速地掌握动作；分解法是把结构比较复杂的动作或组合按身体环节合理地分解成几个局部动作分别进行教学，最后达到全部掌握动作的方法。采用完整法与分解法进行教学要注意以下几点。

（1）学习结构比较简单的动作，采用完整法进行教学。

（2）运用分解法是为了完整地掌握动作，因此，分解教学时间不宜过长。

（3）学习较为复杂的动作，可采用慢速完整练习方法，即放慢动作的过程，在每个姿势中停几拍，以加强学生对动作的运动轨迹、动作各环节的变化有进一步的了解，提高学生正确完成动作的本体感觉，待学生建立了正确动作概念之后，再按正常速度进行完整练习。

（4）对于要求协调性较高的动作，往往按身体各部分预先把它分解成几个局部动作分别进行教学，待学生基本上掌握了分解动作之后，再进行完整动作的教学。

5. 重复法

重复法是指在不改变动作结构的情况下，按照动作要领进行反复练习的方法。在健美操教学中，可重复单个动作，也可重复组合动作和成套动作。这种方法能帮助学生很好地掌握和巩固健美操技术，提高技术水平。运用重复法进行教学时应注意以下几点。

（1）要防止重复出现错误的动作。教学中，一旦发现有错误动作出现，教师应立即给予纠正，以防形成错误动作的动力定型。

（2）在动作初学阶段采用重复法时，应避免负荷过大及疲劳的过早出现，以免影响掌握动作及改进动作。

（3）练习时要合理安排重复次数。所重复的次数既能保证学生在每一次的练习中都能达到动作的要求，不降低练习质量，又能适合学生的负荷能力。

6. 记忆法

记忆法是为使学生尽快地掌握学习内容、熟记动作常采用的教学方法。主要包括念动法、观察模仿法、简图强化法等。

念动法是指学生有意识地、系统地在脑海中重复再现已形成的动作表象，熟练和加深动作印象的记忆方法。

观察模仿法是指分成组进行教学，一组做练习，一组观察练习并随其做模仿练习，加深记忆，熟练动作。观察模仿练习有助于建立和巩固正确动作的动力定型。

简图强化法是指布置课后作业，让学生把所学动作的名称、动作做法，逐拍用简图表示出来。在画简图的过程中，学生对动作的名称、顺序、要领、连接等多次在脑海中重复、再现、模仿、分析，这样可强化记忆，加速学习动作的过程，形成较牢固的动力定型。同时，能节省体力消耗，提高教学质量，熟练成套动作，改进动作技能，提高动作协调性和运动感觉能力。

在健美操教学中，运用记忆法时，应注意以下两点。

（1）记忆法一般在学生掌握动作的泛化阶段选用，这个阶段主要以记忆动作为主，因此，不要过多地讲解和提出对动作规格的要求，以保证学生记忆的连贯性和完整性。

（2）运用记忆法时，教师应帮助学生找到一种记忆动作的捷径，例如"一伸二转三踢腿"等简化动作名称的记忆法，这样可以提高学生记忆动作的速度。

7. 激情法

激情法即是用直观的教学手段，激发学生学习情绪的一种方法。在健美操教学中常常采用乐曲激情法和健美激情法两种。

乐曲激情法是指在健美操教学中，教师选择优美、动听的乐曲让学生们听，同时讲解音乐，引导学生去欣赏音乐，了解音乐的风格，掌握音乐的节奏速度和节拍，不断丰富学生对音乐的感受。

健美激情法是教师在教学前，先在音乐的伴奏下，用优美大方、充满活力的动作把教学的内容或套路,完整地示范给学生,给学生以美的享受,激发学生的学习热情。通过听和看,在学生脑海中对动作产生一个完整的印象,并有一种渴望学习、急于掌握动作技术的心理,这时再有顺序地进行教学,效果最佳。

运用激情法教学时,应注意以下两点。

(1)音乐的选择应符合学生的年龄心理特点及时代特征,真正能达到激发学生情绪的作用。

(2)教师的示范要有感染力,表现出健美操的动作特点和音乐风格,用教师特有的表演魅力,激发学生的学习欲望和表现欲望。

8．串连教学法

串连教学法,即把所要教的内容分成若干串,每一串为 4×8 拍,首先教第一串动作。其方法是,先教第一个 8 拍动作,掌握后再教第二个 8 拍的动作,然后把第一、第二个 8 拍动作连起来反复练习,然后教第三个 8 拍,掌握后教第四个 8 拍。第三、第四个 8 拍动作连起来反复练习。最后再把第一至第四个 8 拍串连起来反复练习。直至串起来所有的教学内容。运用串连法教学时,需要注意以下两点。

(1)运用串连法时,应保证从课的开始到结束使身体始终处于"动"的状态,这样才能保证此教学法运用的效果。

(2)运用串连法教学时,音乐的选择最好是连奏或剪接成连奏,这样便于课的流畅、顺通,从而达到理想的教学效果。

(3)在运用串连法教学时,应根据学生的实际水平认真准备好每一节课,选编组合好每一串动作,尽量使每一串动作的内容类型变化新颖,提高学生学习的兴趣,进而提高教学质量。

9．协调教学法

协调教学法是采用同一种下肢重复练习,配合不同的身体部位动作而组合成的练习方法。这种教学方法适合健美操初学者,可以避免初学者因动作不协调造成的手忙脚乱、不知所措而失去锻炼的信心。运用协调教学方法时,应注意以下两点。

(1)根据练习者具体实际水平,合理安排协调动作的次数及内容。协调动作过多则显得练习单调乏味,动作过少则不利于练习者掌握动作。

(2)当练习者动作逐渐协调、适应练习后,要及时变换练习内容,增加串连法,以保证练习的效果和质量。

10．交替法

交替法是指在教学过程中,根据教学任务的需要,把学生分成两个以上的小组交替进行练习的方法。交替法不仅有利于学生学习健美操动作,而且对练习的密度、强度、课的负荷量等都有一定影响。对增进学生的健美意识、塑造美的形体、陶冶美的心灵、提高学生的观察能力和独立解决问题的能力都有重要的作用。在采用交替法教学时,应注意以下几点。

(1)根据教学任务和学生身体情况,可以把学生分成 2～4 组进行练习。通常的做法是先集体练习 1～2 遍后,再交替进行练习。

（2）分组交替练习要保证课堂秩序。要求学生把看、想、练、听紧密结合起来。看其他同学练习，不但可以培养学生的观察分析能力，而且还会鞭策和激励他们练习的自觉性。边看、边想完成动作的方法和过程，有利于沟通神经系统和运动系统的联系，加强动作的记忆，从而掌握健美操技能。

（3）交替练习分组可以按单、双数分组，此法便于"一对一"，做到对象明确，可以互相观察、帮助、交流经验、沟通情感。也可以以队形的中间为基准，分成左、右或前、后两组交替练习，此法有利于学生熟悉动作和提高自我表现能力。此外，还可以根据学生的体力状况分组进行练习。

（4）采用交替练习法必须要有明确的目的性。通常在新授课时为了让学生学习和掌握成套健美操的动作技能并达到一定的负荷量，以及复习课时要熟悉成套动作，进行身体训练和纠正动作技术错误时采用。因此，要注意练习量和强度的调节，改善和提高学生机体的有氧代谢功能。

总之，上述几种教学方法都是健美操教学中常用的方法，是彼此联系在一起的，在健美操教学中，灵活运用各种教学方法，促进教学质量和效果的提高。

（二）运动技能教学方法

1. 音乐节奏教学方法

在初学健美操的过程中，学生常常对音乐的节奏不敏感，难以把握音乐的节奏，音乐节奏和健美操动作不能很好地吻合起来。因此，在教学过程中，要加强学生健美操音乐节奏的学习。

（1）听音乐，数节拍

听音乐、数节拍是节奏训练的基础环节。在开始阶段，选择一些节奏清晰的音乐，让练习者边听边数节拍；当感觉到比较容易区分节拍时，将音乐换成一些节奏比较复杂的音乐，比如节奏性不强、有其他的音乐元素混入等。数节拍时，可出声数出来，亦可心中默数。

（2）击掌，合节拍

练习者在具备一定音乐认识之后，开始击掌，合节拍。一般先听1～3拍，第4拍击掌，5～8拍同1～4拍，以此循环。当练习者基本听清节奏后，可以适当增加难度，随意确定一个节拍进行击掌，并不断反复练习。

（3）踏步，合节奏

练习者试着在音乐的节奏下进行踏步，并逐渐适应音乐。踏步时要注意脚步的弹性，使整个身体姿势保持协调。练习几组之后，逐步配合音乐做动作。

（4）变换动作，合节奏

练习者选择3～5组不同节奏的动作，在同一音乐节奏中完成。其主要目的在于提高练习者对音乐节奏的驾驭能力。

2. 动作速度教学方法

动作速度是指人体或人体某一部分快速完成某一动作的能力。在健美操中，动作速度一方面取决于动作的节奏能否和音乐的节拍配合在一起,另一方面取决于练习者自身关节和肌肉的反应速度。动作速度是影响动作幅度的一个重要因素,健美操教学离不开动作速度学习。

在健美操动作速度教学中,提高动作速度,可以通过快速踢腿、连续快速的屈体分腿跳来实现,还可以利用器械的重量来实现,在适宜负荷下反复多次练习动作,当去除器械后就会获得后效作用,提高动作速度。

3. 动作幅度教学方法

动作幅度就是指在动作规定的条件下,肢体的活动范围。在健美操运动中,幅度大的动作显得舒展、大方、美观,同时,它对机体产生的锻炼价值比小幅度的动作更大一些。动作幅度练习的方法主要有以下几种。

(1)发展柔韧素质

发展柔韧素质是克服动作僵硬、不协调的有效方法。柔韧性好,关节活动就充分,肌肉的收缩幅度就大。健美操练习者所需的柔韧素质的主要部位有:上肢的肩带部位、下肢的髋部和腿部以及躯干的胸部和腰部。

①发展上肢柔韧性的方法有:手指手腕的正常准备活动、肋木直臂压肩、两人互抱俯卧压肩、单臂或双臂背对肋木拉肩等。

②发展躯干柔韧性的方法有:体前屈、体后屈、体侧屈、体转、腹背运动、拉橡皮筋背弓等运动。

③发展下肢柔韧性的方法有:正踢腿、后踢腿、侧踢腿、肋木压腿、纵劈叉、横劈叉、正压腿、后压腿、侧压腿、双手俯卧抱膝等。

(2)放松心态、增强自信心

动作幅度做得不充分的另一原因是出于练习者自身的心态过于紧张,自信心不足,缺少充分展示自己动作的勇气。因此,练习者要放松自己,相信通过自己的刻苦练习,定能将健美操动作做到充分。

(3)重复练习

重复练习大幅度动作,让练习者充分体会完成大幅度动作的过程中,牵拉的动作知觉,并且建立正确的动作路线。各关节、肌肉、韧带经过多次重复性的牵拉之后,会自觉地将动作做到充分。

4. 动作力度教学方法

动作力度是练习者在完成动作的过程中,肌肉快速用力以及动作变化的速度和动作熟练程度的外在表现。在健美操中,动作力度的外在表现就是“制动”。“制动”的关键是肢体到达某一位置后克服重力、惯性等因素及时停止。它凸现出健美操“力”的特征。要提高动作的力度,主要有以下几种途径。

(1)间接帮助法

间接帮助是不给予练习者以助力,而是通过信号、标志物和限制物等手段,使练习者体会肌肉的用力感觉和掌握正确的制动时机。在练习过程中,运用“用力”“控制”等语言提示,促使练习者的神经系统和运动系统协调一致,也可以在标准位置放置限制物,迫使练习者的肢体到达该位置迅速制动。

(2)直接帮助法

直接帮助是直接加助力于练习者,使其更快地感受动作的用力大小、速度、方向以及动作制动的时机。一方面,练习者负荷适宜重量的哑铃在规定的时间内完成一定次数的动作,提高肌肉的运动感觉;另一方面,教师或教练可以扶握练习者的肢体带动其完成动作,体会肌肉的运动感觉。

5.表现力教学方法

在健美操运动中,表现力是练习者身体姿态、技术动作和面部表情的展现,完美的表现力体现在练习者肢体是否能准确到达某一位置、动作过程路线是否准确、是否能展现饱满的精神状态这 3 方面。进行表现力教学时,主要采用以下几种方法。

(1)形体锻炼法

首先,练习者在平时要养成正确的站姿、行姿和坐姿;其次,要用正确的锻炼方法来美化自己的身体姿态。形体锻炼要注意技术动作的规范、节奏与姿态、风度与仪表。形体锻炼主要包括健美、舞蹈矫正体操等方法。舞蹈中的基本站立、走、跑、跳步等练习,可以培养练习者正确的身体姿态,塑造优美的形体。

(2)表情训练法

表情训练法是用来改变自己面部表情的方法,它是一种有意识的控制行为。其中,控制的核心是在眼神,可以选择眼球和眼肌的训练,如摆眼球、转眼球等。这种方法能有效改善练习者的情绪,提高其练习的积极性。

(3)镜面校对法

镜面校对法是指练习者面对镜子做动作和面部表情的方法。通过面对镜子做动作和表情,可以直观地反映出动作是否到位,表情是否能够得到充分的展现,从而可以帮助练习者自我纠正动作的角度、运动的弧线、面部的表情等,建立准确的方位感和姿态的美感。镜面校对法比较广泛地应用于教学操教学与训练中。

(三)新兴教学方法

在健美操教学中,教师应结合具体教学实践灵活使用各种不同的教学方法。经过多年的教学实践,一些教师在传统的教学方法基础上形成了一些新的教学方法,主要有连接教学法、递加教学法、金字塔教学法、线性渐进教学法等。

1.连接法

连接法也称部分到整体法,是把单个动作按照一定的顺序连接并发展成组合的方法(表3-1)。在健美操教学中,连接法可以将一些基本的动作发展成一个很长的组合或套路,在教学过程中应注意动作连接不要过长,以免给学生造成记忆压力。

表3-1　连接法示意表

学习 A	Walk Fwd/Bwd
学习 B	Tap side
连接 A＋B	1Walk Fwd/Bwd
	4Tap side
学习 C	Jumping jack
学习 D	Step touch
连接 C＋D	4Jumping jack
	4Step touch
最后连接 A＋B 动作和 C＋D 动作	1Walk Fwd/Bwd
	4Tap side
	4Jumping jack
	4Step touch

2. 递加法

递加法是每学习一个单一动作或组合动作后,都再与前面的动作或组合连接起来进行练习的方法(表3-2)。在健美操教学中,运用递加教学法时,要注意加入的动作不要太多,以免给学生造成记忆困难,难以回想起之前的动作。建议一个组合应以 4 个 8 拍为宜,每个组合中的动作控制在 4～8 个之间。教会一个动作或组合时,及时与前面的动作或组合连接起来加以练习。

表3-2　递加法示意表

学习 A	4Step touch
学习 B	4Easy walk＋V step
连接 A＋B	4Step touch
	1Easy walk＋V step
学习 C	2Grapevine
连接 A＋B＋C	4Step touch
	1Easy walk＋V step
	2Grapevine
学习 D	4Jumping jack
连接 A＋B＋C＋D	4Step touch
	1Easy walk＋V step
	2Grapevine
	4Jumping jack

3. 金字塔法

金字塔法是一种递增或递减单个动作次数的方法,可以分为正金字塔和倒金字塔两种方法,逐渐增加重复动作次数称为正金字塔,反之称为倒金字塔(表 3-3),正金字塔的教学可以使学生专注于动作技术、身体姿态和练习强度。倒金字塔的教学可以增加组合动作的复杂度,对学生产生新奇刺激,提高学生的学习兴趣。

表 3-3 金字塔法示意表

正金字塔		
1Tap side R+1knee up L	开始	△
2Tap side R+2knee up L		
4Tap side R+4knee up L		
8Tap side R+8knee up L	结束	
倒金字塔		
8Tap side R+8knee up R	开始	▽
4Tap side R+4knee up R		
2Tap side R+2knee up R		
1Tap side R+1knee up R	结束	

4. 线性渐进法

线性渐进法是在把单个动作顺序排列起来时,动作之间只改变一个因素,不能发展成组合或套路的最简单的自由式的教学方法(表 3-4)。[①] 线性渐进法中改变的因素可以是上肢动作、下肢动作或其他变化因素。该教学方法适用于单个动作的教学,要求教师加入的动作应多样化,每次的动作变化要小,动作之间的过渡必须流畅、有效,并注意动作的预先提示和均衡性。

表 3-4 线性渐进法示意表

节拍	动作	下肢动作	方向	上肢动作
1～16	A	8Step touch	面朝前	叉腰
1～16	A	8Step touch	面朝前	前伸 *
1～16	B	* 4Step touch(2R\2L)	面朝前	前伸
1～16	B	4Step touch(2R\2L)	面朝前	屈肘上提 *
1～16	C	* 4Grapevine	面朝前	屈肘上提

---

① 赵栩博,崔海燕. 健美操套路教与学[M]. 北京:北京体育大学出版社,2006.

（续表）

节拍	动作	下肢动作	方向	上肢动作
1～16	C	4Grapevine	面朝前	侧摆 *
1～16	D	2(Grapevine＋3Leg curl)	面朝前	侧摆
1～16	D	2(Grapevine＋3Leg curl)	面朝前	抬肘后拉 *

* 表示变化因素

5. 过渡动作法

过渡动作法包括过渡保持法和过渡动作去除法两种教学方法,具体来讲,过渡动作法是指在教新动作之前或组合与组合之间加入一个或一段简单易学的过渡动作,在动作或组合基本掌握之后再去除过渡动作的,使学生保持心率不下降的教学方法(表3-5)。

在高校健美操教学中,教师加入的过渡动作主要有踏步、跑跳、跑步、侧并步等(国外流行用一个组合动作作为过渡组合加入每个复杂的动作组合之间)。但组合中过渡动作太多时会使学生感到疲劳和枯燥,因此当学生熟练掌握动作时,在完成一个完整的动作组合时必须去除过渡动作,去掉过渡动作使动作组合呈现出更多多样性,使教学更富有吸引力。

表3-5　过渡动作法示意表

学习A	4Leg curl
学习N	4Step touch
连接A＋N	4Leg curl
	4Step touch
学习B	2Grapevine
学习B＋N	2Grapevine
	4Step touch
学习A＋B＋N	4Leg curl
	2Grapevine
	8Step touch
学习C	2Knee up
连接A＋B＋C＋N	4Leg curl
	2Grapevine
	2Knee up
	4Step touch
学习D	3Mambo＋P. V. turn360°

（续表）

连接 A＋B＋C＋D	4Leg curl
	2Grapevine
	2Knee up
	3Mambo＋P. V. turn360°

6. 分解变化法

分解变化法是把复杂的动作分解成最原始的动作形式进行教学再逐渐增加变化,使原有的组合中每次按顺序只改变一个动作,最终过渡到另一个动作组合的方法(表3-6)。该教学方法是"保证学生能跟上动作"的最基本的教学方法,教学中使学生先辨认出动作的原始形式,然后从这个最简单的动作开始练习,然后逐步加入变化因素进行反复练习,学生熟悉动作之后再加入新的变化因素进行练习。变化逐步进行,改变一个变化因素后,必须重复这个动作组合,以此类推,使学生较容易地从简单的组合过渡到新的或复杂的动作组合。

例如:4×8拍的动作组合。

表3-6 分解变化法示意表

动作	原始形式	教学过程
V 字步 V step	踏步 March	March-easy walk-V step
侧交叉步 Grapevine	侧并步 Step touch	Step touch-double step touch-grapevine
侧并步 L 形 Step touch	侧并步 Step touch	Step touch-step touch L shape-step
Step touch L shape		Touch L shape＋两臂交替上举
同时两臂交替上举		或 Step touch-step touch＋两臂交替上举 Step touch L shape＋两臂交替上举

第三节 健美操教学能力训练

虽然健美操运动的负荷强度并不高,但对人的力量性、柔韧性、协调性等素质具有一定的要求,这要求教师在教学过程中要充分展现出从事健美操运动的能力,并将之传递给学生。因此,在平时的教学与训练中,教师要不断加强健美操教学能力的培养与训练。

一、教学设计能力的培养与训练

健美操教学设计,就是按照教学科学化、最优化的要求,对教学过程的各个方面作出合理的安排。具体地说,就是要确定某一教学阶段某些动作技术的教学目的,并围绕完成教学目的这个中心来安排教学内容、组织教学过程和选择教学方法,制定出完整的教学方案。在进行健美操教学设计的培养与训练时,要注意以下两个方面。

(一)明确教学的目的

健美操的教学目的要符合教学的要求,明确教学内容在教学中所占的位置,要考虑到基本动作、组合动作和成套动作的特点与学生的实际情况,使基本动作、组合动作和成套动作的教学目的成为教学序列中的一个点。健美操教材应以技术动作为主体,是健美操知识、技能的综合体现,并为学生学习健美操课程提供范例。根据健美操项目的教学特点和学生的实际情况,建立有条不紊的序列,既使教学有的放矢,落实任务,更可避免教学的随意性和盲目性,增强科学性,给健美操教学最优化创造基本条件。

(二)合理选择教学内容

合理选择健美操教学内容具有重要的意义。安排健美操的教学内容,要主次有序,轻重有节,突出重点。教学计划中,由于健美操的教学时数有限,必须在一定限量内确定教学内容的主次、轻重环节,才能有利于教材内容的完成。为此,教师对教学内容要进行加工处理。首先,必须深入钻研教学内容,包括教学计划、教学大纲、教科书。

钻研教学计划就是要了解健美操课程的目的任务、教学时数和周学时的安排,领会高校健美操课安排的统一性与灵活性。钻研教学大纲,就是要弄清健美操课程的教学目的,了解高校健美操课程的教材体系和基本内容,明确高校健美操课程教学法上的基本要求。钻研教科书是指教师要熟练掌握教科书的全部内容,包括教科书的编写意图、组织结构、重点章节以及各章节的重点、难点和关键。

总之,加工处理教学内容,其目的是依据学生接受的可能性,分析判断高校健美操教学内容的可传递性,使教师的教能主动地适应学生的学,以有效地实现知识、技术和技能的传授。其次,教师对教学内容进行选择、组织、调整、安排。选择组织教学内容,就是教师在深入了解教学对象、掌握学生学习规律的基础上，对教学内容作教学方法的加工，使所教的内容转换成学生易于掌握、乐意接受的形式。同时还应按照预定的内容，围绕重点，适当补充，必要时还应适当删减。调整安排教学内容，是根据联合动作或成套动作的编排原则重新组合教学的内容，以利于进行综合性的技术训练。

二、口令与术语的培养与训练

(一)口令

1. 数字口令法

用洪亮的语音将简短的数字以顺序或倒序的方式表达出来的方法。如："4,3,2,嘿""5,6,7,好""five,six,seven,go"。这是健身性健美操最常用的口令训练，是运用口令与发展自我的基础，也可采用变奏数字法来提示准备开始或过程结束等内容。以达到口令训练清楚、宏亮、实效的目的，如变奏数字法："4—3—2—1—""1,2哒,3,4"。

2. 提示口令法

在领操中用相对固定的节拍将后面所要做的动作预先表达出来的方法，可以用术语口令提示的方式进行，如"5,6,侧交叉步""4,3,step—touch"。

3. 助动性口令训练法

用一些能够烘托课堂气氛的语言或不规则的发音来鼓励学生的学习动作，更好地将教师和学生激情都调动起来。如"5,6,come on""4,3,2,呵""five,six,seven,哈""用力""加油"等。

值得注意的是，在使用助动性口令的时候要有号召性和鼓动性，多使用鼓励性的语言，调动学生情绪，激励他们的自信心，而且口令要与音乐节奏相吻合，口令的音量、语调的轻重要适宜，恰到好处。

(二)术语

用正规的健美操术语在训练中进行运用，从而使学生在日常训练中更快掌握正确术语的方法。这需要熟练掌握健美操术语，如上肢动作"屈、屈、伸、伸""绕、停、屈、伸"等。下肢动作"抬、伸、屈、屈""摆、摆、跳、跳"等。

三、教学提示与示范的培养与训练

(一)提示

提示法是指教师以提示的方式指导学生进行练习的一种方法。提示法主要包括语言提示、非语言提示和混合提示 3 种。

1. 语言提示法

语言提示是指教师用简练的语言或口令提示学生所要完成的动作名称、时间、数量、方向和质量的要求等。采用语言提示法进行教学需要注意的问题有以下几点。

(1)语言或口令要准确、恰当、简单，要声音洪亮，发音准确，声调恰当。

(2)语言的提示要及时，并且在学生开始做动作之前，让学生有思考的时间。

(3)提示的语言或口令要与音乐的节奏相配合，教师可边数节拍边提示动作。例如，提示身体姿势时，可喊"1、2、3、4、两、臂、伸、直"；提示动作方向时，可喊"向、左、3、4、向、右、7、8"；提示动作速度可喊"5、6、加、快"；要求连续练习时，可喊"5、6、再、做"。

(4)提示动作重复的次数和改变动作时，一般常采用倒数法进行提示。提示时应有一定的提前量。例如"4、3、2、V字步""4、3、2、向前走"等。

(5)语言要有号召性和鼓动性，教师生动的、带有鼓励性的语言，可以活跃课堂气氛，调动学生的情绪。

2. 非语言提示法

非语言提示是指教师用肢体语言提示学生完成动作的一种方法。采用非语言提示教法时应注意以下几点。

(1)利用肢体语言提示时，必须使学生明确肢体语言的含义。因此，最好预先向学生讲明课上所要采用的几种身体语言动作。教师的肢体语言要果断、明了、简单，目的性强，有利于学生连贯完成动作。

(2)要注意提示时机的把握。一般来说，在上一个动作没结束之前，即7～8拍时就应将下一个动作的要点或者方向及时地用手势提示出来，帮助学生顺利地过渡到下一动作。

(3)可配合语言的提示进行。例如做大幅度地向上伸展时，可配合"臂伸直"的语言提示，使内容变得更加明确。

(4)在用身体动作进行提示时，力求使动作做得准确、规范，在必要时可将动作进行夸大。例如"腿高抬""大步走"等。

(5)用手势提示时，应根据需要提前2拍或4拍做出，掌握好提示时机，并且要使每一位学生都能清楚地看到教师所做出的手势。教师做出的手势要相对固定，既可采用大家公认的手势动作，也可形成自己独特的手势风格。

(6)在易出现问题的地方，教师提前向学生发出准确信号，引起学生注意，然后给予手势提示。

(7)教师要善于运用面部表情和眼神的变化来激励学生，如微笑、点头等。

3. 混合提示

以简练精确的语言与身体的某些部位做出的各种动作相配合，来对练习进行提示，以达到整齐统一提示的目的。

要求：重点突出，有所侧重地选择合适的提示方法。运用混合提示时，会产生声、形等立体综合效果。如"4、3、踏步"(口令与手势提示)。

（二）示范

教学示范分完整示范和分解示范两种。

1．完整示范

完整示范是指以正常的音乐节奏，一拍一动地对健美操的一节动作或一套动作进行完整示范的方法。它不破坏动作结构，有利于建立完整的动作概念。一般在动作简单、音乐速度不快的情况下运用。

2．分解示范

分解示范是指以正常音乐节奏的偶数倍进行分解示范，把结构复杂的动作进行合理的分解，从而使学生有充分的时间掌握较难的练习动作的示范方法。

如先进行下肢分解示范，然后进行上肢的分解示范，再上下肢结合起来进行示范。注意分解示范法和完整示范法结合运用，在进行分解教学后，要采用完整教学进行强化，以利于成套动作的连贯性。

3．变速示范法

变速示范是指把正常的音乐速度放慢，再回到原来速度进行示范动作的方法，以便学生能更容易地掌握动作。

采用示范方法时要注意以下几点。

(1)示范动作要优美、准确，要能引导学生自觉积极地进行模仿练习。

(2)示范时要站在学生都能一目了然的位置，学生人数多时，最好在高位置上进行示范。

(3)要选择合适的示范面，镜面示范和背面示范灵活结合使用。对于结构复杂的动作，则要根据需要解决的主要问题确定示范面。

四、教学激情的培养与训练

激情训练是用直观的教学训练手段激发学生学习情绪。

（一）音乐激情

在健美操教学过程中，选择优美、动听的音乐让学生听，同时讲解音乐，引导学生去欣赏音乐，了解音乐的风格，掌握音乐的速度和节拍，使学生能理解音乐的特点，丰富对音乐的感受。

（二）示范激情

在教学前，先在音乐的伴奏下，用优美大方、充满活力的动作把教学的内容，完整地示范给学生，给学生以美的享受，激发学生的学习热情。

通过示范，学生在脑海中对动作产生一个完整的印象，并有一种渴望学习、急于掌握动作技术的心理,这时再有顺序地进行教学,效果最佳。

运用激情法时,要注意音乐的选择符合学生的年龄特征及时代特征,真正达到激发学生情绪的作用。示范要有感染力,表现出健美操的动作特点和音乐风格,通过特有的表演魅力,激发学生的学习欲望和表现欲望。

五、知识结构的培养与训练

教师是教学中的主导者,是教学活动的主体,是影响教学效果的最重要的因素之一。教师在教学活动中主导作用的发挥程度有赖于教师的教学能力和素养。教师自身素质的提高是高校健美操教学质量提高的前提。

(一)健美操赏析能力的培养

提高健美操的赏析能力从以下 3 方面做起。

1. 艺术性

高校健美操的艺术性包括:新颖、舒展、美观、大方的动作编排,动作之间的连接要合理、巧妙,动作素材要新颖、多样化。一套动作要有好的开始和成功的结尾。动作的开始应和后面的动作很好地融合,结束动作要和前面动作相呼应。动作类型、表现应和音乐的风格相一致,协调统一。集体项目,运动员配合要默契,相互间要有交流。队形变换要自然、流畅、清晰并且要充分利用场地。选择的音乐要动听、优美、健康。

2. 完整性

高校健美操的完整性包括:身体姿势要正确,技术规范,动作准确到位。力度是健美操特点之一,做动作时不能松懈、无力。集体动作要整齐,包括动作幅度的大小都要一致,整齐划一。完成动作时的表现力非常重要,运动员通过自己的表演和表情去感染观众,同时激发自己的情绪。设计新颖、合体统一的健美服装、鞋子和整洁的发式,展现了运动员的精神面貌,使运动员的形体更加优美,为比赛或表演增添了魅力。

3. 其他

包括健美操音乐的选择要贴切、健美操表达的思想要健康、健美操动作的节奏要和谐等,一套高水平的健美操,是集健身、艺术表现为一体的,使人赏心悦目、振奋精神,给人以美的享受。

(二)健美操创新能力的培养

不断创新是高校健美操课取得良好效果的条件。由于高校健美操运动的发展较快,因此教师决不能满足已有的技术水平,不能墨守成规,要敢于在实践中提出新的观点、新的技术、新的动作、新的方法和手段,要善于观察、积累与研究,不断完善与优化教学内容、教学方法和教学手段,探索新的教学途径。

(三)敬业精神的培养

教师要认真履行自己的职责,对教学工作要精益求精,要把高校健美操教学与培养社会主义建设人才紧密地结合起来。要站在历史的高度,审视自己所从事的工作,苦练基本功,认真对待教学工作的各个环节,认真备课,精心设计,全身心地投入到传授高校健美操的知识、技术和技能中去。

六、创编能力的培养与训练

(一)加强理论知识的学习

理论是实践的基础,实践需要理论的指导。因此,在健美操教学前,教师先要巩固好自身的理论性,在科学理论的指导下逐步提高自身创编健美操的能力。做到了解各种风格健美操的特点,音乐的选择,创编的原则、方法和手段等知识,且结合理论在实践中不断强化。例如:拉拉操注重气氛的烘托,音乐要求明快、活泼,对队员的个人要求不高。讲究队型的变化,队员间的动作配合,可以手持拉拉球进行表演,手部变化较多;街舞健身操是将流行的街舞(HITHOT)融进健身操中,拥有较大的自由性与随意性,跳的过程中,最注重的便是"感觉",把心情放轻松,让身体随着富于节奏感的音乐动起来,不必拘泥于一定要一丝不苟地按照规定如何摆动、如何停留;拉丁健身操是拉丁舞和有氧操的嫁接,最大的特点是通过抖肩、扭胯、旋转,在热烈奔放的拉丁音乐中感受南美风情;爵士健身操是由非洲爵士舞(JAZZ)改良而成,跳爵士舞举手投足要协调,除了手的动作要配合着身体的扭动,腿部动作也很重要等。明确所要创编的健美操是什么风格,编排时需要加入什么风格特点的动作。只有掌握了这些基本知识,才能更好地为后面的创编打下良好的基础。

(二)掌握基本动作,加强创编意识的培养

在健美操的教学中,教师将各种风格特点的健身操基本动作传授给学生,例如拉丁的髋部动作、街舞的步伐组合等。教师利用这些具有特点的基本动作创编一些简单的小组合动作进而得到了要领,更易进一步地对所掌握的知识进行新的探索和创新。创编的意识也逐步养成了。

(三)有效组织与开展教学活动

在高校健美操的创编中教师应成为学生的指导者、发现者、倾听者与参与者。在掌握了高校健美操一定的基本动作之后,结合学生的兴趣和特长,按照健美操的分类进行自由创编。同时,教师要做好收集健美操创编书刊及音像资料的工作,选择编排与风格相符合的动作;思考配乐的旋律及节奏如何与操的主题及动作的风格相吻合等,培养和提高教师自身健美操的创

编能力。

(四)展示自我，提高创编能力

在完成创编阶段后，在课上展示自己的成果或和其他教师进行交流，教师可以将自己创编的健美操制成录象或 VCD，互相交流、借鉴和完善。从短阶段满足中获得学习的快感引向更深层次的长期快感，不断激发自我的创新和学习意识，使健美操创编能力得到不断的提高。

第四章　健美操创编

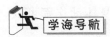 学海导航

　　健美操运动是一项以套路动作为主要形式的艺术性运动。在健美操艺术性的本质特点影响下,每一套健美操套路动作就像一个作品。随着时代的发展和人们审美的变化,与时俱进的健美操套路"作品"不断地被创造出来。本章就主要从创编原则、依据、步骤和方法等方面来探讨健身性健美操和竞技性健美操创编的知识。

第一节　健身健美操创编

一、健身性健美操创编的原则

　　在健身性健美操创编中,创编原则是依据创编活动的客观规律而确定的组织编排创编实践活动所必须遵守的基本准则,是创编活动客观规律的反映,是对创编实践的经验的总结,它对创编实践具有普遍的指导意义。所以应该根据实际,正确贯彻与运用创编的各种原则。

(一)全面性原则

　　全面性原则是健美操创编的基本原则,全面性主要体现在身体活动部位要全面。一个人身体健康的好坏,不是取决于某一肌肉的强壮或某一内脏器官的功能完善,而是取决于人身体最弱器官的功能。所以要做到身体健康就要使人体的关节、肌肉、韧带、内脏器官机能等得到全面的发展与提高。一般而言,在编排成套动作时,要考虑到尽可能使人体参与运动的部位全面,尽可能使运动部位的动作类型全面;要考虑向不同的方向完成各种不同形式的动作,以充分活动身体各部位的关节、肌肉、韧带,改善神经系统的灵活性与协调性,促进身体全面健康的发展,达到健美的目的。

　　成套健美操的动作要包括头颈动作、上肢动作、躯干动作和下肢动作。每个部位的动作类型要尽可能全面,头颈动作有屈、伸、转动、绕环;上肢动作有屈、伸、举、摆、振、绕环;躯干动作

有屈、伸、转、绕、环绕；下肢动作有屈、伸、举、摆、跳、跑等。动作类型的创编要遵循人体生理解剖特点，保证安全、无损伤。例如，头在各个方向的屈、转、绕等动作，上肢在各个方向上的举、屈、伸、摆、绕、环绕等动作，下肢在各个方向上的举、摆、踢、转、屈、伸、跳、绕等动作，躯干的屈、伸、转、绕、环绕等动作。同时还要注意选编一些能增强心血管系统功能的走步和跳跃动作，使内脏器官及各系统得到充分锻炼。

全面性原则的实施有以下方法。

1. 动作选择要全面

动作类型如走、跑、跳、转体、踢腿、造型等，只要是不违背生理结构的身体动作都可以纳入。

(1)根据人体解剖学特征，选择各个部位的基本动作。

头颈动作：前后屈、左右侧屈、左右转动、绕及环绕等。

上肢动作：肩、肘、腕、指各部位的屈、伸、举、振、摆动、环绕等。

躯干动作：腰、胸各部位的前后屈、左右侧屈、左右转动、绕及环绕等。

下肢动作：髋、膝、踝各关节部位的屈、伸、绕等。

(2)通过改变基本动作的方向、幅度、频率、速度、节奏、力度，达到全面锻炼的目的。

健美操的动作是在一定的时间、空间中进行的，它的时间表象和空间表象的变化丰富与否直接影响健美操对人体锻炼的效果。因此，在创编健美操时应当考虑动作的方向有上下、左右、前后、斜向等变化，动作路线有长短、曲直的搭配，动作的幅度、速度、力度方面有大小、快慢、强弱的对比。动作的时空变化丰富也有助于改善神经系统功能的状况，提高协调灵敏素质，进一步促进身体的全面发展。

(3)为了全面发展身体，使身体各部分得到充分的锻炼，创编时在动作的设计上要讲究对称，也就是要求动作的部位、方向、重复次数、运动时间等实现对等。

除此之外，重视大关节运动的同时，不忽视小关节的运动，力争考虑全面，才能保证身体健康均衡的发展。

2. 在全面运动的基础上，应重视编排的合理性

(1)成套动作设计对身体各部位练习比例要均匀，避免局部运动负荷过度，引起疲劳。

(2)成套的设计不仅要重视发展肌肉力量，还要发展柔韧性、协调性、速度、耐力等各种身体素质，从而全面促进身体各项素质的发展，全面锻炼身体。

3. 在全面发展的基础上，有针对性地进行练习

(1)按照全面系统的设计程序进行创编，是达到全面健身的基础。完整设计程序一般是"总体设计—形成框架—分布编排—音乐的选择—套路修订"，在整个设计的过程中要考虑各个动作对身体的影响，以有效地提高练习者的身体机能。

(2)不同的目的任务有不同的创编，所以创编时不仅以全面发展身体为基础，而且要针对练习者的不同目的有所侧重，对症下药，这样既能发挥有效的健身作用，又能满足练习者的需要。

(二)合理性原则

遵循合理性原则是为了防止运动中出现运动损伤,保证运动的正常进行。一套健美操的创编只有把握人体运动生理和解剖规律,才能保证健美操合理的实施。

合理性原则包括动作的合理、动作顺序的合理和运动负荷的合理。

1.动作要合理

健身性健美操的动作创编切忌生搬硬套、一味模仿。动作创编要注重实效性。健身性健美操的动作都应有益于健身,但影响的程度是不同的,因此在创编每节操时要注意选择对完成某项锻炼有切实作用的动作,突出这节操的特点。如果每节操的动作都能使人体的某些部位得到充分的运动,那么整套操对人体的锻炼就会全面充分、切实有效。

2.动作顺序要合理

一套健身操动作顺序的设计,必须遵循人体活动能力的变化规律,使人体运动的生理曲线由低到高,波浪形地逐渐发展,再逐渐恢复。健身性健美操的编排顺序可分为3部分,即准备部分、基本部分和结束部分,这也是一堂课的组成部分。

第一部分为准备部分。健美操准备部分的动作,要轻柔缓和,一般以踏步开始,然后慢慢调整节奏和呼吸,并逐渐过渡到基本部分。准备部分的任务是为成套操做好生理上和心理上的准备,逐步克服人体内脏器官的生理惰性,激发做操热情。可选择一些配合深呼吸的脊柱伸展,各种走步、小步跑等动作。

第二部分为基本部分。基本部分的动作一般从人体远端开始,比如由头颈或上肢动作开始,再进行肩、胸、腰、髋和下肢等多关节部位的全身运动和跳跃运动,身体运动遵循由局部到整体、由慢到快、由弱到强的顺序。基本部分的任务是全面锻炼人体各部位。以先活动远离心脏的身体各部位,再逐渐活动靠近心脏的躯干部位为原则,使动作部位由远到近,动作速度由慢到快,动作幅度由小到大,活动范围由局部到全身,并承受一定的生理负担量。

第三部分为结束部分。结束部分的动作主要为放松动作和调整动作,多为踏步或伸展性动作。动作的选择应该由快到慢,幅度较大,并配合深呼吸,使身体和脉搏尽快地恢复到正常状态。结束部分的任务是使身体尽快恢复到做操前的安静状态。动作内容相似于准备部分,可选编一些放松性、拉长性、深呼吸的动作,使动作由大到小、由快到慢,逐渐恢复到安静状态。

3.运动负荷要合理

编排健身性健美操时,运动强度应当符合健身指标区,因为只有在此指标区内健身,才能既保证锻炼效果,又不会对人体造成危害。同时,要遵循人体运动的生理规律,运动负荷由小到大,运动心率由低到高,逐步上升,并逐渐恢复到平静状态。动作编排由易到难,速度由慢到快,强度由弱到强,逐步增加运动负荷,当达到和保持一定运动负荷后,再逐渐减小。

(三)针对性原则

在健身性健美操创编时,针对性原则就是要根据不同对象的特点、不同的目的任务及不同的运动水平等情况,有区别地进行设计、编排,使创编能够做到有的放矢,有所侧重。

健美操锻炼的目的是增进健康,培养正确体态,塑造美的形体,陶冶美的情操。但具体到某一套操的编排和动作内容的选择上,其目的又有所不同,任务也有所侧重。例如,当以培养正确体态为主要目的时,应侧重于选择有利于培养良好基本姿态的动作;以塑造优美形体为主要目的时,应根据所要达到的形体指标,在全面锻炼的基础上,有重点地训练某一局部;以提高身体素质、增强体质为主要目的时,应保证成套动作的时间、强度,并选择起伏大的动作;以丰富体育活动内容为主要目的时,应选择新颖、趣味性强的动作,并讲究成套编排的艺术性和音乐选配的优美性。

针对不同的练习对象选编有特色的动作,也是成套编排中不容忽视的问题。例如,以男性为主要练习对象时,应选择一些刚劲有力、豪爽大方的动作;以女性为主要练习对象时,应选择一些刚柔相济、优美协调、流畅多变的动作;以中老年人为主要练习对象时,应注意选择柔和、用力均匀和幅度变化不大、速度快慢适中、简单大方的动作,同时加强身体远端关节如手指、踝和肩的活动;以青年人为主要练习对象时,应选择一些富有朝气、健美大方、节奏感强、现代意识突出、锻炼价值明显的动作;以少年儿童为主要练习对象时,应选择一些天真活泼、轻松愉快、模仿性强的动作。

健身操的创编除要考虑目的、任务和对象外,还要考虑时间、场地、器材等实际条件,如缺乏良好的地面条件,就不宜创编很多卧地动作。如果条件允许的话,可创编一些轻器械健身操,以增加运动负荷,增强肌力,丰富操的内容和形式。常用的练习器材有踏板、小垫、椅子、哑铃、沙锤、花球、银环、实心球、体操棍、皮筋、拉带等。

(四)创新性原则

创新性原则是指在健身性健美操创编中,成套的设计必须是以令人难忘的与众不同的新颖感觉,它必须展现音乐、动作设计、独特的创造性的结合。创新是健身性健美操的生命,没有创新就没有健身性健美操的发展,健身性健美操要敢于创新,敢于突破旧的传统。此外创新性原则主要是了解国内外健身性健美操的发展现状和趋势,以便总结、继承和发展已有的创作成果。因此,在健美操创编时必须遵循创新性这一重要原则。创新性原则的实施包括以下几种方法。

1. 创新动作的编排

可以从动作方向的变化、动作节奏的变化、动作路线的变化、成套组合动作的变化,以及造型的变化、队形的变化中获得。创编健美操更具有灵活多变性,它可以移植吸收各种优美的健身动作,只要符合人体生理解剖规律。所以创编动作不仅要使各种动作相互交融,刚柔相济,而且要建立在全身整体机能得到锻炼的基础上,力求整套动作变化丰富,姿态优美,富有新鲜感,编织成为一幅美不胜收的健与美的画面。

2. 动作的创新

创新的动作要根据人体结构的运动规律设计独特新颖的动作整体布局新颖,连接过渡要巧妙而流畅。健身性健美操创新动作的方法通常有以下几点。

（1）移植法，指把一个项目的动作的部分或全部引入到健美操中来，并通过一定的改造而获得新动作的方法。

（2）逆向法，把原有的单个动作或组合动作顺序颠倒，从中启发或获得新动作的方法。

（3）节奏变化法，指把原有的动作通过节奏的改变获得新动作的方法。

3. 音乐的选择要有新意

音乐的选择可以借鉴各种类型、风格、国度的音乐特点。不论是民乐、西乐，还是打击乐，都可以大胆地选择，以促使动作刚劲、有力、明快，与动作协调配合，激起观众的热情，给人以深刻的印象。此外，在选择音乐时，保证动作特点和音乐风格匹配是非常重要的，不要一味为了创新、为了追求新意而忽视动作和音乐之间的协调一致。

4. 丰富的想象力

想象力是创造力的源泉，是对事物未知领域的设定与判断。想象力并非凭空而来，而是通过对周围事物的观察分析加工而来。所以创编者首先要丰富自己，了解国内外健美操发展新动态，深刻理解健身健美操的精髓以及借鉴体操、艺术体操、体育舞蹈、武术、瑜伽等多种健身素材，创编出既有健身价值又有艺术价值的健美操。

（五）律动协调原则

律动协调原则是指在健美操创编时，将音乐艺术的"声"引进到健美操动作的"形"中，有机地结合成为一体，使单一的感知动作成为运用两种感官复合感知的健美操，提高健美操的艺术效果。

音乐是健美操的灵魂，它影响着健美操的风格、结构、速度、节奏，音乐伴奏烘托了健美操的气氛，有助于表现健美操的魅力，使健美操的练习和表演有声有色。如果健美操失去了音乐的伴奏，就如一潭死水没有波澜。选配好的音乐不仅能够激发编操者的创作灵感和练习者的锻炼激情，还可以强烈地感染观众，使观众伴以有节奏的掌声和情不自禁的低吟，甚至手舞足蹈，完全融入健美操的意境中。因此，创编一套成功的健美操，其动作随着音乐的启动而开始，随着音乐的变化而变化，随着音乐的结束而结束，才能给人以形影不离的印象。

健身性健美操音乐的选配，要考虑到音乐与动作的风格的统一，同时还要考虑到健美操是健、力、美的统一体，强调美与力的结合，所以它的旋律要动听，力求新颖，富于变化，节奏鲜明、强劲、规整，速度适中，必要时可对音乐进行剪辑。音乐与动作的统一具体表现在以下几个方面。

1. 动作的高潮、低谷与音乐的起伏相一致

伴随音乐的节奏变化，结合各种动作递次进行，推波逐浪逐步达到高潮。例如，当成套动作的高潮到来时音乐应该强劲有力，节奏明快，火暴热烈，以突出高潮。

2. 音乐的风格与动作风格相一致

例如,创编拉丁健美操时,因为选择的动作素材以拉丁风格为主,这就需要用拉丁乐曲伴奏才能相吻合。如果选用其他风格的音乐,就会形成风马牛不相及的负面效果。

3. 音乐的节奏与动作的节奏相一致

创编健美操时,一定要根据音乐的结构完成动作的编排。选择快节奏的音乐就要编排快节奏的动作相统一,慢节奏的音乐就应该与慢的动作相吻合。如果节奏不一致,就会使动作失去动感韵律,破坏了原有的完整性。例如:编排节奏明快、强劲有力的动作,采用柔和慢节奏的音乐,就会使原有的动作拖泥带水,毫无激情,缺乏感染力。

4. 成套动作的时间与音乐时间的一致性

健身性健美操在时间上是灵活多变的,但无论成套动作的时间长与短,都必须与音乐时间的长度一致。所以编排的音乐与动作都必须在相同的时间内完成相对完整的结构与情绪表达。

5. 不同节奏的曲调与相应动作的配合

在一套练习中可以用一首曲调的音乐贯穿始终,也可以用同样节奏的几首不同曲调的音乐或不同节奏不同曲调的音乐与相应动作配合。因为一套操中的动作节奏会有快有慢,乐曲也应该有相应的变化与之相配合,从而达到动律统一的效果。

(六)艺术性原则

健美操既是一项锻炼身体的手段,又是一种形体艺术。因此,在单个动作设计上,要健美、大方,力求使体操动作艺术化、舞蹈动作体操化,并在吸收一些现代舞、民族舞动作时,要结合操的特点进行再创造,使动作活而不乱、美而不花,注意多方向、多角度、多层次地展开动作。在成套动作的艺术处理上,要讲究抑、扬、顿、挫、起、承、转、合,还要注意动作的大小搭配、左右回旋、上下起伏、快慢交替。动作与动作的连接有时不要填得太满,要留有余地,给集体练习时的队形变化留有空间。

在健美操运动中,音乐是健美操的灵魂,它影响着健美操的风格、结构、速度和节奏。动作和节奏协调一致就能激发练习者的兴趣,使练习者感到愉快和美的享受,达到健身和陶冶情操的目的。因此,遵循健身性健美操创编的艺术性原则就要做到动作的高潮和低潮要与音乐起伏一致,成套动作的时间要与音乐的时间一致,同时,音乐的风格、节奏要与动作的风格、节奏一致。动作的选取和创编可以借鉴体操、武术、迪斯科、爵士舞中的精华部分,也可以吸取芭蕾舞、体育舞蹈中的优美动作。要保证动作之间的衔接自然流畅、一气呵成。

综上所述,健身性健美操是一项参与性较强的体育运动,老少皆宜。所以在健身性健美操的创编过程中要依据不同练习对象的基本特征,对练习强度、感受能力、表现能力等方面的不同要求,有针对性地进行创编,做到有的放矢。在创编风格、技术难度、负荷大小等方面要因人而异,才会收到良好的健身效果。

二、健身性健美操创编的依据

(一)应依据练习者的基本特征

健身性健美操是一项参与性较强的体育运动,老少皆宜。所以在健身性健美操的创编过程中要依据不同练习对象的基本特征,对练习强度、感受能力、表现能力等方面的不同要求,有针对性地进行创编,做到有的放矢。在创编风格、技术难度、负荷大小等方面要因人而异,才会收到良好的健身效果。

1. 健身健美操创编应以练习者的年龄特征为依据

不同年龄阶段的练习者在生理、心理上有很大的差异,因此,在健身性健美操的创编上也有很大区别。如为儿童少年创编的健身性健美操要突出天真活泼,动作形象生动,力度、运动量不可太大,动作自然,轻松欢快,容易模仿,可多一些蹦蹦跳跳、趣味性强的动作,配以他们熟悉的儿歌等音乐,充分发挥他们模仿能力与表现能力强的特点,反映他们天真活泼的个性特征。而针对青年人创编健美操,则应突出青年人的豪放与激情。青年人正值青春年华,体力充沛,精力旺盛,动作敏捷,可选择动作幅度大、力度强、速度快、富有动感的动作,配以节奏强劲、变化丰富的音乐。

2. 健身健美操创编应以练习者的性别特征为依据

健美操向人们展示的是人体的健、力、美。性别的不同,其美的表现方式就不同。男性力量性较强,在创编时要选择和设计体现男性阳刚之气、潇洒豪放的动作造型。女性柔韧性、灵巧性较好,在编排上多一些舒展、优美、柔中带刚和舞蹈性较强的动作,以展示女性矫健的身姿。

3. 健身健美操创编应以练习者的身体状况特征为依据

健身健美操的主要特征之一是健身性,发展人的运动基本素质,创编健身性健美操应该在保障健身者免受伤害的前提下,充分发挥健身性健美操的健身性。因此,创编健身性健美操应依据练习者身体状况的特征,充分考虑参与者自身的综合因素,根据练习者身体的协调性、灵活性、柔韧性、节奏感等能力,同时考虑练习者的身体健康状况特征,有针对性地创编不同类型的、负荷量适宜的健身性健美操,以达到健身的实效性。

(二)应以健美操基本技术特点为依据

健美操在一定意义上可以说是以身体各关节的灵活性、肌肉的弹性、韧带的伸展性为基础,在身体各部位的参与下的一种健身运动项目。严格意义上说是在身体标准姿态控制技术基础上的有节奏的弹动技术。随着健美操运动的蓬勃发展,健身性健美操吸收了越来越多运动项目的特点,并且技术发展正趋于成熟,越来越适合练习者健身的实用性和安全性的需要。

其基本技术特点一般包括：身体节律性弹性特点、身体姿态的控制性特点、身体的协调性特点，同时它派生力度、重心移动等特点。健身性健美操创编应该依据健美操的这些基本技术特点，使练习者在健身性健美操练习中遵循健美操基本技术特点进行练习，充分体会基本技术特点的魅力。

1. 身体节律性弹动特点

在健美操运动过程中自始至终都保持着明确的动作节奏感，这种节奏主要体现在动作过程中重心上下起伏，全身的动作节奏始终与音乐的节奏相吻合，通过髋、膝、踝的弹动完成动作。弹性是健美操的一大显著特征。弹性包括身体各关节的屈伸和缓冲弹性、身体各部分肌肉的屈伸弹性。其中较为重要的是身体各关节的屈伸。身体各关节的正确屈伸有助于缓冲压力，放松神经，使肌肉协调运动，避免动作僵化引起的身体各部位的伤害。另外，身体各部位的弹性也使健身性健美操动作表现出动感活力。例如，踝关节和膝关节的弹性是健美操运动中十分重要的一环。踝关节和膝关节的弹性能缓冲运动中地面对身体的冲击力，使身体各部位协调运动，增加美感。健身性健美操创编应该依据健美操的弹性特点，使练习者在健身性健美操练习中充分体验健身性健美操动作的独特魅力。这是健美操运动的基础。在动作过程中，重心上下有节奏感的起伏是动作连续流畅完成的基本前提。

2. 身体姿态的控制性特点

在健身性健美操运动过程中，无论动作怎样复杂多变，整个身体要求始终控制在标准健康位置，这里的身体标准姿态的控制技术包括身体重心的正确位置、身体各环节的正确位置、身体各关节的正确屈伸、身体各部分肌肉的正确收缩与放松。正确的身体姿态的控制技术使练习者身体各部位协调运动，有助于练习者更加有效地锻炼，预防身体各关节屈伸过度、肌肉过于收缩或过于放松造成的伤害事故的发生，这就是健美操身体姿态的控制性特征。即便在长时间的复杂多变的步伐组合过程中或动作后，整个身体的标准姿态不被破坏。通过对身体姿态的控制来体现动作的速度、幅度等，展现健身性健美操的动作特点，体现健身性健美操所特有的动作力度，并通过对身体姿态的控制来提高人体的体态美，健身性健美操创编应该依据健美操身体姿态的控制技术特点。同时，优美的身体姿态会给人以美的享受，提高观赏性。因此，在健身性健美操创编过程中，动作的创编应该充分考虑到身体姿态的控制技术特点，实现健身性健美操的技术特点。

3. 身体的协调性特点

健美操动作一般皆为全身性的自然动作，每一节几乎全身各关节及大小肌肉群都要参加运动。组合越复杂，每单位动作速度就越快，变化的过程就必须越流畅，为此，就需要肌肉紧张与松弛相结合，需要关节屈伸动作的节奏和谐配合。健美操动作大多为多关节的同步运动，很少是单关节的局部运动。如完成大幅度的上肢运动时，多伴有腰、肩、膝和头部等动作，这样使身体各关节的活动次数成倍增长。同时在健美操运动中，不仅有对称性动作，而且还有许多非对称的或依次完成的动作。这些都要求肌肉、关节协调配合完成动作，体现身体的协调能力。创编健身性健美操时应该注意动作力度的特点，使健身性健美操动作符合生物力学特征，充分

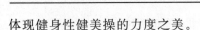

体现健身性健美操的力度之美。

4. 身体的重心移动特点

健身性健美操创编应该以健美操的重心移动特点为依据。健身性健美操动作要求身体重心移动平缓。健身性健美操练习中,如果重心移动幅度过大,速度过快,不仅达不到锻炼效果,而且容易造成练习者身体关节、肌肉扭伤,因此,健身性健美操创编应该注意健美操重心移动的特点。

(三)应以场地、设施的环境条件为依据

健身性健美操的创编除了依据练习者的特征外,还应该依据健身性健美操比赛或表演的场地、设施等环境条件。健身性健美操在室内、室外均可进行。一般来说,场地设施较好时,可以创编难度稍大些,较为复杂的健身性健美操;而场地、设施条件较差时,则需要降低健身性健美操的难度,以避免伤害事故的发生。另外,一套健身性健美操比赛或表演的人数可以从几人到几百人,甚至上千人,因此,随着人数多少的不同、场地大小的变化,健身性健美操的创编应根据实际情况予以变化调整,使健身性健美操的创编与场地、设施等环境条件达到最佳结合。

(四)应以健美操技术风格多样化发展趋势为依据

健美操是一项包容性很强的体育运动项目。随着健美操运动的广泛开展,越来越多的运动项目的动作融入了健美操动作中,使健美操动作风格趋于多样化。备受人们喜爱的拉丁健美操、搏击健美操、踏板健美操就是健身性健美操与其他运动项目的完美结合。健身性健美操的创编应该依据动作风格多样性的特点,在创编中吸收更多的项目中的新动作,使健身性健美操的创编更加丰富多彩。

三、健身性健美操创编的步骤

(一)创编前的准备工作

(1)明确创编的目的、任务、要求。
(2)了解练习者的情况(年龄、性别、身体状况、运动基础等)。
(3)了解练习时间、场地、器材设备等条件。
(4)学习观看有关健美操的文字资料和音像资料。

(二)制定总体方案

在了解多方面情况的基础上,制作一个健身性健美操总体设计方案,并确定各要素。
(1)确定类别(健身、表演、竞赛)。
(2)确定风格(民族或爵士、优美或刚劲、活泼或刚健)。
(3)确定音乐(长短、节奏)。

（4）确定"三度"：难度（大、中、小）、长度（若干个八拍）、速度（X拍/10秒）。

（5）确定动作类型（如头的屈、伸、绕、转及绕环）及高潮的安排等，如表4-1所示。

表4-1　健身性健美操总体方案设计表

操名：	类别：		风格：		音乐：
长度：	难度：		速度：		时间：
内　容					
节序	每节操名		拍节		主要动作类型

（三）编排动作

遵循健身性健美操的创编原则，在比较熟悉、理解音乐之后，按照总体方案逐节设计具体动作，使之适合总体设计方案的要求，并使所编动作与伴奏音乐和谐统一。

成套动作一般按照难度由易到难、负荷由小到大的规律进行编排。开始安排一节热身运动或伸展运动，紧接着为头部、上肢、肩部、胸部、腰背部、髋部、下肢、全身、跳跃运动，最后是整理运动。各节的基本姿势和连接方法要做到统一。

（四）记写动作

记写动作与编排动作是同时进行的，在编排的过程中就要把动作记录下来。记写的方法有速记和图解两种。记写的内容和顺序如下。

（1）记写每节动作的名称、节数及动作的重复次数。

（2）绘制动作简图。简图应包括动作的开始姿势、每拍动作的主要姿势、动作路线和结束姿势。

（3）记写动作说明。动作说明力求简明扼要、术语正确。记写顺序是先下肢后上肢，先左边后右边，并明确写出动作的路线、方向和做法等。先写明预备姿势，其次写明每拍动作的做法和结束姿势。

（4）记写做操注意事项。

（五）练习与调整

按编排好的动作进行练习。练习时最好设计一份调查表，把各种情况记录下来，进行统计分析，这样就可以对尽可能好的动作进行调整。一般来说，在练习过程中应注意检查以下几个问题：

（1）动作的长度是否与音乐结束时一致。

（2）动作是否与音乐的风格、高潮浑然一体。

（3）运动量和运动强度是否适宜。

（4）动作结构和顺序是否合理,并具有艺术性。

根据测试结果、练习者的反馈信息及创编者的观察研究,对动作进行适当的修改和调整。并继续进行练习检查,以求达到最佳效果。

(六)撰写文字说明与绘图

撰写文字说明与绘图是为了保留材料,以便在今后的教学研究、出版或相互交流中使用。文字说明应力求做到简明扼要,术语正确,绘图应形象逼真,方向清晰。记录时最好图文并用。

四、健身性健美操创编的方法

健美操的动作设计和创编是以人为对象,以增强体质,培养人外在形体美和内在气质、精神、情操为目的的。它必须是以人体结构特点,根据人体活动规律和活动对身体影响的效果以及创编者对美的认识,对现代艺术的理解为基础的。因此,人体解剖学、运动生理学、运动心理学、运动医学、现代艺术造型学、人体美学、音乐基础知识、舞蹈、体操、绘画等等都是创编健身性健美操的必备知识。我们针对初级和中高级创编者进行了论述,在其创编过程中,可运用不同的方法进行创编,如整体法、分解法、线性法、叠加法、递进法、移植法、联想法、环境灵感法等。然后在利用术语法、修饰法、转换法对创编的动作进行连接设计,使其形成一幅完整的艺术作品。

(一)针对初级练习者的创编方法

1. 健身健美操上肢动作创编方法

健身健美操上肢动作包括手臂动作及其变化动作。健身性健美操上肢动作的创编方法包括以下几种。

（1）上肢动作节奏变化法

上肢动作节奏是指上肢动作所形成的强弱和时间间隔的关系。健身性健美操上肢动作节奏变化法是指加快或放慢上肢动作节奏,使上肢动作不仅仅是一拍一动,还可以是两拍一动、两拍三动等,从而丰富了健身性健美操上肢动作的创编,如一拍一动的手臂胸前交叉 2 次,通过加快手臂动作节奏,变为两拍三动的手臂胸前交叉 3 次。

（2）上肢动作幅度变化法

上肢动作幅度是指做动作时,上肢或上肢某部分移动距离的大小。健身性健美操上肢动作幅度变化法是指通过改变上肢动作手臂屈伸的杠杆变化来调节幅度大小,创编出新的上肢动作。如两臂屈臂上举和两臂直臂上举比较,前者的运动幅度较后者大。

健美操

（3）上肢动作插入法

健身性健美操上肢动作插入法是指在一个或几个 8 拍里，在原有的两个或两个以上上肢动作中间插入新的上肢动作，以创编出更加丰富的健身性健美操。如一个 8 拍上肢动作由两臂胸前屈两次和两臂侧举两次组成，运用上肢动作插入法，在两臂胸前屈两次之后和两臂侧举之间插入两臂肩侧屈一次，就构成了两臂胸前屈两次＋两臂肩侧屈一次＋两臂侧举一次。

（4）上肢动作对称法

健身性健美操是锻炼身体各部位均衡发育，使全身肌肉发展匀称，既强身心，又塑造形体，因此，创编健身性健美操时不可忽视对称动作的创编，以体现全面发展的锻炼因素。上肢动作对称法既是指单个上肢动作的对称性动作，也是指一个 8 拍或多个 8 拍上肢动作组合的对称性动作。如两臂上举属于对称性动作，又如创编与前一个或几个 8 拍动作组合的动作相同，方向相反的上肢动作。

（5）上肢动作递增法

健身性健美操上肢动作递增法又称上肢动作"1＋n"法，是指在一个或几个 8 拍里，在原有一个上肢动作的基础上，逐渐增加上肢动作的数量，从而创编出丰富多彩的健身性健美操。如在一个 8 拍里，两臂侧上举四次，运用上肢动作递增法，加入两臂向外绕环一次，再加入两臂前举一次，就构成了两臂侧上举两次＋两臂向外绕环一次＋两臂前举一次。

（6）上肢动作轨迹变化法

上肢动作轨迹是指做动作时，上肢或上肢某部分运动所经过的路线。健身性健美操上肢动作轨迹变化法是指通过改变上肢动作运动轨迹，创编出新的上肢动作。如 4 拍动作，第 1 拍，左腿提膝跳，左臂侧举，右臂胸前屈；第 2 拍，左腿放下，两臂放于体侧；第 3 拍，右腿提膝跳，右臂侧举，左臂胸前屈；第 4 拍，右腿放下，两臂放于体侧。改变运动轨迹后，第 2 拍变为左腿放下，两臂上举。这个 4 拍动作的开始和终止动作一样，只是改变了动作轨迹，第 2 拍上肢动作由两臂放于体侧变为两臂上举，使上肢动作内容更丰富，动作的力度感更强了。

（7）上肢动作改变排序法

健美操上肢动作的排列顺序是指完成上肢动作时的动作先后顺序。上肢动作改变排序法是指在原有的一个或几个 8 拍动作的基础上，改变一个或几个 8 拍中上肢动作的排列顺序，从而构成新的上肢动作组合。如一个 8 拍上肢动作由两臂上举两次＋两手胸前击掌两次＋两臂斜下举一次组成，运用上肢动作改变排序法，改变上肢动作排列顺序，将两手胸前击掌两次放于两臂上举两次之前，就构成了新的上肢动作组合：两手胸前击掌两次＋两臂上举两次＋两臂斜下举一次。

2. 健身性健美操躯干动作创编方法

健身健美操躯干动作创编的方法包括以下几种。

（1）躯干动作幅度变化法

躯干动作幅度是指做动作时，躯干或躯干某部分移动距离的大小。健身性健美操躯干动作幅度变化法是指通过改变躯干动作幅度，创编出新的躯干动作。如改变体前屈动作幅度，会产生具有不同锻炼效果的体前屈动作,增大体前屈幅度使难度增加,减小体前屈幅度使难度减小。

（2）躯干动作方向变化法

躯干动作方向是指躯干动作所面对的方向。健身性健美操躯干动作方向变化法是指改变躯干所面对的方向,使躯干动作方向不是单纯地面对一个方向,而是变化多样,丰富多彩。躯干动作方向变化多伴随下肢动作方向变化。如在一个 8 拍里,开合跳 4 次,运用躯干动作方向变化法,第三次和第四次开合跳改变动作方向,连续向左转体 180°。

（3）躯干动作节奏变化法

躯干动作节奏是指躯干动作所形成的强弱和时间间隔的关系。健身性健美操躯干动作节奏变化法是指加快或放慢躯干动作节奏,使躯干动作不仅仅是一拍一动,还可以是两拍一动、两拍三动等,从而丰富了健身性健美操躯干动作的创编。如含胸或挺胸动作可以一拍一动,也可以放慢动作节奏两拍一动,还可以加快动作节奏两拍三动。

（4）躯干动作轨迹变化法

躯干动作轨迹是指做动作时,躯干或躯干某部分运动所经过的路线。健身性健美操躯干动作轨迹变化法是指通过改变躯干动作运动轨迹,创编出新的躯干动作。如 4 拍动作,第 1 拍,向左顶髋一次;第 2 拍,还原;第 3 拍,向右顶髋一次;第 4 拍,还原。改变运动轨迹后,第 2 拍变为髋部由左向右绕。这个 4 拍动作的开始和终止动作一样,只是改变了动作轨迹,第 2 拍躯干动作由还原变为由左向右绕,使躯干动作内容更丰富。

3. 健身性健美操下肢动作创编方法

健身性健美操下肢动作包括基本步伐及其变化动作。健身性健美操下肢动作的创编方法包括以下几种。

（1）下肢动作路线变化法

下肢动作路线是指下肢动作向前、后、左、右、斜前、斜后等方向的运动。下肢动作路线变化法是指通过改变下肢动作运动路线,从而创编新的下肢动作。

（2）下肢动作幅度变化法

下肢动作幅度是指做动作时,下肢或下肢某部分移动距离的大小。健身性健美操下肢动作幅度变化法是指通过改变下肢动作幅度,创编出新的下肢动作。如侧弓步动作,既可减小两腿之间的距离,形成幅度较小的侧弓步,又可增大两腿之间的距离,形成幅度较大的弓步。

（3）下肢动作方向变化法

下肢动作方向是指下肢动作所面对的方向。健身性健美操下肢动作方向变化法是指下肢带动身体改变所面对的方向,使下肢动作方向不是单纯地面对一个方向,而是变化多样,丰富多彩。下肢动作方向变化多伴随躯干动作方向变化。如在一个 8 拍动作里,step—touch 4 次,运用下肢动作方向变化法,第 2 拍和第 6 拍分别向左或向右转体 90°;就构成了新的下肢动作组合。

（4）下肢动作轨迹变化法

下肢动作轨迹是指做动作时,下肢或下肢某部分运动所经过的路线。健身性健美操下肢动作轨迹变化法是指通过改变下肢动作运动轨迹,创编出新的下肢动作。如 4 拍动作,第 1

拍,左腿向前弹踢一次;第2拍,左腿收回;第3拍,左腿再向前弹踢一次;第4拍,左腿收回。改变运动轨迹后,第2拍动作变为左脚脚尖在右脚外侧点地一次。

(5)下肢动作对称法

健身性健美操是锻炼身体各部位均衡发育,使全身肌肉发展匀称,既强身心,又塑造形体,因此,创编健身性健美操时不可忽视对称动作的创编,以体现全面发展的锻炼因素。下肢动作对称法主要是指一个或多个8拍下肢动作组合的对称性动作。如创编与前一个或几个8拍动作组合的动作相同、方向相反的下肢动作。

(6)下肢动作改变排序法

健美操下肢动作的排列顺序是指完成下肢动作时的动作先后顺序。下肢动作改变排序法是指在原有的一个或几个8拍动作基础上,改变一个或几个8拍中下肢动作的排列顺序,从而构成新的下肢动作组合。如一个8拍下肢动作由后踢腿跑2次+开合跳1次+弹踢腿2次组成,运用下肢动作改变排序法,改变下肢动作排列顺序,将开合跳一次放于后踢腿跑2次之前,就构成了新的下肢动作组合,即开合跳一次+后踢腿跑2次+弹踢腿2次。

(7)下肢动作插入法

健身性健美操下肢动作插入法是指在一个或几个8拍里,在原有的两个或两个以上下肢动作中间插入新的下肢动作,以创编出更加丰富的健身性健美操。如一个8拍动作由交叉步一次和开合跳两次组成,运用下肢动作插入法,在交叉步和开合跳之间插入后踢腿跑两次,就构成了交叉步一次+后踢腿跑两次+开合跳一次。

(8)下肢动作节奏变化法

下肢动作节奏是指下肢动作所形成的强弱和时间间隔的关系。健身性健美操下肢动作节奏变化法是指加快或放慢下肢动作节奏,使下肢动作不仅仅是1拍一动,还可以是2拍一动、2拍三动等,从而丰富了健身性健美操下肢动作的创编。如开合跳可以是1拍一动,也可以放慢节奏2拍一动,还可以加快节奏2拍三动。

(9)下肢动作递增法

健身性健美操下肢动作递增法又称下肢动作"1+n"法,是指在一个或几个8拍里,在原有一个下肢动作的基础上,逐渐增加下肢动作的数量,从而创编出丰富多彩的健身性健美操。如在一个8拍里,开合跳4次,运用下肢动作递增法,加入左腿提膝一次,再加入前弓步两次,就构成了开合跳两次+左腿提膝一次+前弓步2次。

4. 头部、上肢、躯干、下肢动作协调配合创编方法

在健身性健美操创编过程中,上肢、躯干、下肢动作创编是健身性健美操创编的主要内容,然而,头部、上肢、躯干、下肢动作的协调配合也是健身性健美操创编中需要考虑的重要内容,只有全身各个部位协调配合,才能使创编的健身性健美操更加流畅、安全、达到全面健身的目的。头部、上肢、躯干、下肢动作协调配合的创编法包括以下两种。

(1)符合肌肉牵张原理法

健身性健美操动作要符合肌肉牵张原理,符合肌肉牵张原理的动作能使锻炼者身体得到实效性的锻炼,往往达到事半功倍的效果,而不符合肌肉牵张原理的动作,不仅锻炼效果事倍功半,而且容易造成身体的伤害事故。如创编含胸动作时,运用符合肌肉牵张原理法,创编者必须创编低头动作，而应避免抬头或仰头动作；创编挺胸动作时，运用符合肌肉牵张原理法，创编者必须创编抬头或仰头动作，而应避免低头动作。

(2)保持重心合理位置法

健身性健美操创编要遵循健身性和安全性原则，安全性是基础，我们要在安全的基础上发挥健身性健美操的健身性。在健身性健美操练习中，人体重心应该时刻处于合理位置，如果人体重心不稳，处于不合理位置，往往会造成人体重心失去平衡，发生伤害事故。因此，在健身性健美操创编中，创编者应该充分考虑头部、上肢、躯干、下肢动作的协调配合，以及时调整人体重心位置，使人体重心处于合理位置，避免伤害事故的发生。如在创编下肢动作左腿提膝跳后，为了调整身体重心，我们在创编上肢动作时应该充分考虑平衡身体重心，创编左臂侧举，右臂胸前屈的上肢动作，能使我们调整左腿提膝后造成的身体重心不稳，而如果创编右臂侧举，左臂胸前屈，就会造成身体重心更加不稳。

(二)针对中、高级练习者的创编方法

在健身健美操运动中，针对中、高级练习者进行创编，就是在初级创编的基础上进行内容与方法的提高。其基本创编方法有以下几种。

1. 术语法

术语法是指根据健美操专门用语进行创编的方法，通过改变动作的关系、动作的方向以及在术语中选择合适动作等因素进行创编的一种方法。这种方法简单实用，但是要注意编排的过程中并不是动作的叠加和堆砌，动作之间要有一定的联系，具有规律性和科学性。

2. 修饰法

所谓修饰法是指对一套大体已成形的健身操套路进行某些细节上的变化或改变的方法，使其更具活力和艺术性。从而达到充分展现肢体美和欣赏的目的。修饰法主要修饰的部位有头部、手和脚。这 3 个部分在编排健身性健美操套路时是最容易被忽视的部分，然而在编排时将其充分的发挥却能达到画龙点睛的效果。

(1)头部修饰：指对面部表情的修饰，如眼神、面部肌肉、嘴和眉等。

眼睛是心灵的窗户，人的很多情感都是通过人的眼神来传达的。而在以肢体语言为表现方式的健身性健美操中，眼神便显得尤为重要。特别是比赛性健身性健美操，眼神是参赛者唯一与裁判进行交流的部分，在其他都实力相当的情况下，一个眼神或许是你取胜的决定因素。从而，面部肌肉嘴和眉也是表现的一方面，如噘一下嘴或挑一下眉，在配合肢体发自内心的表达整套操所要表现的情感时，都将会起到意想不到的效果。

(2)手部修饰：健身性健美操中手上动作有拳型、掌型、五指张开型、西班牙手型等。在创编某一动作时，肢体动作都很美，如将手上动作再加以修饰，将并掌改为西班牙手型，无形中增加了立体感，从而达到更充分地展现肢体美的效果。

(3)脚部修饰：脚跟手相比，灵活性差了很多，健美操要求绷脚尖，然而在某一动作时突然一个夸大的勾脚尖，给人以一个新鲜感，也会达到较好的表现效果。

3. 转换法

转换法就是在原有动作基础上进行方向、面、节奏、位置、速度、强度、幅度方面变换的方法。根据需要可选择其中一种或多种进行变换。在原有动作素材的基础上运用转换法,可编排出多样的健美操动作。成套动作设计的多样性要从动作的创编以及动作与动作之间的连接等方面入手,力求动作丰富、不断创新,把有限的动作通过巧妙多样的组合变为无限的动作,成为具有锻炼价值的健身性健美操动作。

成套动作是否流畅、自然,连接与过渡动作至关重要,动作的设计要符合健身性健美操的特点。成套动作不宜停顿过多,动作之间需要有间隙时,停顿最好不要超过两拍,不要有多余步伐,动作之间的转换必须轻松和自然。因此,在健身性健美操的连接与设计中,要合理地运用连接方法,使动作之间的衔接巧妙、流畅、合理、有创造性。

4. 移植法

移植法是将某一项目的技术动作移植到另一个项目中去,并通过一定的改造而获得新技术动作的方法。健身性健美操的动作吸纳了迪斯科、爵士舞中许多髋部动作,它的许多动作都与其他体育项目、各艺术领域存在着相互联系与转化的关系,才形成健美操独特的健身、艺术魅力。健身性健美操成套动作中许多开始动作和结束动作的造型,就是从技巧运动、舞蹈等项目中移植而来。为此,创编人员不但要熟悉、精通专业技术知识,还应了解熟悉其他相关项目、学科的知识,力求从表面上看来完全不相关的两个项目、两个动作之间发现彼此的联系,移植、借鉴到健身性健美操技术动作中。

5. 联想法

联想法就是利用感知的和已知的信息进行再创造的方法。它是指创编人员根据输入的信息,在大脑的记忆库中搜寻与之相关的信息或者利用大脑记忆库中的一些信息形成与之相关信息的过程。在健身性健美操创编过程中,从社交舞的配合动作,联想运用到健身性健美操的双人配合动作,就体现了联想法的运用。这种方法反映了创编人员对动作技术技巧的广泛吸纳,实践中,各种舞蹈、体操、芭蕾、武术等都可作为健身性健美操的动作素材,通过由此及彼的思维方式,对不同技术动作之间进行联系与想象,从而达到开拓思路并实现动作创新的目的。

6. 环境灵感法

环境灵感法是指在特定的环境中产生的灵感运用于健身性健美操创编的一种方法。当我们处在一个特定的环境中时,通过观察周围人的身体行为动作,就会产生相应的灵感和反应。例如在欢庆的活动中,我们可以看到周围的人在这一状态下欢呼跳跃的反应,相应地在健身性健美操中我们就可以编排一些类似的跳跃动作,把它应用于健身性健美操的实践当中。这种编排方法灵活实用,但是要注意的是创编出来的动作要经过再加工,经过改造后才能使用,要符合健身性健美操自身的特点和原则,具有科学性的特点。

第二节　竞技健美操创编

竞技健美操是健美操的一项重要项目。竞技健美操是为竞赛服务的,其比赛的成功与否取决于成套动作的创编水平和完成质量。创编是完成的基础,搞好创编是竞技健美操成功的前提。因此,开展竞技健美操竞赛首先要掌握其创编的原则、方法和步骤。

一、竞技性健美操创编的原则

(一)整体性原则

竞技健美操作为健美操的一种,因此它也以全面整体健身为根本目的,但在竞技性健美操创编中坚持全面整体性与健身性健美操不尽相同,它不一定按照由远而近、自上而下的顺序全面整体设计身体各部位的运动,而主要是全面发展人体整体的力量、柔韧、灵敏、耐力等身体素质。因此,在竞技性健美操创编过程中,我们必须考虑到怎样编排才能更好地展示运动员整体的身体素质。此原则的运用在创编过程中主要表现为对难度动作的选择方面。

整体性原则是指在成套动作中,各类难度动作能够达到一种最佳组合状态,不能使某一类难度动作过分地集中出现。难度动作分为 4 个组别,共 323 个难度动作:俯卧撑、倒地、旋腿与分切:占总难度动作的 23%、53%;支撑与水平占总难度动作的 12%、38%;跳与跃占总难度动作的 53%、25%;柔韧与平衡占总难度动作的 10%、84%。

每一类难度动作都体现着不同的人体的身体素质,所以在进行难度动作选择时,我们也应该考虑到所选择难度动作组别的均衡性,以体现运动员整体的身体素质,使成套动作的难度动作数量比值基本与 4 个组别的比值接近。

(二)针对性原则

首先,要针对运动员的特点进行创编,创编者要根据运动员的特点创编不同风格的操。竞技健美操基本上属于个性化的比赛项目,人们之间存在着各种差异,除了个性上的差异,还有运动能力、身体素质、技术、外形等方面的差异,在创编中要充分把握人们的特点创编不同风格的操,并充分挖掘个人的特点。只有这样,才能充分发挥人们的优势,表现其独特的风貌。例如,对弹跳力好的人们,要多编些跳跃性强、难度大的动作,使其弹性的跳跃动作、轻盈的空中姿态得到充分的展示;对柔韧性好的人们,多编排一些难度较大的劈叉、平衡、柔韧性较高的难度动作,以展示其舒展、柔韧、优美的高超技能;对力量型的人们,可编排一些支撑与水平类的高难度动作(如直角支撑转体 2~3 周),以表现其较强的力量和控制能力。

其次,要针对项目的特点进行编排。竞技性健美操比赛项目一般包括男单、女单、混双、3 人和集体 6 人(男女性别不限)。这些项目各有其特点。单人是个人项目,无配合和队形变化问题(但要注意运动方向、路线的变化,充分使用场地),因此动作语言的丰富独特、难度动作的设计合理性是创编的核心;混合双人创编的关键是同步动作的协调一致和配合动作的丰富、巧妙与默契,如双人的上下起伏、左右交错、前后互换、分合交替等;3人项目增加了队形变化的因素,但3人的队形变化毕竟有限,因此3人互换位的自然流畅、同步与配合动作的巧妙组合是创编的要点;集体6人项目,人数较多、创编难度较大,因此,它要求队形变化丰富、富有立体感、动作整齐、层次分明、流动性大、配合协调,并有创造多种多样新颖优美的造型与技巧的广阔天地。它更强调的是整体而不是局部效果的完美,队形画面的对称、立体或均衡以及成套动作造型全景的效果。

(三)创新性原则

竞技健美操往往是为参加比赛或表演而创作的。创新是竞技健美操的生命,没有创新就没有竞技健美操的发展。要想在竞赛中取得优异成绩,成套动作创新编排的新颖独特就显得尤为重要。创新可从动作、难度、连接、配合、队形和音乐等方面着手,但其中动作的创新是其他创新的基础,更应予以重视。

首先开场造型要新颖独特。开场是给观众和裁判第一印象最深刻的部分,好的开场是成功的一半,能否将其独特魅力映入裁判的视线,就显得非常重要。其次,全套操的一般性动作也要做到创新,争取做到每个动作都为原创,可从体操、健美、舞蹈、民间舞、爵士舞等多方面进行借鉴,选择其中造型美、幅度大、有力度、节奏感强的动作,进行改进,加以操化。再次,在特定动作中,创编余地也很大,既可以在动作难度上创新,也可以在难度价值上创新。例如俯卧撑由双臂→单臂→指撑→举腿→移动→三点指撑→两点指撑等。最后,在动作衔接上也可以创新,衔接合理、过渡自然的动作能给人们完美的感觉,使动作显得流畅、自然、一气呵成。

在动作设计上,除了考虑那些传统的健美操动作,还应善于创造新颖的动作,创造有含义的动作,展示一个典型形象,突出编排成套动作的第一个8拍和最后一个8拍。国际规则有关艺术创造性中指出"表演是与众不同的,独特的和非凡的",并在完全新颖的音乐和独特的动作时指出"当所有的因素被编排和融合一起时(动作设计、表现力、音乐、配合),才能形成一套与众不同的独特的和令人难忘的成套动作。动作设计、健美操组合的编排、过渡动作、不同的队形,这些都是新颖的、与众不同的、不可预见的。并且通过运动员的动作和表现与音乐风格完美地结合起来,再加入一些以前无人做过的具有特殊感觉的小动作细节。在一套动作中可体现一个主题,动作设计、音乐、表现和服装都与主题密切联系。各种因素完善地结合在一起,使之具有独特的个性。

创新性是竞技健美操创编的一项重要原则。健美操的创编一定是在准确把握了当前国内外竞技健美操发展的现状和趋势,吃透竞赛规则,并根据其竞赛的特点和人们的个性,选准创新的突破口,创编出能提高人们竞技水平的套路动作。

(四)艺术性原则

竞技健美操是以人体动作作为表现自己的物质手段,同时也以人体的动作作为表情达意的艺术,它以具体可感的形象高度显示出人的灵巧、力量、智慧,显示出人对自然的征服和支配的创造能力,同时也表现了人的思想感情和精神风貌。竞技健美操也应展示人们的竞技水平,实现人们之间的互相学习交流。对于校内观众来说,也可以满足其欣赏需求。

具体来说,竞技性健美操的艺术性主要体现在以下几方面。

1. 整体结构设计的艺术性

整体结构、布局的合理是竞技健美操艺术性的首先体现。首先,难度动作、创新动作、规定动作、过渡动作要合理布局,不要过多将同一性质的动作放在一起;其次,要注重动静、快慢、强弱、疏密、流动的合理搭配,尽量减少连续做同一节奏的动作;最后,动作高潮的安排要恰到好处,可安排3～4个高潮,大高潮安排在操的后半部分。整体结构的设计合理能使人产生抑扬顿挫、张弛有序、高潮迭起的美感。

2. 音乐选配的艺术性

竞技性健美操音乐选配的艺术性主要体现在音乐与操的风格相一致方面。在创编过程中,音乐应选配最有特点的乐曲,使竞技健美操的动作特点得到充分体现,它不但要随着健美操进行变化,而且要与健美操的结构相吻合,体现音乐与动作浑然一体的整体艺术效应。因此,在总体构思的基础上及时地选择和确定音乐是十分必要的。

3. 队形设计的艺术性

竞技健美操队形设计的艺术性,主要是针对集体项目,尤其是集体6人项目。其队形设计的艺术性要把握以下几点。

(1)队形设计要丰富多样,变换要自然流畅、灵活巧妙,并注重队形与动作配合的适宜性。

(2)整套操的风格要鲜明、统一,不可将风格不同的多种艺术成分吸收在同一套操中。

(3)动作之间的衔接应自然、巧妙。

(五)规则适应性原则

竞赛规则在竞技健美操中的作用至关重要。创编者在进行竞技健美操创编前首先要做的事情就是要了解并吃透竞赛规则。因为竞赛规则是创编的法定依据,也是裁判评分的依据,它直接关系到动作的质量和成绩的高低。竞技健美操竞赛规则是一个不断发展、进步和完善的过程,健美操运动理论和实践的不断深入,更是为竞赛规则的完善注入了新的活力。

我国1987年举办的第一届"长城杯"邀请赛,只有少数的规定动作,并且动作难度、裁判评分尺度也很不完善。如今,我国已经与国际接轨,并直接采用国际规则,这既是竞赛规则不断完善的表现,也是我国健美操运动员竞技水平提高的表现。

1994—1996年的竞技健美操规则,取消了其他国际组织当时通用的规定动作,即4次俯卧撑、4次仰卧起坐、4次大踢腿,并用两个8拍组合动作与6大类难度动作所取代。两个规定组合是一组对称动作,另一组由5个基本步伐、3个连接步伐的动作组合。6大类难度为静力性力量、动力性力量、平衡、跳跃、踢腿、柔韧。规则中规定,创编套路的时间为1分50秒至2分10秒。

1997—2000年规则取消了对称及组合性动作,保留了6大类难度,发展为7个层次,并对

健美操

难度数量加以限制，一个成套中最多出现16个难度，以12个最高难度计分，除此之外对动作的连接、操化动作的运用、场地空间的运用、艺术性、创新与动作变化都有具体的规定。

2001—2008年的规则，又把6类难度合并为4类难度，即A类：俯卧撑、倒地、旋腿与分切；B类：支撑与水平；C类：跳与跃；D类：柔韧与平衡。难度动作数量限制为12个、能出现两次腾空成俯撑动作、地上动作不得超过6次、取消艺术加分等。

2009—2012年的规则中规定，成套动作中的难度动作必须包括动力性力量、静力性力量、跳与跃、平衡与柔韧各一个。混双、3人、6人最多允许做12个难度动作，单人最多允许做10个难度动作，并且难度动作任选。3人和6人的成套动作完成时间为1分45秒，男单和女单的完成时间为1分30秒，并且各有加减5秒的宽容度。

综上所述，适应竞赛规则的变化是健美操创编者在创编前必须明确的、首先要遵循的原则。认真学习比赛规则，对规则中所规定的各项条款特定规则、补充规则的具体要求，都要逐条探讨。只有符合规则要求创编才能在竞赛中取得基本的成功。竞技健美操的创编一定要适应人们健美操竞技比赛的要求，在体现竞技性的同时，注重趣味性、娱乐性的开发。

(六)竞技提升性原则

竞技性健美操作为一项竞技体育运动，最终目的是要通过比赛区分优劣，运动员则是通过比赛来检验自己训练的水平，并在比赛中取得理想的成绩。那么如何体现竞技能力，对于成套动作的创编非常重要。

国际体联健美操委员会主席约汉·艾特肯森(Jion Atkesion)于国际体联会议上指出："我们要严格维护健美操特色。"什么是竞技性健美操主要特征与竞技性健美操在竞赛中所特有的比较内容呢？健美操的特色在于身体姿态的控制技术基础上的有节律的弹动控制技术。而它的竞技特征则表现为动作的难度与配合、动作形式的多样性与连贯性、运动负荷的高强度等。所有这些都是围绕着体现运动员的身体素质(力量、无氧耐力、速度柔韧、灵敏、协调、平衡能力)、独特的吸引力(动作设计、动作表现及表情与气质)、智慧(战略战术、成套动作的不同层次表现)、心理素质(情绪的稳定性)而进行比较的。这些综合能力的优劣，直接反映出竞赛当中人们的竞技能力，因此在编排中体现竞技性健美操的竞技能力是创编的另一个十分突出的指导思想，也就是我们所说的竞技性原则。

竞技性原则在竞技性健美操编排中的运用主要表现在如何提高运动强度。竞技性健美操强度体现着竞技健美操运动员的竞技能力，要想在比赛中取得较好的成绩，在竞技健美操编排中必须提高强度编排，从而体现运动员的竞技能力。首先，必须了解决定竞技性健美操强度的因素：

(1)动作频率：即单位时间内完成动作的数量，以高速度完成动作，发展不做复杂、快速动作的能力。

(2)动作速度：即完成单个动作的时间快慢，它同时也展示着动作力度。

(3)动作幅度：即要求运动员大幅度地完成动作的能力。

(4)耐力：即在整套成套动作中(无间隙)保持心血管系统运动强度的能力。

(5)抵抗重力的运动能力：即爆发力、腾空高度，特别是连续完成空中动作的能力。

以上决定竞技性健美操强度的影响因素直接由运动员的竞技能力表现，在成套动作的编排中,根据这些影响因素在编排中实施这一原则可按以下要求进行创编。

（1）下肢步伐一直处于弹动状态,即多采用高强度步伐,如后踢腿跑,弹踢腿、开合跳等,也可采用这些高强度步伐的变形步伐。

（2）上肢动作在1个8拍内必须出现一次最大极限的上肢伸展,即出现一次垂直方向的最高点。

（3）每个手臂都必须有动作,不能出现只有单臂运动的情况。

（4）在成套动作中,不能出现停顿性休息,即使只有2拍。

（5）在成套动作中,必须出现1个8拍的动作节奏变化,即提高动作频率的编排。

（6）将比赛场地分为5块区域,在提高竞技性健美操强度的编排中,应该增加区域移动的编排。

（7）集体项目中,减少配合、托举动作前的准备动作。

（8）增加身体运动的方向、面和转体。

需注意的是,创编者必须清楚竞技性健美操要求运动员完美完成每一个动作,因此在进行竞技健美操的编排时,必须考虑到运动员的能力。在特殊情况下,宁可采用运动员能够完美完成的低强度动作,也不强行采用运动员不能够完美完成的高强度动作。

二、竞技性健美操创编的依据

竞技性健美操的用途在于参加竞技性健美操比赛,以争夺最佳成绩为目标。因此,这就给健美操的创编工作带来了更多的要求。由于竞技性健美操的评判标准中除了有律动、力量、整齐程度等内容,除此之外还有最为重要的竞技健美操套路的艺术性。综合来看这些评判标准,就汇总成为竞技健美操的特殊审美要求。因此,关于竞技性健美操创编的依据,就主要从审美的角度出发进行考量。

(一)以审美构成法则为依据创编

竞技性健美操的审美构成因素包括线条、形体、色彩、声音等,虽然其本身具有一定的审美特征,但要构成整体的形式美,还有赖于按一定的法则进行组合。由于竞技性健美操的美以形式美为主,因此形式美的主要构成法则亦成了竞技性健美操的审美构成法则,也是进行竞技性健美操编排的基础。

1. 整齐一律

整齐一律是同一形式的一致重复,是最简单的形式美,在竞技健美操中运用得也最为广泛。以竞技健美操中的混合六人操为例,无论是三男三女,还是二男四女或四男二女健美操,其服装的颜色一般是统一的,其发型发式也是一致的,这便属于单纯的美。其规定动作或自选动作中,许多动作都要求整齐一致,这便属于一律的美。它虽然简单,却是最基本的形式美构成法则,也是竞技性健美操中多人操的动作基础。如果过分地强调整齐一律,就会显得呆板,所以在创编中必须把握其适中性。

2. 节奏韵律

节奏是指运动过程中力度变化的时序连续,在节奏基础上赋予一定情调便形成韵律。竞技性健美操是在强劲的音乐伴奏下进行的,音乐的节奏和韵律必将影响动作的力度和幅度。同时,竞技性健美操是由类型、方向、路线、幅度、力度、速度等不同的多种动作组成,而这些动作只有和音乐的节奏和韵律完美地统一起来,才能产生较好的审美效果。竞技性健美操是一门极具艺术性的项目,在音乐和动作双重节奏的韵律法则作用下,可以增强运动员的韵律感、节奏感,提高音乐素养,从而提高认识美、鉴赏美、表现美直至创造美的能力。在进行成套动作编排时,我们必须考虑到动作与音乐节奏韵律的吻合,正确地处理好动作与音乐节奏韵律的关系。

3. 对比调和

对比调和是形式美中重要的法则。对比是差异中倾向的对立,它有助于鲜明地表现事物的特点。在竞技性健美操中,对比主要可运用于色彩、形体及音乐中。就色彩对比来说,混合双人健美操中,男女运动员的服装颜色不必强求一致,如运用黑白对比、红黑对比、蓝白对比等,往往能获得出奇制胜的效果。再如混合 6 人操,如果是三男三女的话,则宜三男的服装颜色统一为一色,三女的服装颜色为另一色,如能形成强烈对比的话,则视觉效果可能会更好一些,因为它在统一中有变化,比较符合形式美的法则。就形体对比来说,竞技性健美操男运动员的身体强壮、肌肉发达与女运动员的身材匀称、曲线秀美本身就形成了刚与柔的对比。另外在动作的编排上,除男女运动员的统一动作外,男运动员的动作可突出其阳刚与力度,女运动员的动作可突出其阴柔与协调性。再就音乐对比说,整套健美操的音乐不宜同一节奏与力度、而应有张有弛,强弱恰当。在这样的音乐伴奏下,竞技性健美操动作也自然有张有弛,时而激越蹦跳,时而舒缓抒情,能给人以审美享受。调和是差异中求一致,即着重统一。在竞技性健美操中,既要善用对比这一法则,更要注意调和。总之,无论在色彩、音乐还是形体中都要重视这一点,如男女运动员服装颜色的调和、服装与地毯颜色的调和、音乐的节奏与旋律的调和、动作与音乐的调和等。如果不掌握规律,会严重破坏事物的调和一致性,有损竞技健美操的审美价值。

4. 多样统一

多样统一是形式美法则的高级形式,也叫和谐。"多样"体现了各个事物个性的千差万别,"统一"则体现了各个事物的共性或整体联系。多样统一使人感到既丰富又单纯,既活泼又有秩序。这一基本法则包含了变化以及对称、均衡、对比、调和、节奏、比例等因素,所以一般都把"多样统一"作为形式美的根本法则。概括地讲,多样统一是在变化中求统一,在参差中求整齐。而竞技性健美操动作的创编,正应该根据形式美的这一根本法则来进行。竞技性健美操主要是用于比赛健美操,其成功与否很大程度上取决于编排水平,其创编原则包括针对性原则、创新性原则、全面性原则和艺术性原则等。创编时应遵循多样统一的法则。竞技性健美操的总体结构设计合理才能产生悦人的节奏感和张弛有度、高潮迭起的美感;竞技性健美操要吸收舞蹈等艺术性项目的动作语汇却又不能舞蹈化,而要加以改造,使之成为美观大方、有力度、有特色的竞技性健美操动作。整套竞技性健美操的风格要鲜明,不可将风格不同的多种艺术成分吸收在同一套操中,因为它违反了多样统一这一最基本的竞技性健美操的审美构成法则。

5. 均衡对称

均衡指布局上的等量不等形,对称指以轴线为中心的相等或相适应,对称能给人以稳定感、完全感和庄重感。均衡与对称是互为联系的两个方面,均衡包括对称因素,但比对称灵活,允许左右形态有所不同,其审美效果是整齐与活泼的结合。在混合双人操和三人操中,均衡应用得较多,而在混合六人操中,则对称动作应用较多,这样能使整个队形对称整齐,整体壮观,达到较好的视觉效果。在编排中,我们可以很好地运用这一审美构成法则。

(二)以审美构成因素为依据创编

竞技性健美操是以争取优胜为目的的健美操,它有特定的竞赛规则,按照规定的项目和规则要求组织运动员进行训练和比赛。它也有增强体质、美化形体、陶冶情操的功效,但这类健美操动作难度很大,强度和密度也大,技术复杂,具有全面性、准确性和艺术性的特点,而且有规定时间和特定动作的要求。竞技性健美操较好地把体育与艺术结合在一起,因此它与一般体育运动项目相比,具有较多的审美因素。竞技性健美操以人体自身为审美对象,比较侧重于人体的自然属性一面,如人的形体匀称适度、肌肉强健、富于弹性、肤色美观等。无论人体处于静止状态还是运动状态,其上述自然属性是很明显的。正是这些自然属性,决定了形式美是竞技性健美操的主要审美构成因素。

形式美是构成事物外在属性及其组合关系中所显现出来的美。相对内容而言,形式美具有相对独立的审美意义。观看竞技性健美操比赛,为运动员矫健的身姿、独具匠心的编排以及动作与音乐丝丝入扣的衔接所喝彩,而不仔细探究动作所代表的含义。因此,形式美的构成因素,自然也就成了竞技性健美操的主要审美构成因素,主要包括以下几个方面。

1. 线条与形体美

线条和形体是构成人体美的基础。一般说,垂直线给人以坚硬、庄严、高昂的感觉,曲线给人舒展、柔和、流畅的感觉。通常,男性的健美表现为刚健有力,直线条多一些;女性的健美则表现为柔美秀丽,曲线多一些。如果把男女人体的健美加以分类的话,大体分为刚、柔两类。这种分类只是近似的、相对的。实际上,刚柔是相互渗透、相辅相成的。在竞技性健美操运动员中,在男性强健的身体上,可以找到柔和的曲线之美,他们可以做出灵巧的动作,这就是刚中有柔;而女运动员秀美的身姿,也显得矫健有力,她们可以做出强劲的动作,这便是柔中有刚。在竞技性健美操线条因素中,常常是既刚柔相分又刚柔相济的。

竞技性健美操的形体美,由男女运动员自身形体的静态美和操化动作动态美两方面所组成。从静态方面来看,美的形体要具备3个条件。第一,骨骼为支架所构成的人体各部分比例要匀称、适度、发育良好;第二,由肌肉的完美发达所呈现的人体形态要强健而协调;第三是肤色红润而有光泽。从动态方面来看,竞技性健美操运动员的形体美主要依靠竞技性健美操的动作创编以及运动员对这些连贯的动作组合和动作群的表现力。动作是在协调一致的动作流程中显现的,它的基础是节拍,还包括连续造型,从而构成了动态美。了解了这些特点,在进行编排过程中,就可以将这些因素考虑进去,在编排中体现运动员的动态线条与形体的美。

2. 动作的惊奇新颖美

竞技性健美操的动作的惊奇新颖美主要指其动作的惊险性。俗话说,"超常称为奇,少见谓之怪",竞技性健美操动作的难、新、美体现了"超常性",它指运动员所做的难度动作有悖于常规,也就是说一般人不敢做甚至想都不敢想的动作,而健美操运动员却完成得很熟练、很轻松、很准确、很优美,这就体现了健美操动作难度美,是一种技巧和力量的结合。而随着竞技性健美操难度动作数量和质量的不断提高,也更突出了其难、新、美的特点。

在竞技性健美操的动作中不管是侧摆腿转体 540°成俯撑还是直角支撑转体 720°以上,也不管是科萨克跳转 360°或是控腿平衡,这些体现着下肢力量、柔韧及控制能力的难度动作无不是在运动员训练有素的灵敏和力量的作用下完成的。竞技性健美操作为一种艺术性要求极强的体育项目,其动作绝不是对人们的日常劳动和生活中各种动作的简单模仿,它是将劳动和生活中那些能够展示人的灵巧、力量、智慧和创造力的典型动作提炼出来加以超常发展和美化,同时通过音乐的烘托表现出人的思维情感,使竞技性健美操这项运动有了令人惊叹的艺术魅力和极高的审美价值。同时,一个新颖独特的配合托举、一个精美细腻的过渡连接都会给观众和裁判留下极为深刻的印象,体现着难、新、美的另一个侧面。因此,竞技性健美操创编最突出的一点就是要体现成套动作的难、新、美。

3. 音乐美

竞技性健美操必须在音乐伴奏下进行练习,可以说音乐是健美操的灵魂。与艺术体操相比,竞技性健美操更强调动作的力度。因此,它的音乐节奏趋于鲜明强劲,风格更趋热烈奔放。竞技性健美操音乐多取材于迪斯科、爵士、摇滚等现代音乐和具有上述特点的民族乐曲,使竞技性健美操体现出一种鲜明的现代韵律感。这种有节奏、韵律的音乐,能激发运动员的情绪,使之不觉疲劳,产生一种轻松愉快的感觉,既得到了美的享受,又提高了协调性、节奏感、韵律感和表现力。音乐运用的完美与否直接影响着竞技性健美操的整体效果。

在竞技性健美操中,音乐的主要作用是用来烘托成套动作的效果与气氛,音乐与动作是紧密结合的,动作既是对音乐情绪的一种表现,同时也是通过音乐的气氛对动作本身进行情绪上与力度上的烘托与渲染,任何一个动作的艺术性都存在于一种音乐情绪的表现之中。竞技性健美操音乐具有节奏鲜明、旋律优美、风格各异的特点,它的动感非常强烈,让人很兴奋也很激动,其节奏性充分体现在音乐的独特风格上。而近年来,随着竞技性健美操的不断发展,人们更加注重音乐节奏性的运用,同时增添其创造性的编排,使音乐效果更具艺术性和欣赏性。总之,竞技性健美操的音乐配以强劲的鼓点动效,使整个过程洋溢着热烈、欢快、喜庆的气氛,通过音乐的节奏体现竞技性健美操运动的本质和内涵,突出了竞技性健美操运动所独有的动感风格,也体现了竞技性健美操项目的节奏美这一美学特征。

4. 色彩美

色彩作为形式美的因素,它有冷暖、轻重、远近、明暗的视觉效果。色彩具有情感性和象征性,比如红、橙,属于暖色,给人热烈、兴奋、活跃、喜悦之感;青、蓝,属于冷色,给人深远、幽静、庄重、严谨、典雅之感;草绿、银色属于中性,给人柔和、娴静、和谐之感。如看到红色,就不由得使人想起血与火,因而产生热烈兴奋的情绪。所以在编排竞技性健美操时,可考虑大红色地毯上进行成套的创编,使运动员较易进入兴奋状态,与创编者产生共鸣,能收到更好的效果。运动员比赛时,考虑各方面对成绩及发挥的影响因素,我们考虑色彩美的编排是相当重要的。

5. 路线变化美

在竞技性健美操比赛中,要求运动员充分利用场地,充分体现场地的三维空间的运用,至少有前、后、侧、对角、弧线 5 种方向的移动,即表现为健美操运动路线的变化美。不同于其他的体育项目,竞技性健美操路线的丰富变化既展现了运动别具一格的风格特色,提高了竞技性健美操运动的艺术欣赏价值和审美价值,又是运动员竞技能力的一种体现,一个优秀的运动员能够充分地利用场地,把成套动作的路线变化表现得淋漓尽致,每一个到位的路线跑动都让人赏心悦目,将竞技性健美操运动的这一美学特征向观众及裁判展示。在编排中,创编者更应注意这些审美特点进行成套动作编排。

(三)以审美特点为依据创编

体育竞技美的内容是由人体构成一定形式表现出来的。在竞技健美操运动中,构成体育竞技性的自然物质材料——人体因素不外乎以下几种。

1. 自然的物质材料

自然的物质的材料即人体,如身高、体重、肢体各部分比例、器官的个体质量与关系反射是否符合人类审美形式的知觉方式。由于竞技性健美操是在单位时间内以人的心理感受,美的情趣来判别高低的运动项目,所以参赛者必须以人体的自然美及经过训练后的人类共同的审美标准来评判竞技者的优劣。因而要求参赛者要有运动家的体型、自然美的肤色,肌体表现要体现出性别特征。总之,构成竞技性健美操审美特点之一的是:经过雕琢的人体外在表现性与内在生命力的统一。随着竞技性健美操的发展必将制定出更多的制约违背人体美及有碍民族与国家地区审美标准的有关规则,当然这种规则所反映的是一个民族与地区的审美标准及审美习惯。随着国际比赛的增多,这种标准将趋于统一。据此,在开展竞技性健美操的时候,对选材、训练、编排及参赛者配伍要予以充分注意。

2. 符合人体运动的规律性

符合人体运动的规律性如秩序、比例、均衡、对称、节奏、旋律等。竞技性健美操以人的身体为其手段,通过人体运动所形成的规律性反映形式向观赏者传达经过训练的人体运动美,这时的"人的身体"仅仅具有单纯自然属性,同时因社会化而带有社会属性。这种规律性的反映形式,既需要参赛者以人体为中介表现出来,更需要在人体运动中表现出来。所以,竞技性健美操的多人项目编排,要注意队形及动作幅度及频率的和谐、对照、对称、相称、比例、渐次、主从因素的统一等形式的合理安排。特定的连续动作的串接,要遵守自然物质运动的秩序,即循序渐进。所配的音乐要逐步由借用、改编到专门配曲,以更加适应竞技性健美操本身的节奏。

因为终究还是动作形象的内蕴与音乐所展现的生命旋律交融在一起的编排,其审美意义更加丰富。

3. 人体运动存在形式——空间与时间

竞技性健美操和竞技体操的自由体操、艺术体操、花样游泳等一样,是在规定的时间内在规定的三维空间中进行的一种运动项目。但它和这些项目在三维空间运动中有着不同的规定。竞技体操中的自由体操强调的是,一名参赛者在规定的场地内在三维空间运动中最大的突破,它要求参赛者尽量突破人类的生理极限在空中沿矢状轴及横向轴和纵轴做跳跃及旋转,而技巧运动突出的是向上的造型,艺术体操是借助器械展现身体运动的美,花样游泳则是利用水的特性在水面以上的空间内展现身体运动的美。

相比之下,竞技性健美操的运动空间是受与上述项目不同的空间制约的。它规定 6 人动作在 10 米×10 米,单人动作在 7 米×7 米的平面上完成,不得做空翻类动作及易造成伤害事故的动作,站位的双人配合动作,一人的身体重心不得超过另一人的肩部以上。由此看来,竞技性健美操的水平维度活动空间要比上述项目小。又由于音乐速度的限制,迫使参赛者必须在规定的时间内在动作的大幅度与高频率中取胜,这也是竞技性健美操区别于以上项目的特点。总之,竞技性健美操的产生与发展是人类社会发展到今天进一步肯定趋势的生活形象,它用身体动作这种形象"语言",向人们传递社会的安定、生活的美好与人类本身的本质力量的事物形象的自然物质材料给美的展现提供了素材,而通过具体形式的美的展示与城市文化的兴旺给竞技性健美操的发展提供了物质前提与文化基底,理解竞技性健美操体育美学特点是进行竞技性健美操成套动作创编的基础。

知识拓展

2014 年第 13 届世界健美操锦标赛在墨西哥进行。在本届赛事的男子单人操项目中,墨西哥本土选手夺得冠军;在混合双人操项目中,罗马尼亚获得第一,中国组合位列第四;在五人操项目中,罗马尼亚获得冠军,中国获得第三;在有氧踏板操项目中,中国队夺得冠军。

三、竞技性健美操创编的步骤

竞技性健美操的创编要在一个完整的系统中按照严格的步骤进行。在创编过程中,每一个步骤都是必要的,都是在长期创编实践中总结的。

(一)创编前的准备工作

(1)学习并理解竞赛规程、比赛规则和评分标准。

(2)收集相关专业书籍和音像资料,了解当前竞技健美操发展的动态和趋势。

(3)研究竞赛项目的特点和要求。

(4)了解人们运动员的个性特点、身体素质状况和竞技水平。

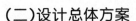

(二)设计总体方案

1. 明确竞技性健美操的动作风格

竞技性健美操的动作风格要根据运动员和项目的特点来确定。要考虑运动员是何种类型(力量型、活泼型、舒展型等)、音乐是何种特色(爵士乐、中国古典乐、摇滚乐、轻音乐等)、舞蹈是何种素材(蒙古族舞蹈素材、武术的动作造型等)。

2. 选择动作素材

动作素材源于身体各部分可形成的动作,再形成不同形式、不同类型、不同组合的系列动作。例如,头部的屈、伸、绕是基本动作,通过变换形式、方位、组合会形成很多动作,上肢、下肢和躯干动作亦是如此。

3. 总体结构设计与音乐的选配

竞技健美操的总体结构设计常用的方法有两种:一种是根据创编者对健美操的整体设想把一套健美操分为若干部分或若干段(表 4-2),如开始部分(造型或入场)、主体部分(主要以特殊要求、成套内容、时间和难度动作要求为中心分为若干段,各项特殊要求和难度动作的先后顺序根据创编者对成套操的起、承、转、合及高潮的考虑来安排)、结束部分(造型或退场)。然后设计出各部、段的主要队形(3 人和集体 6 人项目)或运动路线(个人混双项目),确定各部、段大体的节拍数。最后根据操的风格、结构长度及速度等选择与剪辑音乐。另一种是根据操的风格选择音乐,然后根据音乐的结构节拍数、高潮起伏等确定操的总体结构。总之,操的总体结构设计往往与音乐的选配结合起来进行,在相互制约的同时,根据需要作适当的调整。

表 4-2　竞技健美操总体方案设计表

操名:		风格:		难度:		
音乐:		长度:		速度:		时间:
内　容						
部分	段落	主要动作	主要队形(路线)		拍节	备注
开始	1					
主体	1					
	2					
	3					
	4					
结束	5					

(三)分段创编动作

分段编排是把 2 个 8 拍以上的动作串联起来的动作组,使之成为一串动作,它是在总体布局与动作设计的基础上进行的,实际上是把成套动作的创编化整为零。创编成套动作时,要根据竞技健美操创编的原则,首先将开始和结束部分进行重点编排,然后再根据音乐的长短、结构创编主体部分。按照方案创编动作时可以根据实际情况适当地修改动作和队形,并将动作的创编过程与运动员的局部练习结合起来,即边创编边练习边修改,逐步完善成套动作。创编时,要注意用速记符号做好记录,防止遗忘。

(四)练习与修改

分段创编结束后,成套动作基本成型,可以进行全套动作的练习,但在创编尚未完善时,要在成套动作的练习过程中从整体上检查创编的效果,即成套动作的风格是否统一、动作与音乐是否浑然一体、特殊要求和高潮的安排是否合理、队形与动作的配合是否恰当,特别是成套动作的连接是否流畅,只有在成套动作练习时才能清楚其创编的效果。检查后的修改也是十分重要的创编过程,有些调整可能是关键性的校正,有的则可能是画龙点睛。

(五)撰写文字说明与绘图

撰写文字说明与绘图主要是为长期保留、教学、研究、交流和出版使用。

四、竞技性健美操的创编方法

(一)基本组合法

基本组合法是指按照竞技性健美操动作编排原则和方法,将两个或两个以上独立的技术动作通过巧妙的结合或重组,形成新的技术动作或成套组合动作。竞技性健美操的动作组合既可以是同一类型动作变化为多个不同特色风格的动作,也可以是不同类型多个单独动作进行适当重组,最后完成成套动作的编排。

(二)录像分析法

参看你要参加级别或高一层次级别的比赛录像,从竞赛套路中吸取其精华,从而为自己成套动作的编排起到一定的启发作用,一般在观看录像比赛套路时,主要应关注以下几个方面内容。

1.成套结构

所谓参看成套结构是指在参看比赛套路时主要参看成套动作与音乐结构的关系,即音乐段落与动作段落、音乐情绪与成套情绪以及音乐高潮与动作高潮是否能有机结合。

2. 难度分配

所谓参看难度分配是指在参看比赛套路时主要参看成套动作中难度动作的分配规律。首先，是难度分值的分配；其次，是难度动作组别动作的选择；最后，要参看难度动作在成套动作中的位置。

3. 基本操化动作的连接

所谓参看基本操化动作的连接是在参看比赛套路时，主要参看成套动作中基本操化动作的连接编排，参看一个动作的结束是否是另一个动作的开始，参看他们是如何编排的。

4. 过渡与连接动作的编排

所谓参看过渡与连接动作的编排是在参看比赛套路时主要参看过渡与连接动作的选择，新颖的过渡与连接动作会给人留下深刻的印象，同时烘托成套动作的主题表现，通过参看过渡与连接动作的编排将会给人以提示和启发使之运用于自己成套动作的创编。

5. 托举与配合的创意

所谓参看托举与配合的创意是在参看比赛套路时主要参看成套动作中过渡与连接的特点，参看他如何更好地体现音乐的主题，成套动作中托举与配合动作是最能体现成套构思、音乐主题的关键，因此托举与配合动作的创意参看对成套动作的创编有非常重要的启发作用。

(三)多向思维法

善于从多角度、多层面去思考问题，由于创造性思维需要产生不同寻常的思维结果，因此它要求人们从单向思维转向多向思维，在逆向、侧向、发散等思维辐射和转移中寻找出各种具有独创的新设想，对多向思维能力的培养，应注意对某一问题的思考要从全局出发，提出多种思路，当思维在某一处受阻时，应善于及时变换思维走向，当久思不得其解时，可引导注意力转向其他领域，寻求新的启示，当运用通常的方法解决不了问题时，可考虑交换事物的条件、目标等因素，从不同的途径去解决问题。

(四)联想创新法

善于从对一个事物的思维，联想到另一个事物或几个事物的思维。创造性思维的本质在于发现原来以为没有联系的两个或几个事物之间的联系。因此，联想思维可为创造性思维起到积极的引导和铺垫作用。知识和经验越丰富，联想的广度和深度越大，也越容易产生意想不到的创想结果，如联想能与边缘学科的知识有机结合，将会产生更高价值的新思维。联想创新需要灵感，灵感思维是指突如其来的对事物的本质或规律的顿悟与理解，以及使问题得到解决的瞬间思维形式。捕捉灵感的能力是指具有将瞬间即逝的灵感思维紧紧抓住，并及时加工成创新设想的能力。它是通过紧张深入思考的探索之后产生的思维成果，具有突发性和瞬时性特征。灵感思维的出现人们往往没有心理准备，很容易稍纵即逝。所以，要及时记录下灵感思维的内容,保持思维热线并适时向纵深扩大思维成果。灵感的产生与艰苦积极的思维活动,丰富的知识经验等因素有关。

(五)三维动画辅助法

用电脑三维动画技术可以辅助教练员创编竞技性健美操高质量难新动作,辅助运动员加快完成目标动作的定型过程,对创编动作在训练中和比赛中出现的问题进行及时的目标反馈、重构和完善,减少运动员在创编动作探索阶段中不必要的损伤。

运用电脑三维动画技术可以建立一个标准的竞技性健美操运动员动态模型,用来虚拟创编动作,进行试探、分析、评价、反馈、修改和确定等工作,可以减少创编环节中负面的人为因素的影响,使创编效率和质量进一步提高。运用电脑三维动画技术辅助创编竞技性健美操动作能为今后竞技性健美操的创编开拓一个新的思路。

第五章　健美操营养、卫生与安全

　　健美操是一项运动负荷较小、形式多样且与音乐紧密结合的有氧运动,通过健美操运动的锻炼,能够达到有效塑造体形、增强身心素质的目的。当前,健美操已经成为高校中的一项重要的体育运动课程,受到学生的欢迎与喜爱。健美操运动的顺利进行,首先要保证运动的安全性,这是重要的前提条件。另外,营养与卫生也会对健美操运动产生一定的影响,应该引起重视。本章将对健美操的营养、卫生以及损伤等方面进行详细的分析和研究,以保证大学生科学、安全地参加健美操运动。

第一节　健美操与营养

一、人体能量消耗的基本理论

　　人和动物一样都需要能量来维持生命活动。人类从食物取得的能量,用于生命活动的各种过程,其中包括内脏器官的化学和物理活动、体温的维持、脑力和体力活动以及生长发育等。一般说来,成人每天的能量需要量:男性为 3 600 千卡,女性为 3 200 千卡。若长期热量不足,则会出现疲劳、消瘦、抵抗力降低,影响身体的发育、体力、学习和运动的技能。相反,摄入过量热量时,一般也会储存起来,能量的主要储存方式是脂肪。从营养学角度看,一个少年从 10 岁成长至 18~20 岁的青年,身高均数增加 28~30 厘米,体重均数增加 20~30 千克,热量的增加与生长速度是相适应的,不致因热量的增加而引起肥胖。具体来说,人体能量消耗的方式主要有 4 种,具体如下。

(一)新陈代谢

　　基础代谢是维持生命最基本活动所必需的能量需要。每个人在同一生理条件下的基础代谢是接近的。基础代谢主要受体形、年龄、性别和一些生理状态的影响。人体的能量消耗与其体形,尤其是体表面积有很大的关系,而人的体表面积又与其身高和体重有关。基础代谢与体表面积有着密切的关系,而且也和肌体的去脂组织有密切关系。男生的去脂组织,尤以其中的骨骼肌比女生相对发达,故基础代谢所需的能量一般高于女生。基础代谢所需能量约为 1 500 千卡。

(二)脑力活动和体力活动

脑力和体力活动会对人体能量消耗产生非常重要的影响。能量消耗与活动时间的长短有密切的关系。正常活动所需的能量约为 1 600~2 000 千卡。

(三)食物的特殊动力作用

这里所说的食物的特殊动力作用,主要是指人体由于摄食所引起的一种额外能量消耗。食物不同,所消耗的热量也会有一定的差异性。摄入蛋白质要多消耗相当于该蛋白质所产生热量的 30%,摄入碳水化合物多消耗其所产生热量的 5%~6%,摄入脂肪时多消耗其所产生热量的 4%~5%。由于摄入一般膳食每日多消耗的能量,每日约为 150 千卡。

(四)生长发育

处于生长发育期的婴幼儿和青少年需要能量来构建新的组织。一般来说,每增加一克新组织,约需要消耗 4.78 千卡能量。因此,能量摄入必须和生长速度相适应,能量不足,生长发育就会减慢甚至停止。

综上所述,根据能量的消耗,我们要进行合理的能量补充。在所有的营养素质中,人体的能量主要来源于食物中的蛋白质、脂肪和碳水化合物。它们每克的产热量分别为 4 千卡、9 千卡、4 千卡。以上 3 种营养素摄入比例必须适当,才可以满足人体日常的能量需求。

二、人体必需的营养素及其消耗情况

人体摄取并利用食物的过程,就是所谓的营养。营养能够使人体正常生长发育、健康的保持和体质的增强得到有力的保证。对于从事体育锻炼的人来说,在锻炼的过程中必然要消耗身体的能量,而这部分能量的获得,都是通过饮食获得相应的营养素加以转化而成的。

人类每天都必须摄取一定数量的食物来维持自己的生命与健康,通过食物,吸收人体所必需的营养元素,来维持我们日常的生活、生产、工作和学习。现代科学研究发现,人体需要的营养素有 40 多种,共 7 类,包括蛋白质、脂类、碳水化合物、维生素、矿物质(无机盐)、水和膳食纤维。营养素在人体内各有不同的功能,有的兼有几种功能,下面就主要介绍一下这些营养素的生理功能及消耗情况。

(一)糖类

糖类是人体内最主要的能源物质,它是由碳、氢、氧 3 种元素组成,其中氢和氧之比为 2∶1,与水相同,故有碳水化合物之称。营养学上所称的碳水化合物包括食物中的单糖、双糖、多糖和膳食纤维。

1. 糖类的生理功能

糖类是人类从膳食中取得热能最经济和最主要的来源。我国人民膳食结构中 60％～65％ 的热能由糖类提供。糖类在人体内转化的热能，不仅数量多，而且速度快。糖类还可促进其他营养素的代谢，与蛋白质、脂肪结合成糖蛋白、糖脂，组成抗体、酶、激素、细胞膜、神经组织、核糖核酸等具有重要功能的物质。糖类还具有保肝解毒作用，当肝糖原储存充足时，肝脏对毒物有很强的解毒作用。

人体缺乏糖类的表现：出现消瘦、生长缓慢、低血糖、头晕、无力，甚至休克。当糖类过量时，可导致肥胖、血脂升高。

2. 糖类的来源及供给量

（1）糖类的来源

一日三餐的主食中含有大量的糖类，可供日常生活、工作的需要。多糖类主要存在于谷类、米、面、土豆中，双糖类存在于蔗糖、牛奶、糖果、甜食中，单糖类存在于水果、蜂蜜中。

（2）糖的供给量

糖的供给量占总热能摄入量的 60％～65％ 为宜。

3. 糖的消耗情况

在锻炼过程中，糖类是机体的热能主要来源之一。运动者是否能具备良好的耐久力，从而顺利完成规定的运动强度，最终取得一个很好的运动效果，在很大程度上取决于糖类在锻炼中的利用程度。由于锻炼过程中能量的消耗较大，因此，能量需要量会有一定的增加，但同时也会出现供氧量不足的情况。相对于脂肪、蛋白质来说，糖在体内最容易氧化，而且耗氧量少。与脂肪相比，糖产生的能量要比脂肪产生的能量要低，但糖的氧热价却高于脂肪，具体来说，在消耗等量氧的条件下，糖的产能效率要比脂肪高 4.5％，如果是在运动时氧供应不足的情况下，这一优点会显得更为突出。并且，糖氧化代谢会最终转化为二氧化碳和水，通过呼吸和排汗等途径将其不断排出体外，从而使其对体内环境影响较小，不会影响到体液的酸度。在锻炼锻炼时，糖的供能速率快，不管氧供应充足还是不足，糖都可以分解供能。

糖类是高强度剧烈运动时主要的能量来源。在进行高强度锻炼锻炼时，氧化磷酸化释放能量的速率不能使运动需要得到较好的满足，那么这个时候，就要借助于糖的无氧酵解供给。在无氧条件下，骨骼肌糖原或由血液运输至肌肉的葡萄糖也可以酵解，生成乳酸并释放出能量，这样就能够使肌肉运动对能量的需要得到较好的满足了。

综上所述，在锻炼过程中，消耗最多同时也是最理想的能源物质就是糖类，因此，它也被称为运动中的"最优燃料"。要以消耗情况为主要依据有针对性地进行补充，否则，就会形成供需脱节，严重者还会危及生命。

除此之外，短时间大强度锻炼运动所需的能量也是由糖类供给的，长时间中低强度锻炼所需要的能量也首先是通过糖氧化供给的。相较于安静状态，运动中肌肉摄取的糖量可比其高 20 倍或更多。同时，糖氧化还要为大脑的活动提供其所需要的能量。如果长时间进行运动锻炼，就会导致血糖下降，大脑糖供应不足，从而影响到大脑的正常活动，进而导致运动性疲劳的产生。

(二)蛋白质

蛋白质是人体生命活动的重要物质基础，它在构造机体、修补组织、调节人体生理功能、供给热量等方面发挥着重要作用。组成蛋白质的主要元素为碳、氢、氧、氮、硫。蛋白质是人体氮的唯一来源。各种蛋白质的含氮量相当接近，约为 16%。测定食物的含氮量乘以折算系数 6.25(100÷16)即可得到食物中蛋白质的含量。蛋白质的基本组成单位是氨基酸，组成蛋白质的氨基酸约有 20 种，它们以不同的种类、数量和排列顺序构成种类繁多、功能各异的蛋白质。组成人体和食物蛋白质的氨基酸约有 20 种，其中有 9 种是人体不能合成或合成的速度不能满足需要，必须由食物供给的，称为必需氨基酸。其他十几种称为非必需氨基酸，非必需氨基酸并非人体不需要，只是它们可在体内合成，不一定要从食物中摄取。

1. 蛋白质的生理功能

(1)蛋白质是构成机体组织、器官的重要成分。在人体的肌肉组织和心、肝、肾等器官，乃至骨骼、牙齿都含有大量蛋白质，细胞内除水分外，蛋白质约占细胞内物质的 80%。

(2)调节生理功能。酶蛋白能促进食物的消化吸收、免疫蛋白维持机体免疫功能、血红蛋白携带及运送氧气、甲状腺素是氨基酸的衍生物、胰岛素是多肽，它们都是机体重要的调节物质。

(3)维持体液平衡和酸碱平衡。血液中的蛋白质帮助维持体内的液体平衡。若血液蛋白质含量下降，过量的液体到血管外，积聚在细胞间隙，造成水肿。血浆蛋白能借助于接受或给出氢离子，使血液 pH 值维持在恒定范围。

(4)供给能量。蛋白质在体内降解成氨基酸后，可进一步氧化分解产生能量。

2. 蛋白质的供应量和食物来源

蛋白质在体内的储存量甚微，营养充分时可储存约 1%。蛋白质的需要量与机体的活动强度、肌肉数量的多少、年龄及不同的生理状况等条件有关。蛋白质的供给量一般成人应占热能供给总量的 10%～12%，儿童少年为 12%～14%。正常成人蛋白质供应量为每千克体重 1～1.5 克。

食物中蛋白质含量有很大差异。畜禽和鱼肉中蛋白质含量为 10%～20%。干豆类蛋白质含量约为 20%，其中大豆含量可达 40%。蛋类含量在 12%～14%，奶粉含蛋白质约为 20%，鲜奶为 3%。谷类的蛋白质含量虽然只有 7%～10%，因作为主食，进食量大，也是膳食蛋白质的主要来源。为了充分发挥蛋白质的"互补作用"，在饮食习惯上，一定要克服偏食、单食等不科学的进食方法，注意食品种类的多样化，做到荤素杂吃、粮蔬兼食、粮豆混食、粗粮细粮不挑食等。

一般来说，食物中蛋白质的营养价值，一方面取决于它们在人体内的消化率。通常情况下，动物来源的蛋白质的消化率高于植物性蛋白质。而且，蛋白质的消化率与食物的加工烹调方法有关。例如，大豆加工成豆腐后，其消化率可大大提高。另一方面，食物蛋白质的营养价值也取决于其生物价值。食物蛋白质的生物价值是指食物蛋白质经消化吸收后在体内被利用的程度，食物蛋白质的氨基酸组成与人体需要的模式越相近时，其利用率越高，也就是营养价值越高，动物来源的蛋白质在人体内的利用较好，为优质蛋白质，谷类蛋白质含赖氨酸低，若能与含赖氨酸高的动物蛋白质或豆类混合食用，则能弥补其不足，大大提高其生物价值。

3. 蛋白质的消耗情况

对于锻炼者来说，蛋白质有着非常重要的作用和意义。在锻炼过程中，由于器官肥大、酶活性提高、激素调节活跃，运动者体内蛋白质的分解和合成代谢就会有所增加，蛋白质的消耗也会相应地增加。这就要求在锻炼前，一定要注意不要摄入过多的蛋白质。究其原因，主要是由于蛋白质食物的特别动力作用强，蛋白过多能够提高机体体代谢率，并使水分的需要量增加。同时，锻炼时的能量消耗所需热能的 $5\%\sim15\%$ 是由氨基酸供应的。除此之外，蛋白质对于人体组织蛋白的更新以及运动员组织损伤的修补都具有非常重要的作用，是其所必需的重要营养素。

（三）脂肪

人们习惯上常把脂肪与肥胖联系在一起，尤其是女生更是害怕食物中的脂肪。其实脂肪在人体内有着极其重要的作用，可以说人体没有脂肪，人的生命也就停止了。脂肪是由一分子甘油和三分子脂肪酸化合组成的。脂肪酸又有饱和脂肪酸、不饱和脂肪酸之分。一般来说，动物脂肪含饱和脂肪酸多，植物油含不饱和脂肪酸多。脂肪酸在人体内不能合成而必须每日由食物中供给，故称为必需脂肪酸，它是维持人体正常生长发育和健康所必需的。

1. 脂肪的功能

脂肪是保持健康体魄的必需物质，是人体的"燃料库"。脂肪是组成人体细胞的重要成分，它利于脂溶性维生素 A、D、E、K 的吸收，以维持人体正常的生理功能。体表的脂肪可隔热保温，减少体热散失，保护脏器。食物中的脂肪可增加食物的美味，提高人的食欲和维持饱腹感。

当脂肪摄入不足时，可出现皮肤干燥、脱发、影响机体的正常生长发育。而当脂肪摄入过多时，可使机体过于肥胖，导致心血管疾病的发生。我国人民脂肪的推荐供给量（以脂肪能量占总能量的百分比）：儿童与青少年为 $25\%\sim30\%$，成年及中老年人皆为 $20\%\sim25\%$。另外，不饱和脂肪酸的摄入量也不是越多越好，一般认为不饱和脂肪酸/饱和脂肪酸$\geqslant1$ 即可。

2. 脂肪的来源

动物性脂肪来自肉、鱼肝油、骨髓、蛋黄等食物，以肥猪肉中的脂肪含量最高（90.8%）。动物性食物主要提供饱和脂肪酸。但鱼类例外，内含多不饱和脂肪酸，故老年人应多吃些鱼。植物性食物中的油料作物，如大豆、花生、油菜籽、葵花籽、核桃仁等含油量较丰富，且以不饱和脂肪酸为主。

3. 脂肪的消耗情况

脂肪是除糖和蛋白质外的另外一种能够维持锻炼着能量摄入均衡的物质，其是运动中热能的主要来源之一。锻炼者每天摄入能量的 20%~30%应该是来源于脂肪的。但是,需要注意的是:如果锻炼者有高能量需求,且其膳食中能量的 30%~35%来自脂肪时,他仍然能够维持糖和蛋白质平衡(全美高校运动医学协会,2000)。比如,一名体重为 70 千克、消耗 5 000 千卡热量的足球运动员能够从脂肪性能量占 35%的膳食中获得糖和蛋白质平衡。具体的计算方法为:

$$70 \text{ 千克} \times 10 \text{ 克糖/千克体重} = 700 \text{ 克或 } 2\,800 \text{ 千卡来自糖的热量}$$
$$70 \text{ 千克} \times 1.5 \text{ 克蛋白质/千克体重} = 119 \text{ 克或 } 476 \text{ 千卡来自蛋白质的热量}$$
$$5\,000 \text{ 千卡} - 2\,800 \text{ 千卡糖热量} - 476 \text{ 千卡蛋白质热量} = 1\,724 \text{ 千卡来自脂肪的热量}$$
$$1\,724 \text{ 千卡来自脂肪的热量} \div 5\,000 \text{ 千卡总热量} \times 100\% = 34.5\% \text{ 来自脂肪的热量比率}$$

另外,脂肪在运动状态下,机体对脂肪的利用程度会更高,尤其是在温度较低的情况下进行锻炼。锻炼者应该保证脂肪在日常膳食中的含量,不能太低,否则就会对免疫能力产生破坏作用,从而造成女性运动员运动性闭经。同时,还有可能由于肌肉内部脂肪沉积减少而导致运动能力下降等。

(四)维生素

维生素也被称为维他命,是维持人体生命活动必需的一类有机物质,也是保持人体健康的重要活性物质。维生素不是人体能量的直接来源,也不参与身体结构的组成,但它是调节体内化学反应的有机物质,对于生长发育和维持正常生命则是必不可少的。大多数维生素不能在体内合成,或合成的量不能满足人体需要,一定要从膳食中获得。人体对维生素的需要量虽很少,但如果缺乏到一定程度,就会发生缺乏症状,会造成新陈代谢的障碍,身体抵抗力削弱,工作效率下降,影响人的正常生理功能。因此,运动后适当补充维生素,可以提高体内环境的调节能力和有助于疲劳的恢复。维生素分为脂溶性和水溶性两类。

1. 维生素的生理功能及来源

(1)维生素 A

维生素 A,又称视黄醇。它可维持上皮组织结构的完整,当维生素 A 缺乏时,上皮细胞发生角化,表皮细胞角化使皮肤粗糙、毛囊角化,眼睛角膜干燥容易受细菌侵袭,发生溃疡甚至穿孔,造成失明;维生素 A 是视觉细胞感光物质视紫质的合成材料,缺乏时,人的暗适应能力下降,在光线较暗处视力模糊,看不清物体,易患夜盲症。此外,维生素 A 还对机体免疫及骨骼发育有重要作用。维生素 A 的主要食物来源是动物肝脏、鱼肝油、奶油、禽蛋等。

(2)维生素 B_1

维生素 B_1 又名硫胺素。它的主要功能是作为辅酶参加机体内一些重要的生化反应。维生素 B_1 缺乏初期可出现下肢乏力,有沉重感、精神淡漠、食欲减退等症状。缺乏严重者可出现典型的脚气病。这里说的脚气病不是指脚癣,而是全身性神经系统代谢紊乱。湿性脚气病最显著的症状为水肿,可从下肢遍及全身。干性脚气病以神经症状为主。含维生素 B_1 丰富的食物有动物内脏(心、肝及肾)、瘦肉、豆类及粗加工的粮谷类等。

需要注意的是,日常饮食中要避免维生素不必要的流失。如我国南方曾因大米碾磨过细,造成维生素 B_1 大量丢失,而导致居民发生脚气病,谷类经高温烘烤、油炸也会造成维生素 B_1

的损失。

（3）维生素 B_2

维生素 B_2 在能量生成中起重要作用。维生素 B_2 还参与色氨酸转变为烟酸的过程以及参与体内的抗氧化防御系统。维生素 B_2 缺乏时以口腔症状（口角糜烂、唇炎、舌炎）及阴囊病变（瘙痒、红斑型皮肤病、湿疹型皮肤病）最为常见。维生素 B_2 在动物性食品，如肝、肾、心、瘦肉、蛋黄及乳类中含量高，绿叶蔬菜及豆类中含量也较多。

根据 2002 年中国居民营养与健康状况调查显示，城乡居民每标准人的维生素 B_2 平均摄入量为每日 0.8 毫克，与中国居民膳食营养素参考摄入量相比，属于摄入不足的营养素，这是我们需要注意的。

（4）维生素 C

维生素 C 又称抗坏血酸。其生理功能是促进体内胶原的合成，维持血管的正常功能，促进伤口愈合。维生素 C 是强还原剂，具有抗氧化作用，它能促进铁的吸收，阻断亚硝胺在体内形成，因而具有防癌作用。维生素 C 还能提高机体的免疫功能。维生素 C 缺乏的症状有牙龈肿胀出血、皮下出血、伤口不易愈合，缺乏严重时在受压处出现瘀斑，皮下、肌肉、关节内可有大量出血，如得不到及时治疗，可因坏血病导致死亡。

维生素 C 来源于新鲜蔬菜、水果，蔬菜中的菜花、苦瓜、柿子椒和水果中的枣、柑橘、猕猴桃等，维生素 C 含量很高。

2. 维生素的消耗情况

在进行运动锻炼时，体内物质代谢能力会有所加强，同时，维生素的需要量也会有一定程度的增加。维生素的需要量受到很多因素影响，其中，运动量、机能状态和营养水平等是最主要的几个方面。剧烈的运动锻炼可使维生素缺乏症提前发生或症状加重，再加上运动锻炼者对维生素缺乏的耐受力比正常人差，因此，一定要根据维生素的消耗情况进行适当的补充。

（五）无机盐

人体组织中，除碳、氢、氧、氮等主要元素以有机化合物的形式出现以外，其余各种元素统称为无机盐（也称矿物质）。无机盐与人体的健康关系密切，尤其在青少年时期，青年学生骨骼发育旺盛，肌肉组织细胞数目直线增加，性器官逐渐成熟，因此，无机盐的需求会出现增加的状况。人体需要的无机盐有两类：一类是需要量较大的，如钠、钾、钙、磷、镁、硫和各种氯化物。它们对于调控体液的交换速率、调节体内营养物质的代谢、保持人体内环境的平衡等起着关键作用；另一类是需要量较少的微量无机盐，如氟、碘、锌、铁。它们对于保持牙齿的健康、骨骼的形成、甲状腺素的正常、血细胞的生成、人体组织的再生功能等起着重要作用。

1. 无机盐的生理功能和来源

（1）钙

钙的营养价值主要有两方面：一是骨骼和牙齿生长发育所必需，如果缺乏，会妨碍骨骼的形成；二是为维护正常的组织兴奋性，特别是神经肌肉的兴奋性所必需，促进生物酶的活动。如血钙减少时能引起痉挛。此外，钙还具有重要的生理调节作用。人体内含钙总量约为 1 200

克,男女需要量均为 1 000 毫克/日。由于钙的不易吸收和利用率较低的特性,因此,在补充含钙量较多的食物,如虾皮、鸡蛋、鸭蛋、绿叶菜、奶和奶制品等的基础上,要注意饮食方法和搭配。

（2）铁

铁是组成血红蛋白的主要成分之一。人体内含铁约 3～5 克,需要量为 15 毫克/日,但女性由于月经失血,所以铁的需要量更要保证供给。机体缺铁可使血红蛋白减少,发生缺铁性贫血,表现为食欲减退、烦躁、乏力、面色苍白、头晕、眼花、免疫功能降低等。大量出汗可增加铁的丢失,所以在夏季和长期的剧烈运动中,要注意铁的补充。植物性食物中的铁吸收差,利用率低,因此,应以动物性食物作为补充铁的主要方法。含铁较多的食物有动物肝脏、动物全血、肉类、鱼类等。黑木耳、海带和某些蔬菜(如菠菜、韭菜)也含有较多的铁元素。

（3）锌

锌是很多金属酶的组成成分或酶的激活剂,人体内含锌约 1.4～2.3 克,每日需要量男性为 8～15 毫克,女性为 6～12 毫克。锌缺乏表现症状为:食欲不振、生长停滞、性幼稚型、伤口愈合不良等。一般高蛋白食物(鱼、肉、蛋等)含锌都较高,此外一些海产品(海蛎肉、生蚝等)也是锌的良好来源。

（4）硒

硒是维持人体正常生理活动的重要微量元素,主要作用是抗氧化,以保护细胞膜。有资料介绍,硒具有抗癌、防衰老作用。有人建议硒的供给量为每日 50～200 微克,动物的肝、肾,海产品及肉类是硒的良好来源,蘑菇、桂圆、白果、菠萝蜜子、石花菜、西瓜子、南瓜子、杏以及桑葚也含有较多的硒。

（5）碘

碘在体内主要被用于合成甲状腺激素,人体从食物中所摄取的碘,主要为甲状腺所利用。人体正常含碘量约为 20～50 毫克,每日需要量男性为 130～160 微克,女性为 110～120 微克。人体中含碘量过高或过低都能导致甲状腺肿。大学生正处于青春期,由于身体发育能力的突变,甲状腺机能加强,需要更多的碘,所以,应在膳食中注意供应如海带、紫菜、海白菜、海鱼、虾、蟹、贝类等含碘量较高的食物。

2. 无机盐的消耗情况

在锻炼过程中,体内无机盐和微量元素的代谢都有可能发生一定的变化。如果运动量较大,就会使得尿中钾、磷和氯化钠排出量减少,而钙的排出量增加。如果锻炼者能够很好地适应负荷的运动量,那么体内矿物质的变动幅度就会有所降低。下面就对几种常见无机盐的消耗情况进行分析和阐述。

（1）铁

锻炼在一定程度上加快铁在机体中的代谢速度,如果长时间进行锻炼,就会大大降低组织内储存铁的含量。另外,在锻炼过程中会有大量出汗,汗液中会携带出一部分的铁,这就使得铁的丢失量进一步增加。

（2）锌

如果进行短时间、大强度的无氧或者是缺氧锻炼，就会使血清锌升高，究其原因，主要是由于剧烈运动导致肌肉出现损伤，锌从肌肉细胞中溢出入血而引起的。长时间的有氧运动，血清锌就会有所下降，这主要是由于机体锌需求量增加，将锌通过从血液向需要锌的组织器官转移，使锌出现重新分布。

（3）钙

在锻炼过程中，由于会有大量出汗，就会导致机体有大量的钙从汗液中丢失（汗液中钙离子的含量约为 2.55 毫摩尔/升）。因此，这就要求锻炼者要及时补充钙离子，从而使运动能力得到良好的保持，同时加快钙离子的恢复速度。

（六）水

水是生命之源，是人体赖以维持基本生命活动的必要物质，人对水的需要仅次于氧气。人体内的水，既不能少，也不能多，应保持相对平衡，还要克服不渴就不喝水的不良习惯。每日保持充足的水分供应，是体内能量产生、体温调节、营养物质的代谢所不可缺少的基本条件。尤其是在高温季节和较长时间的剧烈运动时，更应注意较多的补充。

1. 水的生理功能

（1）水是人体的构成成分，约占体重的 60%～70%。同时，水也是人体细胞和体液的重要组成部分，人体的许多生理活动一定要有水的参与才能进行。如果人体失水超过体重的 2% 时，即感到口渴，失水超过体重的 6% 时，身体会出现明显异常，失水超过体重 12%～15% 时可引起昏迷，甚至死亡。而人体内水分过多，即会发生水肿，引起疾病。

（2）水是运输媒介，它可以将氧气和各种营养素直接或间接地带给人体各个组织器官，并将新陈代谢的废物和有害有毒的物质通过大小便、出汗、呼吸等途径即时排出体外。

（3）水是人体的润滑剂，使人体各种组织器官运动灵活、食物能够吞咽。水还有调节人体酸碱平衡和调节体温的重要作用，通过喝水，人体还可以补充吸收一些必需的矿物质和微量元素。

2. 水的消耗情况

在运动锻炼过程中，水是不可缺少的重要营养物质之一，其不仅能够使机体的基本运作得到保证，而且还能对体热平衡进行有效调节。尤其是当锻炼者在高温环境和产热大幅度增加时，通过出汗排除体内多余的热量，来使机体正常的新陈代谢得到较好的维持。对运动时出汗的多少产生影响的因素有很多，其中，运动项目以及气温、热辐射强度、气压、温度、单位时间运动量及饮食中的含盐量是最主要是几个方面。水的耗费是通过大量出汗实现的，如果出汗量大幅度增加，就会直接导致人体脱水，从而引起机体降温能力下降、体温升高、循环衰竭等现象，如果脱水情况较为严重，则会造成水电解质平衡紊乱、中暑，甚至死亡。

三、健美操的营养补充

经常参加运动锻炼的人,如果缺乏营养保证,营养消耗得不到补充,机体就会处于"亏损"状态,运动后的疲劳就不能及时消除。因此,在运动过程中应通过合理的膳食来补充消耗的能量和营养物质。

(一)营养补充的原则

1. 坚持营养成分的全面性原则

要实现膳食营养的合理性,必须做到营养成分全面均衡,营养搭配因人而异,营养过程要持之以恒,久而久之,才能从营养学角度提高体质与健康水平。日常的饮食中应包括人体所需要的各种营养素,即蛋白质、脂肪、糖类、膳食纤维、矿物质、维生素和水等 7 大营养素,以维持人体的正常生理功能的需要。自然界中没有任何一种食物能够满足人体所需的各种营养素,所以就必须充分利用自然界的各种食物,组成营养素种类齐全、比例合适、数量充足的完全饮食。同时,营养成分的全面性还要求各种营养素之间应有适当的比例关系。《中国居民膳食指南》将自然界中各种食物根据其营养特点分为 5 类。第一类为谷类、薯类、杂豆类,主要提供糖类、蛋白质、B 族维生素,是我国饮食热能的主要来源;第二类为动物性食品,包括肉、禽、蛋、鱼、奶等,主要提供蛋白质、脂肪、矿物质、维生素 A 和 B 族维生素;第三类为大豆及豆制品,主要提供蛋白质、脂肪、膳食纤维、矿物质和 B 族维生素;第四类为蔬菜、水果,主要提供矿物质、维生素 C、胡萝卜素和膳食纤维;第五类为纯热能食物,包括动、植物油脂、各种食用糖和酒类,主要提供热能。这 5 大类食物均应适量摄取,合理搭配,动物性食物和纯热能食物均不能摄入过多,应保持生热营养素的比例平衡、维生素之间平衡、可消化的糖类和食物纤维之间平衡、酸碱性食品平衡等。

2. 坚持营养成分的互补性原则

我们日常生活中的任何一种食物,所含的营养成分都不可能十分全面。在富含一种或数种营养成分的同时,可能缺少另外某种成分。例如,粮食谷物主要提供糖类,肉禽蛋类等主要提供蛋白质与脂肪,而蔬菜与水果是维生素、无机盐的主要来源,只有各种食物合理搭配。才能实现营养成分的互补,满足机体的需要。营养成分的互补性要求我们在选择食物时应尽量多样化。自然界中各种食物的营养成分与生理功能不尽相同,五大类食物各有各的特点,同一类不同种食物之间也各有差异,任何一种食物均不能代替其他食物。例如肉类不能代替鱼类,绿叶蔬菜不能代替白色蔬菜,尽管绿叶蔬菜含有丰富的维生素、矿物质,但白色蔬菜如萝卜、花菜等在抗癌、抗突变方面有其独特的作用。同时世界上也没有任何一种食物能够满足人体所需的各种营养素,所以就必须充分利用自然界的各种食物,合理搭配,不能长期单吃一类或一种食品。我国饮食中"八宝粥""什锦菜"就是很好的例子。

每天饮食中应包括所有 5 大类食物,并且每类食物也要经常变换花样。日本规定大学生每天吃 30 种食物,美国政府也规定大学生每天要吃 4~5 种原粮。我国目前谷类食物仍为青少年的主要食物。作为主食的植物性食物,虽含有一定数量的蛋白质,但质量较差,构成蛋白质的氨基酸也不全面,利用率不高。所以,在制作时应把几种不同的含蛋白食物按比例混合在一起,取长补短,起互补作用,提高蛋白质的利用率。如谷类中蛋白质的赖氨酸、色氨酸不足,如与豆类食品混合制作或与动物蛋白质同吃,就可增加谷类蛋白质的利用率。如平时食用的大米,蛋白质的利用率为55%,如果在2/3的米中加入1/3的黄玉米,利用率可提高到70%。此外,还可几种食品混吃,如蒸馒头加豆浆、赤豆稀饭加面包、小米糯米粥、玉米粉加小麦粉做成馒头或烙饼等,这样根据习惯粗细搭配,经常变换,就可避免主食单调。

3. 要坚持营养补充的阶段性与特殊性原则

人生的各个时期对营养的需求是不同的,无论是从种类上,还是数量上,都有着明显的不同。在青少年时期人处于生长发育阶段,对各种营养成分的摄取,在种类数量上要有充分的保障,做到高蛋白、高热量、高维生素、适量脂肪,全面而均衡;老年人为延缓衰老、健康长寿,强调高蛋白、高维生素、低脂肪、低热量,为防治骨质疏松、高血压等老年退行性疾病,要补充钙质,限制钠盐,形成对某些营养成分的特殊选择。

而且,日常膳食可满足一般体能消耗,但对那些有特殊体能消耗的人应予以区别对待。如参加比赛的运动员,因大量排汗而造成蛋白质大量消耗及矿物盐、维生素及水的大量丢失,这就要在膳食及饮料中给予特殊补充。对参加体育锻炼的人,应根据其年龄、性别、活动项目、运动强度、季节温度等因素,对某种营养成分给予适度强化,超量补充锻炼过程的特殊消耗,为实现锻炼效果提供必要的物质基础。

4. 要坚持饮食制度的合理性原则

饮食制度在遵循人体生理活动基本规律的基础上,还要适合自身的身体发育、发展和自己的饮食习惯。例如,一般来说,三餐热能的分配是早餐30%、午餐40%、晚餐30%。很多大学生早饭一般摄入量很少,质量很差。实际上,大学生上午课程紧张,脑力和体力消耗极大,需要大量的热能供给,而大脑的热能供给只能依靠血糖,所以造成血糖下降,影响了学习和正常的活动。早饭对学生至关重要,应摄入鸡蛋、牛奶等质量较高的食物,吃早饭对于保证学生大脑活动的热能需要、课堂注意力集中、学习能力提高,以及身体长久的健康有着重要的意义。而晚饭要适量,因为饭后血脂浓度增高,睡觉后血流速度减慢,大量血脂容易沉积在血管壁上,而易造成血管硬化。

(二)运动中的营养补充

饮食营养对于运动锻炼是非常重要的,足够而均衡的饮食营养可使运动状态与表现更趋完美。经常参加运动锻炼的人,如果缺乏合理的营养保证,营养消耗得不到补充,机体就会处于"亏损"状态,运动后的疲劳就不能及时消除。因此,在运动中和运动后应通过合理的营养膳食来补充消耗的能量和营养物质。

通常情况下,运动锻炼过程中的饮食应该做到以下几个方面的要求。

第一,对大多数喜爱运动的人来说,合理的饮食应包括:60%～70%的糖类,12%的蛋白质,以及18%～28%的脂肪。一般来说,运动者和其他人一样应该严格控制脂肪,尤其是饱和脂肪酸,每千克体重需要蛋白质1.0克,这个数字高出正常人0.8克每千克体重,健康的饮食容易达到此要求,不用再补充蛋白质。爱好运动的人消耗的热量常高于正常人,所以饮食中需要补充额外的热量,糖类是最佳的能量来源。

第二,应多补充蔬菜、水果。1天至少食用新鲜蔬菜500克,品种最好有2～3种,以新鲜深色蔬菜为佳。植物油根据菜肴的情况使用烹调油,全天可用20～30克。

第三,当进行运动锻炼,特别是剧烈运动时,人体依靠大量出汗达到机体散热的作用,导致大量的水分和电解质经由汗水流失,所以,运动后及时补充水分和电解质非常重要。一般来说,运动后补充的饮料都为糖盐水,也可饮用菜汁、果汁、咸菜汤等。补充水分的方式是少量多次为宜,不宜一次饮用大量水。

(三)运动后的营养补充

在健美操运动结束后,在饮食方面的安排应该做到以下几个方面的要求。

第一,忌立即进食,至少休息1小时左右。

第二,食物要细软,易于消化,忌暴饮暴食或过饥过饱。

第三,饮食要有规律,每餐基本做到定时定量,一日三餐为宜,如有必要可加餐一次。

第四,运动的供能以糖为主,运动后血糖浓度减少显著,因此应增加糖的补充量,选择含糖量高的食物。糖的补充也能使疲劳的肌肉得到恢复,糖原得到补充。

第五,适当地补充维生素,对加速体力恢复、保持较强运动能力是很有必要的,其中特别是维生素C和维生素B。

第六,水分的补充能补偿出汗的失水量,保持体内水分的平衡。补水时要注意少量多次,还要适当进盐。

 知识拓展

五味营养

酸:天然酸味的食物主要是水果,这些清新的酸味正是由水果中特有的有机酸带来的。水果中最丰富的酸是柠檬酸和苹果酸。甜:食物中的甜味是由各种类型的糖提供的。这些比较简单的碳水化合物是最清洁、最直接的能量来源。苦:苦涩食物的味道多数是由食物中的植物化合物产生的,以多酚类物质居多,具有抑制冠心病、动脉粥样硬化,消除自由基、抗癌抗炎症等作用。辣:食物中的辣味一般是由辣椒素或挥发性的硫化物提供的。辣椒素具有优秀的镇痛作用,还能提高新陈代谢,起到燃脂、减肥的功效。咸:咸味,像盐那样的味道。人的味蕾受氯化钠中的氯离子作用而产生的感觉。

第二节　健美操与卫生

一、健美操与环境卫生

健美操训练场地的卫生应注意以下几个方面。

（1）应选择木质材料的地板，避免在水泥地面或其他较硬的地面上进行运动，地面过硬减震效果就差，就容易造成下肢的一些关节和软组织的损伤。

（2）场地的高度应不低于2.7米。如果低于这个高度，空间上容易造成压迫感，使练习者感到压抑，起不到健美操的健心功效。

（3）室内场地光线要明亮、柔和，空气要流通好，这样使人感到舒服、清新。

（4）室外场地的选择最好是在绿色植物较多，无污染、噪声小且地面平整、宽敞的地带。这样练习者既可以呼吸到清新自然的空气，又可以在愉快的心情中达到锻炼的目的。

二、健美操与生理卫生

（一）女生经期卫生

月经是女子的正常生理现象。月经期是否能参加健美操锻炼，应因人而异，要根据锻炼者的健康状况、身体训练水平以及月经期对健美操活动的适应程度决定的。但有一个大原则，经期锻炼运动量不宜过大、时间不宜过长，内容以适应性练习为主。

（1）经期的第一、二天应减小运动量及强度，运动时间也不宜太长，否则容易造成月经失调。

（2）经期期间不宜从事剧烈和伸拉幅度过长的运动，避免腰部及多次下蹲起立动作、跳跃动作和垫上腹肌动作。尤其是震动强烈、增加腹压的动作。

（3）经期有强烈身体反应和心理反应（头痛、腹痛、浮肿、易怒、疲倦、精神不振）的锻炼者，应以适应性锻炼为主。适度的出汗，可以使体内过多的水和盐排出体外，减轻身体负担和上述症状。同时优美舒缓的音乐，可以调节中枢神经系统，陶冶情操、放松心情、舒筋活血、转移注意力，起到减缓症状的需要。

（二）饮食卫生

参加健美操训练必须要注意运动前后的饮食卫生。而在平时的饮食中也应保证平衡膳食和合理营养，要注意以下几点。

（1）食物多样,谷类为主,粗细搭配。

（2）多吃蔬菜水果和薯类。

（3）每天吃奶类、大豆或其制品。

（4）常吃适量的鱼、禽、蛋和瘦肉。

（5）减少烹调油用量,吃清淡少盐膳食。

（6）食不过量,天天运动,保持健康体重。

（7）三餐分配要合理,零食要适当。

（8）每天足量饮水,合理选择饮料。

（9）如饮酒应限量。

（10）吃新鲜卫生的食物。

从事健美操训练,要注意合理的营养与科学的锻炼,在营养方面,各种营养素含量要充足、适量,并保持一定的配比关系,有助于机体的消化、吸收和利用。在健美操训练饮食时间方面,需要注意以下几点。

第一,一般在进食1.5～2.5小时后方可进行健美操训练,这样才符合饮食卫生的要求。原则上,运动前饮食不宜过多,并且应吃易于消化、含有较多糖、维生素和磷的食物。尽量少吃含脂肪、纤维素及刺激性、过敏性的食物。总的来说,糖类最易消化,蛋白质次之,脂肪最难消化。

第二,在运动后不应立即进食,一般应休息30～45分钟后方可进食,而在剧烈运动后则要休息更长的时间,一般休息1～2小时为宜。这是因为在运动后,血液集中在肌肉、皮肤等部位,胃肠道处于相对缺血状态,运动后进食容易形成胃肠道和肌肉争夺血液的情况,这样,一方面影响到肌肉的恢复过程,另一方面使肝脏、胰腺等内脏器官在旺盛的代谢后又进入到消化分泌状态,得不到休息。运动后立即进食,若血液不能立即回到胃肠,大量食物可引起胃肠道和胰腺发炎,甚至意外死亡。所以,运动后,切不可立即进食,一定要有足够的休息,让血液和内脏器官恢复到安静状态后进食。

（三）饮水卫生

健美操训练不仅会消耗人体的能量,还会使得体内的水分流失。因此健美操训练应及时补充体内流失的水分,以保证身体健康和正常的机体需要。在健美操训练中应科学补水,遵循预防性补充和少量多次的补充原则,积极主动的补水。运动饮料含电解质和糖,是运动补液的最佳选择,运动前、运动中、运动后都应主动补充。

1. 运动前补水

运动前补水可采用前15～20分钟补水或饮料400～600毫升,少量多次,一般以2～4次为宜。最好是补充含一定量糖和电解质的运动饮料。

2. 运动中补水

运动中补水,一般情况下,在运动中可以每隔15～20分钟补液100～300毫升,或者每跑2～3公里补液100～200毫升。对于一般锻炼者而言,运动时间不超过60分钟,补纯水即可;

超过 60 分钟,应补充运动饮料。运动中补水应少量多次,水温适宜。

3. 运动后补水

运动后补水量的多少可根据体重的丢失确定,一般是运动前后差的 150%,如果运动前后的体重相差 0.5 千克,那么补水量应为 0.75 千克,即 750 毫升。补水应以运动饮料为主,糖的浓度 6%～8%,钠盐的含量 30～40 毫摩尔/升,以促进血浆容量的迅速恢复和组织细胞快速复水。

需要注意的是,减肥者不应因为肥胖而少饮水,因为能量的消耗与水成正比,所以保持体内水分有利于减肥。

三、健美操与仪表卫生

(一)皮肤卫生

要保证皮肤卫生,要做到以下两点要求。

(1)健美操锻炼前,应将面部进行清洁,轻"妆"上阵,保持皮肤的通透性。最好不要上彩妆,这是因为,一是会堵塞毛孔,影响汗液排放,二是汗液会将彩妆稀释,影响心情。

(2)在运动后,要及时沐浴,这样既可以清洁皮肤,预防感冒,又可以借助热水澡放松肌肉,尽快消除疲劳。

(二)服装

参加健美操锻炼,最好穿专门的健美操服装。如果没有条件的可选用以下类型的衣服。具体来说,对服装的要求有以下几个方面。

(1)有弹性的服装,便于动作的舒展。

(2)纯棉面料的服装,有利于吸汗,减少毛孔堵塞,身体感觉舒适。

(3)色泽鲜艳的服装,能使练习者心情愉快,增强练习者的表现力和自信心,使动作更具活力。

(4)整齐、干净的服装,不但对个人的健康有好处,而且代表个人形象,给人留下美好回忆。在运动后,要及时清洗服装,使其保持卫生和柔软。

(三)鞋袜

有条件可以选择专门的有氧跳操鞋,如果条件不允许,也应尽可能选择符合以下条件的运动鞋。具体对鞋袜的要求有以下几个方面。

(1)鞋身大小合适、轻松柔软。

(2)鞋后跟最好具备减震功能,以缓冲地面的冲击力。

(3)要留意鞋面材质的通风性,要具有一定的透气性功能。

(4)切忌穿高跟鞋、厚底鞋和体操鞋进行健美操运动。

健美操

(四)发型与装饰

健美操锻炼时,头发最好系上发带,不要披散,以免影响运动。同时,在健美操运动之前,应摘除身上所有的饰物,以免在运动中伤害到自己或者丢失。

第三节 健美操与损伤

一、运动损伤发生的原因

运动过程中受到机械性和物理性方面因素所造成的伤害,称为运动损伤。运动损伤的发生绝非偶然,有其多方面的原因和一定的规律性,掌握了损伤发生的原因和规律,就能杜绝或减少运动损伤的发生,从而提高体育锻炼的锻炼效果。一般来说,运动损伤发生的原因有外在和内在两种。

(一)外在原因

1. 科学训练水平较低

因训练科学化水平低,直接造成运动员训练程度不高而受伤的病案在年轻(新)运动员中最为突出。主要表现在许多年轻运动员完成技术动作时存在不规范、不合理,主动肌与对抗肌收缩不协调以及自我保护能力较差等因素。

2. 慢性劳损

慢性劳损是运动员身体局部过度活动、长期负重,或某部受到持续、反复的外力作用而造成的慢性积累性损伤,它在老队员的伤病因素中最为明显。慢性劳损致病多发于人体活动枢纽的腰部和反复受到牵拉、应力作用的髌骨,具有病因较难祛除、伤病不易治愈和队员又不能停训的特点。慢性劳损还与不科学的运动训练、新伤的不彻底治疗以及重复受伤有关。

3. 场地、器材条件不合格

体育活动中,场地滑或粗糙、灯光不适宜是造成运动员摔伤和扭、拉伤的重要影响因素。此外,运动员服装与运动鞋袜不合适,也会导致意外伤害事故,必须高度重视。

4. 没有合理安排运动量

在进行运动锻炼时,有的练习者急于求成,想在短时间内达到较高的目标,而增加每次练习的时间和运动量,特别是身体局部重复练习次数过多,或肌肉处于疲劳状态下还继续做猛烈用力的动作,致使肌肉超出了生理负荷所承受的能力而导致损伤。还有练习者想在短时期内掌握某一动作或提高某一能力,而过于集中练习某个动作或某部位,结果导致局部负担过重而造成劳损。

(二)内在原因

1.缺乏必要的运动损伤知识

由于练习者缺乏必要的预防运动损伤的有关知识,不懂得科学锻炼和合理安排运动量。难以采取各种行之有效的预防措施,致使练习中发生伤害事故。

2.没有做好充分的准备活动和整理活动

运动员在比赛和训练前做好准备活动,是预防外伤和内伤的一个重要环节。

3.人体解剖学结构的不完善

如肩关节由肱骨和肩胛骨的关节盂构成,由于肱骨头大,肩胛盂小关节活动灵活而稳定性差,加上肌力不足,韧带弹性差,容易造成肩关节损伤。

4.肌肉收缩力下降

肌肉收缩力引发的损伤在年轻运动员的伤病中较为常见,受伤过程往往是队员技术动作僵硬不合理、主动肌群和被动肌群收缩不协调,或身体大、小肌群力量的不匹配而造成。受伤较多为撕裂(拉)伤,累及部位多为肌腹、肌肉与肌腱过渡部位以及肌腱附着处。

5.动作与正确的技术要领不符

在运动中,由于技术动作上错误,违反了人体结构的特点和各器官功能活动的规律以及运动时的力学原理,也容易引起机体组织的损伤。

由于运动项目不同,其损伤部位也不同。一般来讲,大多数运动损伤是可以预防的。只要我们掌握和了解其发生的原因、规律,从而采取相应的措施,就能把运动损伤减少到最低程度。

二、运动损伤的预防

运动损伤不仅使人不能进行正常的训练和比赛,影响运动能力的提高,严重时还可使人残废,甚至死亡。因此,这就要求做到防患于未然,做好充分的预防工作。

(1)练习者要加强自我保护意识,平时要注意加强防伤观念的教育,在教学、训练和比赛中,认真贯彻"预防为主"的方针。加强对运动员进行组织性、纪律性教育,培养他们良好的体育道德风尚。

(2)全面发展身体素质,尤其是注意发展踝关节、膝关节及大腿、小腿肌群的力量和柔韧性。对易伤部位要进行专门训练,例如加强股四头肌力量练习,对预防髌骨软骨病会起到重要作用,亦能增强膝关节的稳定性,同时注意自我保护动作的训练。加强技术练习,正确掌握各种技术并能熟练运用,此外还要注意合理安排运动负荷,防止过度疲劳的产生和局部负荷过重。

(3)在练习前,要根据运动的特点,充分做好准备活动,增加关节的灵活性和活动幅度,使各器官系统由安静状态逐步过渡到运动状态,并注意思想集中于练功上。这样才能避免由于准备活动不够而造成损伤。

(4)根据年龄、性别、健康状况、训练水平和运动项目的特点,个别对待,循序渐进,合理安排运动负荷。在教学、训练和比赛前,应充分做好准备活动。

(5)掌握正确技术动作要领,注意循序渐进地安排运动量。在进行锻炼时,必须遵守循序渐进、科学合理的原则。要按照由易到难、由简到繁的学练过程,既考虑身体的全面锻炼和发展,又不能忽略个别对待。动作数量、练习密度和运动负荷应逐渐增加,并注意运动负荷不要过于集中于某个部位,而造成局部负担过重引起损伤。

(6)进行锻炼时,要在场地平坦、运动器械牢固安全下进行,并注意服装穿着要适宜。

(7)经常参加体育活动的人,均应定期进行体格检查。参加重大比赛的前后,要进行身体补充检查或复查,以观察体育锻炼、比赛前后的身体机能变化。对体检不合格者,则不允许参加比赛,伤病初愈的人参加体育或训练时,应取得医生的同意,并做好自我监督。

(8)运动损伤的初步急救非常关键,处理得当可以大大减少以后的并发症,加快损伤的好转和愈合,使运动员较快地恢复健康。若急救处理不当,轻者会加重伤情,发生感染,延长治愈时间,重者则可能造成残废。所以,教练员、运动员掌握一些运动损伤的初步急救方法非常必要。

三、健美操运动常见损伤的处理

健美操运动中往往会出现一些运动损伤,是不可避免的,下面就对健美操运动中常见的一些运动损伤及其处理措施进行详细的说明。

(一)擦伤

肌体表面与粗糙的物体相互摩擦而引起的皮肤表层的损害,叫做擦伤。主要症状为表皮剥脱,有小出血点和组织液渗出。

处理措施:一般较轻较小的擦伤,可以用生理盐水或其他药水冲洗伤部,涂抹红药水或紫药水,不需包扎,一周左右就可痊愈。面部擦伤宜涂抹0.1%新洁尔溶液。通常较大的擦伤伤口易受污染,需用碘酒或酒精在伤口周围消毒,如果创面中嵌入沙粒、炭渣、碎石等,应用生理盐水棉球轻轻刷洗,消除异物,消毒后撒上云南白药或纯三七粉,盖上凡士林纱布,适当包扎。若不发生感染,两周左右即可痊愈。关节周围的擦伤,在清洗、消毒后,最好用磺胺软膏或青霉素软膏等涂敷,否则会影响活动,并易重复破损。

(二)挫伤

肌体某部受钝性外力作用,导致该处及其深部组织的闭合性损伤,称为挫伤。如在跑、跳等动作中都易发生挫伤,最常见的部位是大腿的股四头肌和小腿前部的骨膜和后部的小腿三头肌、腓肠肌,此外,腹部、上肢、头部的挫伤也时有发生。挫伤后,以疼痛、肿胀、皮下出血和功能障碍的症状为主。

处理措施:受伤后应马上进行局部冷敷、外敷新伤药等,适当加压包扎,并抬高患肢,以减少出血和肿胀。股四头肌和小腿后群肌肉的严重挫伤多伴有部分肌纤维的损伤或断裂,组织内出血形成血肿,应将肢体包扎固定后,迅速送医院诊治。头部、躯干部的严重挫伤可能会伴有休克症状,应认真观察呼吸、脉搏等情况,休克时应首先进行抗休克处理,使伤员平卧休息、保温、止痛、止血,疼痛甚者,可口服可卡因或肌肉注射杜冷丁,并立即送医院诊治。

(三)撕裂伤

撕裂伤是指受物体打击而引起的皮肤和皮上组织均出现规则或不规则的裂口。

处理措施:轻者可先用碘酒或酒精消毒,然后用云南白药或其他药物和方法止血,再用消毒纱布覆盖,并适当加压包扎。如不能制止出血,应尽量在靠近伤口处按规定缚以止血带,立即送医院治疗。伤口较大、较深、污染较严重时,应立即送医院进行清创缝合手术,并口服或注射抗菌素药物预防感染,并按常规注射破伤风抗毒素。

(四)肌肉拉伤

肌肉受到强烈牵拉所引起的肌肉微细损伤、部分撕裂或完全断裂,叫作拉伤。体育运动中,大腿后群肌肉和小腿后群肌肉的拉伤最为常见。拉伤后局部疼痛、压痛、肿胀、肌肉发硬、痉挛、功能障碍。如果肌肉断裂,伤员受伤时多有撕裂感,随之失去控制相应关节的能力,并可在断裂处摸到凹陷,在凹陷附近可摸到异常隆起的肌肉断端。

处理措施:拉伤时应立即采用氯乙烷镇痛喷雾剂等进行局部冷敷,加压包扎,并把患肢放在使受伤肌肉松弛的位置,以减轻疼痛。肌纤维轻度拉伤及肌肉痉挛者,用针刺疗法会取得良好的效果。肌肉、肌腱部分或完全断裂者应在局部加压包扎,固定患肢后,马上送医院诊治,必要时还要接受手术治疗。通常拉伤48小时后才能开始按摩,但手法一定要轻缓。

(五)大腿后部屈肌拉伤

在完成各种动作时,当肌肉主动收缩或被动拉长超出其所能承担的能力时,可造成大腿部肌肉的急性拉伤。准备活动不充分、不当地使用猛力、疲劳或负荷过度、技术动作有缺点、气温过低、场地粗糙是常见的致伤原因。该肌群训练不充分,肌肉弹性、伸展性差,肌力弱是发生损伤的内在因素。肌肉拉伤轻者,可仅有少许肌纤维撕裂或肌膜破裂,重者可造成肌肉大部或完全断裂。

处理措施:肌肉微细损伤或伴有少量肌纤维撕裂者,伤后应迅速给予冷敷,局部加压包扎,休息时应抬高患肢。24～48小时后可开始理疗和按摩,按摩时手法宜轻柔,伤部仅能做些轻推摩,伤部周围可做揉、捏、搓等,同时配合点压穴位(宜取伤周穴位)。如肌肉大部或完全断裂者,在局部加压包扎并适当固定患肢后,应马上送往医院诊治。

(六)关节扭伤

关节扭伤是指关节发生异常扭转,引起关节囊、关节周围韧带和关节附近的其他组织结构损伤。关节扭伤后,关节及周围出现疼痛、肿胀,有明显的压痛感觉,关节活动有障碍。

处理措施:仔细检查韧带是否部分撕裂或完全断裂,关节是否失去功能,注意以冷敷、加压包扎或固定为主,外敷活血止痛的药物。受伤严重时马上送医院作进一步的诊治。

(七)韧带扭伤

韧带具有保护关节正常活动的作用,但持续挤压、牵拉或外力使关节活动超出韧带所能承受的范围时,容易导致韧带损伤。轻度韧带扭伤,会出现轻微的疼痛或局部水肿,出现皮下瘀血。严重时会造成韧带撕裂,丧失功能。

处理措施:受伤后应立即冷敷,局部加压包扎,抬高患肢。24 小时后可对伤处进行按摩或热敷。如果出现严重的韧带撕裂现象,可用绷带固定伤肢后立即送往医院进行治疗。

(八)腰部扭伤

腰部扭伤包括腰部肌肉损伤、韧带损伤及关节损伤等,多发生在腰骶部和骶髂关节。一般为突然的间接暴力所致。如果人体运动超过了腰部肌肉、韧带的伸展限度或收缩不协调,都会导致腰部扭伤。腰部扭伤后,会出现疼痛和腰部活动受限。

处理措施:受伤后应立即停止运动。若疼痛剧烈,应送医院诊治。24 小时后,可采用热敷和外敷伤药,也可进行按摩等。

(九)关节脱位

关节面失去正常的联系,叫作关节脱位。关节脱位时,通常伴有关节囊撕裂,关节周围的软组织损伤或破裂。关节脱位后,受伤关节疼痛,有压痛和肿胀,关节功能丧失,受伤的关节完全不能活动,出现畸形,关节内发生血肿。如果复位不及时,血肿会机化而发生关节粘连,增加关节复位的困难。

处理措施:应马上用夹板和绷带在脱位所形成的姿势下固定伤肢,尽快送医院治疗。肩关节脱位时,取三角巾两条,分别折成宽带,一条悬挂前臂,另一条绕过伤肢上臂,于肩侧腋下缚结。肘关节脱位时,用铁丝夹板,弯成合适的角度,置于肘后,用绷带缠稳,再用小悬臂带挂起前臂,也可直接用大悬臂带包扎固定。

(十)腰部肌肉筋膜炎

腰肌筋膜炎,即腰肌劳损,其病理改变是多种多样的,包括神经、筋膜、肌肉、血管、脂肪及肌腱的附着区等不同组织的变化。通常多系急性扭伤腰部后,治疗不彻底即参加运动,逐渐劳损所致。另外,锻炼中出汗受凉也是重要成因之一。其症状主要有:有局部酸疼发沉等自发性疼痛,最常见的疼痛部位是腰椎 3、4、5 两侧骶棘肌鞘部,不少患者同时感觉有疼麻放射到臀部或大腿外侧;大部分伤者尚能坚持中小运动量的锻炼,一般表现为练习前后疼痛;在脊柱活动中,尤其是前屈时常在某一角度内出现腰痛。

处理措施:可采用理疗、按摩、针灸、封闭、口服药物、用保护带及加强背肌练习等非手术治疗手段;对顽固病例可手术治疗。

知识拓展

"大米"原则

RICE(大米)的第1个字母R代表Rest(休息),要求运动员停止受伤部位的运动,好好休息可以促进较快的复原;第2个字母I代表冰敷,这个环节非常重要,冰敷袋置于受伤部位,受伤后48小时内,每隔2~3小时冰敷20~30分钟,冰敷时皮肤的感觉有4个阶段:冷→疼痛→灼热→麻木,当变成麻木时就可以移开冰敷袋;第3个字母C代表压迫,压迫使受伤区域的肿胀减小,可以用弹性绷带包扎于受伤部位,如足、踝、膝、大腿等部位,来减少内部出血;E代表抬高,抬高伤部加上冰敷与压迫,减少血液循环至伤部,避免肿胀。伤处应高于心脏部位,且尽可能在伤后24小时内一直抬高伤部。当怀疑有骨折时,应先固定在夹板内后再抬高。

第六章 健美操竞赛组织与裁判法

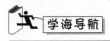 学海导航

体育运动中,任何一项赛事的举办都是根据一定的规则组织和开展的,健美操竞赛也不例外。了解和掌握健美操竞赛的相关规则和程序,才能更好地组织比赛,使竞赛更加公正和公平。本章主要就健美操竞赛机及其组织,以及裁判方法进行研究。

第一节 健美操竞赛概述

一、健美操竞赛的意义

20世纪80年代,现代健美操传入我国以来,由于它自身的特点和优点得到了广大人民群众的喜爱,因而,开展健美操比赛对于促进新兴项目的发展有着重要的意义。

(一)有利于扩大社会宣传面,推动健美操运动的发展

通过健美操比赛的组织和进行,可以对健美操运动的开展起到宣传与推动作用。比赛中,观众可以通过各种媒介来感受健美操这一项目的特点,如轻快动感的音乐、设计新颖的服装、运动员健壮优美的形体及朝气蓬勃的精神面貌、变幻流畅的组合及令人折服的难度与配合等等都可以感染观众,使更多观众了解健美操,学习到有关健美操运动与健康的知识,从而加入到健美操健身事业行列中来。

另外,在筹备与组织竞赛过程中,通过与社会其他组织和部门进行物质或信息的交流,也能扩大其社会宣传面,推动健美操项目的发展。

(二)增进社会交流,促进运动技术水平的提高

健美操竞赛活动的开展对带动一个城市、地区的体育运动有一定的促进作用,这对于促进全民健身,增强人民体质,增进社会交流有一定的贡献。而举办各种类型的比赛,不仅能够给

不同的地区不同级别的爱好者提供相互观摩、学习、交流的机会。同时也能够给各参赛队运动员、教练员提供相互交流的平台,提供互相观摩学习、交流切磋技艺的宝贵机会,对于增进友谊和团结、开拓思维、促进运动技术水平的提高有着重要的意义。

(三)检查教学与训练效果,加强健美操运动开展力度

健美操竞赛活动不仅为教练员、运动员提供了检验教学和训练成果的机会,而且也提供了肯定成绩、找出差距,明确努力方向的机会,有助于激发练习者及爱好者训练的积极性和目标性,有助于改进教学与训练方法,以加强健美操运动开展的力度。

(四)增进健美操运动发展方向理论的研究

裁判员通过学习规则、比赛评分提高业务水平、获得实践经验,从而成为推动健美操开展的骨干力量,并对健美操项目的发展起导向作用。

教练员、运动员通过参加健美操竞赛,能够在实践的基础上加深其对规则的理解,提高其动作编排的科学性、艺术性的认识,提高其对音乐及其他相关因素的研究,提高其理论水平,也能为健美操理论研究作出贡献。另外,比赛还能为健美操的科学研究提供数据和资料,促进健美操的发展。

二、健美超竞赛的种类

按比赛的目的和任务将健美操比赛分为健身健美操比赛和竞技健美操比赛。

健身健美操比赛主要是以健身为目的,以普及为基础的群众性比赛,根据健美操项目自身发展以及社会发展需求来举办各种类型的比赛。目前我国举办的大众健美操比赛基本形式有:全国万人健美操大众锻炼标准大赛、全国亿万职工健身活动暨健美操大赛、全国健美操形象大使大奖赛、健身俱乐部挑战赛暨健美操明星教练选拔赛等。

竞技健美操是以比赛获胜为目的,要求有一定的身体训练水平和技术水准,且受规则规定的限制,竞技健美操的举办不仅能促进健美操项目不断地向前发展,提升健美操技术水平,同时也能扩大健美操项目宣传力度,促进健身健美操的发展。目前竞技健美操国际比赛有 FIG 健美操世界锦标赛、IFA 健美操世界杯赛、ANAC 世界健美操冠军赛、世界健美操青少年锦标赛、国际邀请赛等。国内比赛有全国健美操锦标赛、全国健美操冠军赛、全国健美操青少年锦标赛、全国健美操精英风采大赛等。

按比赛的规模程度和大小将健美操比赛分为大、中、小型比赛。

按健美操组织单位划分为世界性比赛、全国性比赛和地方性比赛。

按健美操比赛的性质划分为竞技性比赛、训练性比赛(检查性比赛、模拟性比赛、适应性比赛、教学性比赛)。

竞技性比赛指在真实的比赛环境下参加竞赛,以比赛获胜为目标,目的是创造理想的成绩,实现训练目标。训练性比赛是在训练的时期内在比赛的条件下进行的训练性比赛,目的在于培养运动专项所需的综合能力。检查性比赛是在比赛或模拟比赛的条件下,严格

按规则对赛前训练过程训练的质量进行检验。目的在于检查技术掌握熟练程度及稳定性、专项素质的发展情况、阵容的适宜度及战术设计的价值等。模拟性比赛指在训练的条件下,模拟真实的比赛环境,提高实战能力。适应性比赛指在真实比赛条件下,为了提高运动员对重要比赛的场地、气候、对手、观众及裁判等各方面条件的适应能力而进行的比赛。教学性比赛是指在训练条件下,根据教学的规律或原理,专项比赛的规则或部分规则进行专项练习的训练方法。

第二节　健美操竞赛的组织

对于健美操比赛来说,组织工作是其顺利进行及达到预期效果的重要保障。竞赛工作的效率及组织能力直接会影响到比赛的质量和成效,影响参赛选手成绩的发挥。竞赛组织工作是一项系统化工程,有它的自身的系统框架:直属、分属机构。有它自身的系统结构:各个不同的组织部门,也有它的系统流程——赛前准备、比赛进行、赛后工作等阶段。了解竞赛组织工作对于开展健美操大赛,促进健美操发展具有重要意义。

一、赛前准备

(一)召开主办单位筹备会议

由主办单位或主要负责人召集有关单位及部门的相关人员筹备会议。会议的主要内容是协商并落实有关健美操竞赛的具体事宜,包括确定承办单位和协办单位、经费来源、比赛日期、地点、规模等。成立竞赛筹备委员会,确定办公室成员,将任务分工落实到具体的人。

(二)制定竞赛规程

竞赛规程是举办健美操比赛重要的指导性文件,是比赛筹备工作的依据也是参赛单位、运动员、教练员及裁判员共同遵守的准则。竞赛规则一般由主办单位根据比赛的目的、任务和具体条件来制定,规程应简明、具体、准确,经主管部门审批,一般在提前半年或至少3个月发给各个部门,以便参赛单位有充分的时间准备并安排好各项事宜。

竞赛规程一般应包括以下内容:

(1)比赛名称:包括年度(届次)、性质、规模、名称(包括比赛总杯名和分杯名)。如×××年"×××"杯全国××健美操锦标赛。

(2)比赛的目的:简述举行本次比赛的目的。

(3)比赛的时间和地点:要详细、清楚地写明比赛的年、月、日和地点。若具体的比赛地点在下发规程前还不确定,则要在以后下发的文件中将比赛的城市写清楚。

(4)参加单位的条件:限定参赛者的范围,要具体、明确。

(5)竞赛的项目:对本次比赛参加项目、内容和时间的规定。如比赛只进行男单、女单、混双、三人(男女不限)及混合六人的比赛。

(6)参赛的办法:说明采取什么样的竞赛种类、一次性还是分预赛和决赛、是否按技术水平及年龄分组、是单项赛还是团体赛或单项、团体赛都有。有何特殊规定也要说明。

(7)参加人数及年龄:规定每个单位的参赛人数、参赛运动员的年龄要求。

(8)评分方法:说明采用什么评分规则和计分方法,团体赛和单项赛的录取办法。

(9)录取名次及奖励办法:根据比赛的规模说明评几个奖项,每个奖项设几名,是否有奖品或奖金。

(10)报名和报到时间:说明报名要求、报名方式、截止日期。比赛报到的时间地点、乘车路线、联系电话等都要很清楚、详细。

(11)其他:凡不包括上述内容的所有事宜均可列入该项中。如有关参赛队的食宿是否自理,大会是否给予补助,是否提前预订返程车票。报到时参赛单位向大会交纳保证金等。竞赛规程应尽快下发,根据比赛规模的大小和发放范围,确定时间。全国性的比赛应提前半年,中小型比赛不得少于 3 个月,否则将影响比赛筹备工作的顺利进行及比赛结果。

(三)建立竞赛的组织机构

为了使比赛的各项工作在严密的组织下顺利进行,须根据比赛规模的大小成立相应的组织机构。通常由大会筹备委员会办公室召集主办单位负责人共同商定大会组织委员会成员的构成。

组织委员会一般应有主办单位负责人、赞助单位负责人、承办单位和当地体委负责人,上级领导机关的代表和有关知名人士以及总裁判长组成。组织委员会一般设主任 1 人、副主任 1 人、委员若干人,它是比赛大会的最高领导机构。根据比赛规模决定成立工作部门。

1. 大会办公室

大会办公室是大会组织委员会的权力执行机构,具体领导大会的工作包括大会活动日程,经费预算,拟定开、闭幕式方案,筹划奖品,邀请、组织发奖,召开领队、教练员会议,对外联络等。办公室下设秘书处、集资处、新闻处、后勤处、保卫处、接待处等。

(1)秘书处:主要负责文件的印制分发、票务、协助筹划奖品和邀请参加开闭幕式的领导及各有关方面的人士。

(2)集资处:目的在于为大会筹集经费,负责与商家合作,利用商业机会解决大会资金问题。

(3)新闻处:负责对外界和赛场的宣传鼓动。包括标语、口号、宣传画、广告、新闻发布会等。

(4)后勤处:下设生活事务组、财务组、医务组和交通组。

(5)保卫处:负责大会安全工作,维持秩序,使大会顺利进行。

(6)接待处:负责接站、送站以及预定往返车票问题。

2. 仲裁委员会

大会仲裁委员会是直属组委会的机构。它对竞赛工作中出现的问题,尤其是竞赛评分,进行最后判决。多由有关专家和权威人士组成。

3. 竞赛处

竞赛处是管理竞赛业务的专门机构,由裁判委员会和场地器材组构成。编排记录组主要编排竞赛日程、排定场地、出场顺序、组织抽签、分发号码、编排秩序册以及负责计算成绩,提供名次名单等重要工作。场地器材组主要负责比赛的场地及所需器材的准备。

4. 裁判委员会

裁判委员会由总裁判长和裁判长组成,专门领导组织裁判工作,裁判委员会一般由裁判长1人、裁判员4~5人、记录员1~2人、计时员1人、视线员2人、检录员1~2人、放音员1~2人组成。可根据比赛规模大小适当增减裁判员的人数,大会裁判工作由裁判长全权负责,副总裁判长协助,聘请的裁判员要在正式比赛前集中几天进行裁判规则和方法的学习,详尽研究和讨论,以便更准确地评分。

5. 科研处

科研处负责为科学研究采集数据和资料,促进健美操理论的发展,以更好指导实践。

(四)领队和教练员会议

领队和教练员会议是竞赛中一项重要内容,是参赛队与大会裁判委员会沟通的主要途径之一,一般由组委会主持,各处负责人及裁判长参加。通常在赛前、赛后各安排一次。

赛前领队、教练员会议主要内容如下。

(1)介绍比赛的准备情况。

(2)介绍大会主要部门的负责人和主要工作人员。

(3)宣布大会竞赛日程及有关规定。

(4)解答和解决参赛队提出的有关问题。如比赛安排、生活、赛程及规则等方面。如果在规则和技术方面的问题较多,还应单独召开领队、教练员技术会议,由裁判长详细解答。

(5)抽签排定比赛出场顺序。如果时间允许应采取公开抽签的办法由各队代表自己抽签较好。但是若时间不允许,可提前抽签但是必须要有组织委员会及大会负责人到场监督进行,由指定代理抽签,并应在领队、教练员会议上专门有所交代,以免引起误会。

赛后领队、教练员会议主要是安排例会的善后事宜和专门召开技术研究会,总结此次竞赛工作,相互交流比赛出现的特殊情况,为下届比赛提前做好预防措施,促进健美操竞赛组织工作的不断完善。另外,也为各领队、教练员提供相互交流的机会,对交流比赛和训练的经验,了解健美操最新发展信息提供了空间,该会在比赛结束之前召开效果更好。

(五)编排秩序册

秩序册是比赛安排的主要文件,自比赛日程和出场顺序确定之后,应在赛前编制完并在裁判员及各运动队报到时分发,秩序册的内容一般包括运动员、教练员及裁判员守则,本次竞赛的规程,组织委员会、大会办事机构、仲裁委员会、高级裁判组、裁判委员会、各代表队的名单、大会活动日程表、比赛补充通知、竞赛日程表、各场比赛出场顺序等。

(六)组织裁判员学习

赛前由裁判委员会对裁判员进行分工,组织裁判员学习竞赛规程和规则。裁判员通过学习提高对公平、公正、准确比赛的认识,树立正确客观公正的工作作风。通过学习规则对规则进一步熟悉,进一步深入,利于统一评分标准,达到客观、准确、公正、公平,利于健美操比赛发展。

(七)场地器材检查

由场地设备处负责准备比赛和练习的场地,准备音响及照明装置,准备裁判工作用具,如计时表、计算器、示分牌、红绿旗等,并按运动员出场顺序准备好评分单和笔。

二、进行比赛时的工作

(一)检录工作

检录员按照规程所指明的比赛场次、项目、比赛顺序进行点名检录。此工作在比赛开始前进行,一般提前 10 分钟左右开始检录前几组上场的运动员,以保证比赛的顺利进行。

(二)评分工作

裁判员根据视则评分要求对运动员完成的动作进行现场独立的评分,并将评分填在评分表上或示分牌上,转交裁判长并由裁判长作其他扣分。

(三)宣告员工作

负责宣告每场比赛的开始和结束、介绍仲裁委员及裁判长,宣布每场比赛的裁判员人、退场,宣布出场比赛队的名称比赛项目及上一参赛队得分情况。另外,可以借助比赛空隙时间对本赛事具体情况进行介绍,做好宣传工作。

(四)记录组工作

记录员将项目、参赛队名称,每名裁判评分、裁判长扣分记录在单项成绩评分表上,并计算各队的最后得分。由总计录员负责核对、登记、计算和判定名次,每场比赛结束张贴成绩公告,并在整个比赛结束后各队离会前印发成绩册。

(五)放音工作

负责接收、保存、按比赛顺序准确无误放音,交还各队录音或光盘工作,保证比赛顺利进行。

三、赛后工作

(1)宣布比赛成绩举行颁奖仪式。

(2)编印成绩册,并分发至各参赛队、裁判员等有关部门。

(3)大会各部门进行工作总结。

(4)接待处安排运动员离会。

第三节　健美操竞赛的裁判法

健美操竞赛的裁判方法是根据国际体操联合会健美操竞赛规则的精神与规定而制定的。随着健美操运动的深入开展和技术的不断发展,规则也不断变化。现就 2013—2016 年版健美操国际评分规则所采用的裁判方法进行介绍。

一、比赛的基本要求

健美操是在音乐伴奏下,完成连续复杂的和高强度的运动的能力。该项目起源与传统的有氧健身舞。成套动作必须展示连续的动作组合、柔韧性、力量与 7 种基本步法的使用并结合难度动作质量地完美完成。

(一)比赛项目

比赛项目有单人(女子单人和男子单人)、混合双人、三人(性别任选)、集体六人(性别人选)等。

(二)时间

所有成套动作的完成时间均为 1 分 30 秒,有加减 5 秒的宽容度(不包括提示音)。

(三)比赛场地

1. 赛台

(1)赛台高 80~140 厘米,后面有背景遮挡。

(2)赛台不得小于 14 米×14 米。

2. 竞赛地板和竞赛区(6-1)

竞赛区应铺设地板,大小必须是 12 米×12 米,并清楚地标出 7 米×7 米的单人、混双、三人的比赛场地以及 10 米×10 米的集体六人场地。标记带是场地的一部分。所用地板必须符合国际体联的标准,并由国际体联认可。只有经国际体联认可的地板方可用于正式比赛。

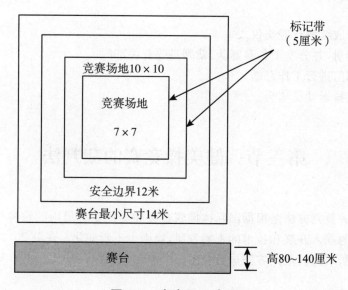

图 6-1　竞赛区示意图

(四)运动员的年龄

参赛运动员必须年满 18 周岁。

(五)着装要求

1. 外表

总体印象应当是整洁与适宜的运动员外表。头发必须固定在头上;参赛运动员必须穿着纯白色健美操鞋和袜;身体禁止涂抹油彩,女运动员可以化淡妆;服装上禁止使用松散或附加的饰物;允许使用肉色绷带;禁止佩戴首饰。

2. 比赛服装

女运动员着一件套带有肉色或透明裤袜的比赛服,不允许穿上部躯干分离的(两件套)服装或上体与躯干仅用绳带连接的服装。前后领口的开口必须得体。男运动员必须着一件套连衣裤或背心、短裤及合体的内衣,整套服装不得有开口。

知识拓展

比赛服装的具体要求如下。

男装：

(1)男运动员必须着一件套比赛服或紧身背心、短裤与合体的内衣,以及适于运动的固定物(如护腰)。

(2)整套服装前后都不能有开口。

(3)袖口处不得在肩胛骨下有开口(无袖)。

(4)不允许有任何亮片。

(5)3/4的裤长是允许的。

只有以下男装样式是允许的(图6-2)。

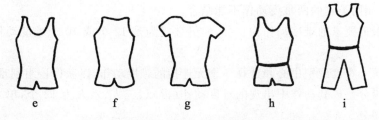

图6-2　认可的男装样式

女装：

(1)女运动员必须身着一件带有肉色或者透明裤袜的比赛服或者连体衣(连体衣从颈部到脚踝是一体的),允许有亮片。

(2)紧身衣前后领口的开口必须得体,前面不得低于胸骨的中部,后面不得低于肩胛骨的下缘。

(3)腿部上缘的开口必须在腰部以下并且要遮住髂骨。比赛服必须完全遮住臀纹线。

(4)女装的两袖(1个或2个均可)可有或可无,长袖袖口止于手腕处。

长裤袜和连体紧身衣都是允许的,认可的女装样式如图6-3所示。

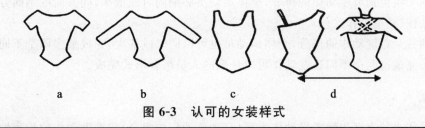

图6-3　认可的女装样式

(六)成套编排

健美操成套动作编排必须包括特殊要求、成套内容、时间、音乐、难度动作等5个方面。

1. 特殊要求

(1)艺术性:成套动作必须展示出创造性,动作设计必须展示竞技健美操特殊内容,动作变化以及音乐与运动员的表演紧密相连;对于混双、三人和集体六人动作要求有 3 次托举,这也包括开始和结束动作。

为确保奥运的理念和 FIG 道德标准,成套动作中禁止渲染暴力、宗教信仰、种族歧视以及性爱等。

(2)完成:所有动作必须完美地完成。

(3)难度:对于单人、混双、三人和六人的成套动作中所选择的难度动作,必须体现出空中、站立和地面 3 个空间的均衡性。

混双、三人、六人最多能采用 12 个难度动作,单人最多能采用 10 个难度动作,使用所选的 12 个(混双、三人、六人)或 10 个(单人)难度动作时,来自相同或不同组别的两难度动作能够相结合,但来自相同类别的两难度动作不能结合。

没有达到最低要求的难度动作为 0 分,但仍被视为是 12 个或 10 个难度动作当中的一个动作。

运动员在每个难度组别中必须选择一个无连接的难度动作,以获得该组别难度的难度分。

难度动作得分是成套动作中出现的难度动作(混双、三人、六人为 12 个,单人 10 个)所有分值加上连接得分。

所有难度动作都必须来自不同类别。

地面上的难度动作混双、三人、六人最多不得超过 6 个,单人最多不得超过 5 个(包括成俯撑/劈腿落地)。

成俯撑/劈腿落地的动作每类不得超过 2 个。

对于混双和三人:

要得到该难度动作得分,全体运动员必须同时或依次,同方向或不同方向完成相同的难度动作(托举动作除外)。

对于六人:

必须完成每个难度组中的至少一个难度动作。

要得到 4 组组别难度动作的得分,全体运动员必须同时或依次,同方向或不同方向完成相同的难度动作(托举动作除外)。

要得到其余难度动作的得分,全体运动员也可以同时或依次,完成最多两个不同的难度动作。运动员完成这两个不同难度动作可以任意的人员组合形式完成。

2. 成套内容

成套动作必须表现出健美操动作类型(高和低动作的组合)和难度动作的均衡性。

臂腿动作类型要求动作有力,外形清晰。

运动员必须均衡、合理地使用比赛空间、地面以及空中动作。

3. 完成时间

计时由第一个可听到的声音开始,到最后一个可听到的声音为止。混双、3 人和 6 人成套动作的完成时间为 1 分 45 秒,有加减 5 秒的宽容度。男单和女单的完成时间为 1 分 30 秒,也有加减 5 秒的宽容度。

4. 音乐

必须配合音乐完整地表演成套动作。任何适合竞技健美操运动的音乐风格,均可被采用。

5. 难度动作

成套动作中必须包括以下各组难度动作各一个:

(1)动力性力量。

(2)静力性力量。

(3)跳与跃。

(4)平衡与柔韧。

混双、三人、六人最多允许做 12 个难度动作,单人最多允许做 10 个难度动作。难度动作任选,但在国际(高水平)赛事中,0.1 和 0.2 的动作不计。

6. 难度动作表和分值

(1)结构

难度动作分为 4 组。难度动作级别为 0.1～1.0。

(2)未列入难度表中的动作

未列入表中的其他难度动作,将由难度裁判员现场评价。难度裁判员只被允许现场评判 0.3 以下的新难度动作。

(3)新难度动作

唯有健美操技委会具有评价新的难度动作的资格,其将会每年公布一次新评价的难度动作表。新难度动作的书面申请及动作录像必须在每年的 1 月 31 日前寄至国际体联秘书处。

要求申请的难度动作必须从正面和侧面进行影像猜忌,难度动作必须达到最低的完成标准,且须在竞赛场地或不高于 15 厘米的垫子上完成,未达到以上标准的难度动作,健美操委员会将拒绝对其进行难度等级评判。每年的 3 月 30 日之前,会员国将会受到定级后的新难度动作通知。FIG 秘书处将每年出版最新的难度动作表。

二、裁判

(一)高级裁判组

高级裁判组由 FIG 技术委员会的主席和成员构成。高级裁判组成员构成:技委会主席;高级裁判组助理;高级裁判组咨询官;高级裁判组难度裁判(两名)、高级裁判组完成裁判;高级裁判组艺术裁判。

知识拓展

健美操名人——马华

马华,从事大众健身操事业15年,是我国最早的大众健身操教练员之一,作为"中国健美第一人",马华早已不只是一个人的名字,更成为一个"知名品牌",甚至成为中国健美运动的代名词和象征。1985年马华开始涉足健身操行业,之后通过中央电视台"健美5分钟"栏目为大众所熟知。1989年马华考取了国家级健美裁判员等级,2001年9月22日因病在北京去世。

(二)裁判组

世界与洲际健美操锦标赛、世界运动会与世界杯系列赛的裁判组。

艺术裁判	4	裁判号码 1～4
完成裁判	4	裁判号码 5～8
难度裁判	2	裁判号码 9～10
视线裁判	2	裁判号码 11～12
计时裁判	1	裁判号码 13
裁判长	1	裁判号码 14

共计:14人

另外,需要注意以下几点。

(1)世锦赛和综合运动会中,将分别指定两名艺术监督和两名完成监督。

(2)也可参考国际体联的技术监督裁判指南和高级裁判组及监督组职责指南。

(3)其他赛事也可安排技术监督,但不作硬性规定。

三、裁判的职责与评分标准

(一)高级裁判组

(1)监督整个比赛进程,处理影响比赛进程的一切违纪或特殊情况。

(2)对于一个或几个裁判在评判工作中较严重的失误,高级裁判组将对其采取相应的处理措施。

(3)反复审核裁判员的评分,对在评判工作中表现不佳或倾向性打分的裁判提出警告。

(4)更换被警告后仍表现不佳的裁判。

(5)运动员代表属于技委会成员,不属于高级裁判组。

(二)裁判组

尊重专家的意见,与高级裁判组和裁判长共同参加赛前裁判集中准备工作。

1. 艺术裁判

（1）要求

①在竞技健美操特点的基础上，成套创编所有内容必须完美结合，将健美操这一体育运动转化为一种富有创造性和独特性的艺术体现。

②混双、三人和五人成套中要求有两次托举，包括开头和结尾。

③成套中渲染暴力、种族歧视、宗教信仰以及性爱等内容，违背了奥林匹克精神和国际体联道德标准。

（2）成套创编

成套动作包含以下几个方面（复杂性和原创性）：

①音乐和乐感

②操化内容

③主体内容

④空间运用

表现：艺术性

（3）艺术裁判根据下列标准评价成套动作创编（总分10分），评分标准如下：

优秀	2.0
很好	1.8～1.9
好	1.6～1.7
满意	1.4～1.5
差	1.2～1.3
不可接受	1.0～1.1

（4）评分标准

①音乐和乐感（最高2分）

对音乐和乐感的把握，主要体现在3个方面：

A. 音乐的选择。

B. 音乐的组成与结构。

C. 音乐的运用（乐感）。

一首优质音乐的选择有助于构建成套动作的结构与节奏，同时有利于动作主题的表达。它也将支撑与突出成套动作的表演效果，对成套创编质量、风格以及运动员的表现起到促进作用。

音乐应该反映竞技健美操运动特点。在成套的表演和音乐的选择之间应有强烈的一致性。表演者诠释音乐时，不仅要展示出音乐的节奏、速度以及与节拍的一致程度，更要注意用肢体动作演绎出音乐的流畅、风格、强度和激情。

②操化内容（最高2分）

成套动作中应贯穿清晰可辨的操化动作，这是竞技健美操的特色，也是成套动作重要组成部分。操化动作使用7个基本步伐配合适当的手臂动作，同时需要具备高度的身体协调性和强度。

A. 复杂性/多样性。

B. 创新性。

C. 强度。

③主体内容(最高 2 分)

主体内容包括除操化以外的所有动作:过渡、连接、托举和身体配合。

A. 复杂性/多样性。

B. 创新性。

C. 流畅性。

④空间运用(最高 2 分)

艺术裁判将评价竞赛场地的合理运用、行进路线,3 个空间维度的运用,完成成套动作的空间位置以及在成套中的分配情况。成套动作应均衡分布在每一空间位置。

A. 操化动作数量与移动路线。

B. 空间分配与均衡。

C. 队形。

⑤艺术表现力(最高 2 分)

艺术性是运动员通过高水平成套动作的演绎呈现出来的,成套动作需体现运动员性别特点(女子、男子、年龄组)。

艺术性既包括细微动作的展示以及动作明显的转换,还包括幅度(动作幅度加大)和速度,以此来展现健美操成套动作的特点。

A. 完成质量。

B. 成套表现。

C. 团队协作。

针对混双、三人和五人:

运动员必须凸显团队协作,展示出一个团体不同于个人的优越性,并表现出个体之间的配合关系。

2. 完成裁判

(1)职责

完成裁判分评分取决于以下各项:

①难度动作。

②动作编排。

③混双、三人、五人的一致性。

完成裁判将评价成套动作的技术技巧,包括难度动作、动作编排(操化、过渡、连接、配合和托举)和一致性。

(2)技术技巧

以完美的技术高度准确地展现成套动作的能力。正确的形态、姿态和关节位置,身体姿态是受身体能力的影响(主动和被动的柔韧、力量、幅度、爆发力以及肌肉耐力)。

形态、姿态和关节位置:

形态反映身体位置及直观的外形。(例如:科萨克、团身跳、直角支撑、劈腿、吸腿跳、开合跳等。)

姿态和关节位置影响运动员正确位置的判断：

①躯干、腰、髋的位置及稳固性和下腹肌群收缩。

②上体的位置、颈、肩、头的姿势与脊柱的关系。

③脚的位置与踝关节、膝关节及髋关节的关系。

准确性：

①每个动作均有一个明确的开始和结束。

②每个动作的完成过程均要表现出完美的控制。

③在难度动作、过渡动作、起跳与落地以及较难的操化动作组合的完成过程中应保持适当的身体平衡。

（3）评分标准和减分

评分：

完成分是以扣分的形式评分，例如从 10.0 分起评，根据错误程度减分。

①小错误：轻微偏离正确的完成（每次减 0.1）。

②中错误：明显偏离正确的完成（每次减 0.2）。

③大错误：严重地偏离正确的完成（每次减 0.3）。

④不可接受的错误：没有满足正确完成的任何要求或连续多个错误（每次减 0.5）。

⑤失误：身体无控制触地（每次减 0.5）。

（4）难度

完成裁判将对运动员比赛时难度动作完成的技术技巧进行评分。

一个难度最多减 0.5 分，如表 6-1 所示，每个错误动作的减分标准。

表 6-1　每种错误动作的减分标准

小错误	中错误	大错误	不可接受的错误或者失误
0.1	0.2	0.3	0.5

（5）动作编排（表 6-2）

表 6-2　动作编排的减分标准

偏离完美度	小错误	中错误	失误
操化（每个单元）	0.1	0.2	0.5
过渡与连接（每次）	0.1	0.2	0.5
托举与配合（每次）	0.1	0.2	0.5

（6）一致性（混双、三人、五人）

以高准确性展示成套中操化动作、过渡与连接、托举与配合（混双、三人、五人）。完成所有动作的一致性，无论在混双、三人或五人项目中，全部动作的完成犹如一人。这技术必须有相同的动作幅度，同时开始或结束动作，相同的动作完成质量。这同时也包括手臂动作，每个动作组合必须精确、相同（表6-3）。

表6-3 一致性减分标准

每次	0.1
成套动作	最多减2.0

3. 难度裁判

（1）要求

对于所有项目：

①成套动作中最多允许做10个难度动作，必须完成每个难度组别中的至少一个难度，所有难度必须来自不同根命组。

②地面难度最多不超过5个。

③C组落地成俯撑的难度最多不超过2个。

④C组落地成劈腿的难度最多不超过2个。

对于混双和三人：

所有运动员必须同时或依次，相同或不同方向完成相同的难度动作。

对于五人：

必须完成每个难度组别中的至少一个难度动作，所有运动员必须同时或依次，相同或不同方向完成相同的难度动作。

（2）职责

难度裁判的职责是对成套动作中的难度动作进行评定，并给出运动员的难度分。难度裁判有责任辨别和确认每一难度动作是否达到最低完成标准。

难度裁判：

①记录成套动作的所有难度。

②计算难度动作数量并且给出分值。

③进行难度减分。

两名难度裁判进行评分和减分的比较，若意见相同，给出分数。若意见不同，则交与裁判长评定。

（3）评分标准

计算难度分值：

①分值的评判应根据所提供的难度动作，并且达到完成动作的最低要求。

②对于最先出现的10个难度动作予以评分。

③未达到最低完成标准的难度动作和失误的难度动作记为有效难度，但动作分值为0.0分。

记录难度动作：

①难度裁判必须根据难度动作评分表用国际体联速记符号记录并计算出全部难度动作的数量，不需考虑该难度动作是否达最低完成要求。

②在国际高水平赛事中,0.1 和 0.2 分值的难度将不被记录和计数。

两个难度的组合:

A 组和 C 组的难度动作可以在没有任何停顿、犹豫和过渡的前提下直接组合。这两个难度可以同组别或者不同组别(A 与 C),但必须是不同类别。它们将被视为两个难度,但这两个动作不得重复出现在成套中。

若这两个难度均达到了最低完成标准:

①该难度组合会得到 0.1 的连接加分。

②该难度组合的 2 个难度动作均为有效难度。

A. 要得到 0.1 的连接加分,两个难度动作必须达到最低完成标准。

B. 难度组合中的难度必须在难度表中有编号和分值。

C. 所有运动员(混双、三人、五人)必须同时完成难度组合动作。

对于集体项目:

①若运动员同时或依次完成了 2 个不同的难度动作,那么将取难度值较低的动作给分。

②若运动员同时或依次完成了 2 个不同的难度动作,且其他成员紧接着重复完成这 2 个难度动作,这将不视为是难度动作的重复,所完成的 2 个难度动作视为有效分值的动作。

例如:1、2 和 3 号运动员完成了一个屈体分腿跳,4、5 运动员完成了一个自由倒地动作。随即 1、2 和 3 号(没有操化,过渡或连接)完成一个自由倒地动作,4、5 运动员完成一个屈体分腿跳。

(4)评分

①难度动作根据难度级别给分。(参见附录 III,难度动作表及分值)

②所得的全部难度分和组合加分相加,然后除以:

A. 男单、女单、混双、三人(男子)以及五人(男子)须除以 2。

B. 三人(女子或者混合)以及五人(女子或者混合)须除以 1.8。

③所得的结果即为难度分。

④得分保留到小数点后 3 位。

A. 全部难度减分将加在一起予以计算。

B. 总减分除以 2,所得分即为难度裁判减分。

C. 难度分保留至小数点后 2 位。

(5)难度减分

①超过 10 个难度动作　　　　　　　每超过一个减 1.0 分

②超过 5 个地面难度　　　　　　　每超过一个减 1.0 分

③超过 2 次成俯撑/成劈腿落地　　每超过一次减 1.0 分

④难度动作重复　　　　　　　　　每次减 1.0 分

⑤难度动作缺组　　　　　　　　　每缺一组减 1.0 分

托举和配合中的难度动作:

①在托举过程中完成难度动作都将不予记写和计算。

②在混双、三人和五人项目中,若运动员在与另外运动员有身体接触或相互作用的情况下完成的难度动作,将不被计算。

4. 视线裁判

(1)职责

①视线裁判坐在赛台 4 个角落的两个对角,对出界错误进行评判。

②每名裁判负责赛场的两条边线。

(2)评分标准和减分

①标志带是比赛场地的一部分,因此触线是允许的。

②但身体任何部分接触标志带以外的场地将被减分。

③肢体在空中出界将不被减分。

④运动员出界时,视线员举红旗示意。

⑤出界:每名运动员每次减 0.1 分。

5. 计时裁判

(1)职责

计时裁判负责:

①拖延出场/弃权

②时间错误/偏差

③动作中断/停止比赛

(2)评分标准和减分

①计时是从第一个可听见的声音开始(不包括提示音),到最后一个可听见的声音为止。

②若以上任何错误发生,计时裁判必须告知裁判长,裁判长予以减分。

6. 裁判长

(1)职责

①同难度裁判一样记录下整套难度动作。

②依据技术规程监督裁判工作。

③根据评分规则针对相关违规情况对总分进行减分。

④当完成裁判和艺术裁判出现较大的打分偏差或当难度分不能协商一致时,为保证评分的公正性,裁判长从逻辑性和打分步骤等方面审核并考虑对分数做出修改(裁判可以拒绝修改)。

⑤公布成绩:时间是在必要之时高级裁判组对分数进行干涉之后(15 秒)。

⑥一旦成绩公之于众,就不可以再修改,除非公布的分数是错误的或者是有质疑的情况。

(2)评分标准(减分、警告和取消资格)

①表演错误   0.2 分

②不当着装   0.2 分/次

③时间偏差(允许范围±1 秒~2 秒)   0.2 分

④时间错误(允许范围±3 秒或更多)   0.5 分

⑤20 秒内未出场   0.5 分

⑥多或者少于规定的托举次数   0.5 分/次

⑦违例托举	0.5分/次
⑧违例动作	0.5分/次
⑨3次或者超过3次违例动作	0.5分/次
⑩动作中断2～10秒	0.5分/次
⑪动作停止超过10秒	2.0分
⑫违背奥林匹克精神和评分道德	2.0分
⑬出现在禁止场地	警告
⑭不当举止/形态	警告
⑮未穿本国出场服	警告
⑯在颁奖仪式上未穿比赛服	警告
⑰弃权	取消资格
⑱严重违反国际体联章程、技术规则或者评分规则	取消资格

四、总则

(1)艺术分：4名艺术裁判去掉最高分和最低分，所剩分数的平均分为最后艺术分，两个中间分在允许的分差范围。

(2)完成分：4名完成裁判去掉最高分和最低分，所剩分数的平均分为最后完成分，两个中间分在允许的分差范围。

(3)难度分：2名难度裁判一致同意的分数为最后得分。

(4)总分：艺术分、完成分与难度分相加为总分。

(5)最后得分：从总分中减去难度裁判、视线裁判与裁判长减分为最后得分。

五、健美操竞赛的裁判方法

(一)规定操的评分

1. 规定操的制定

规定操是由主办单位制定的。它是按规定精神、比赛性质、参加单位的技术水平而确定的一套本次参赛单位或个人必须完成的套路。规定操一般都有较详细的图解和文字说明，对完成动作的技术规格和身体姿势都有特定要求，对典型动作错误扣分也分别列表说明，并将全套动作分为若干部分，每部分都有固定分值。规定操应在规定的音乐伴奏下进行。

2. 规定操的评分要点

对规定操进行评分的依据是，运动员所做的动作是否符合规定的图解和说明，完成动作的技术和姿势是否正确。

运动员在完成规定操时，会由于多种原因而在不同地方出现错误，如漏做动作、附加动作、改变动作方向或路线、停顿或中断等情况,对此必须分别进行减分。

(1)漏做动作

漏做动作是指规定操中某一部分或某一节的动作未做。凡漏掉未做的部分或动作则要扣去该部分的分值。如若该动作没有分值,则要视该动作在成套动作中的价值予以适当扣分。如漏做该动作是为了有利于完成下面动作,则还应酌情追加减分。

(2)附加动作

附加动作是指非规定的多余动作,每次出现附加动作均按规则规定减分。

(3)改变动作方向或线路

改变动作方向或线路是指规定操的动作和连接方向被改变,或身体某部位未按规定的运动轨迹运动。每出现一次,就要按规则规定减分一次。

(4)中断动作

在完成全套操过程中,如果出现了 4 拍以上的停顿,则视为中断。如中断后不再做了,则对未做动作按漏做处理并追加扣分。中断一次按规定要扣除 0.3～0.5 分。

3. 规定操的评分内容

(1)完成情况

完成情况包括动作的准确性、动作力度、动作幅度、熟练性、协调性。

①动作准确性

按动作正确的技术要求,做到姿势正确、到位,技术准确、规范。对所出现的错误按轻微、显著和严重 3 种情况进行减分。

②动作力度

力度是健美操的特殊要求,完成动作时要有一定的力度。动作松懈、懒散是没有力度的表现,按规定扣除 0.1～0.5 分。

③动作幅度

局部动作幅度小,一般扣 0.1～0.2 分;整套动作幅度小,则要扣 0.3～0.4 分。如果由于幅度小影响了表演效果和动作质量,则要扣 0.5～1.0 分。

④熟练性

在完成成套动作过程中,稍有停顿现象,扣 0.1～0.2 分;有明显的停顿,扣 0.3～0.4 分;不熟练、停顿和中断时有发生,节奏被破坏,完成动作拙笨,除对停顿、中断进行减分外,还要扣不熟练分 0.5 分。

⑤协调性、一致性

协调性是指运动员完成身体各部位动作的配合;一致性是指集体完成动作姿势、幅度、方向、速度、节奏等的统一、整齐度。对协调、一致性稍差、明显差和很差按规则规定,分别按轻微、显著、严重错误进行减分。

规定操每一段或每节都有其分值规定,对该段或该节的错误减分不得超过所规定分值。

(2)总印象

从总体上看动作完成质量的好与坏,是否体现健与美的精神气质。

①优美性：不优美，扣 0.2～0.3 分；不太优美，扣 0.1～0.2 分。

②表现力：包括气质、情绪、感情的表现。表现欠缺一些，扣 0.1～0.2 分；表现平淡、没有感染力，扣 0.3～0.4 分。

③音乐：音乐的节奏与动作的节奏应该一致、合拍。如不合拍，视其程度分别扣 0.1～0.5 分。

④成队动作的一致性。一人失去节奏，一致性稍差，每次扣 0.1 分。两人失去节奏每次扣 0.2 分，若干人失去节奏扣 0.3～0.5 分。

(二)健美操自编操的评分

健身健美操自编操评分因素包括艺术分 10 分和完成分 10 分，总分 20 分。各组裁判员评分去掉最高分和最低分，所剩分数或所剩分数的平均分为运动员的艺术分和完成分，两个分数相加为总分。从总分中减去裁判长的减分最后得分。健身健美操和竞技健美操自编操的比赛评分内容有所联系。但是，由于健身健美操所具有的个性特点不同，又使它们在编排上存在差异，评分的侧重点也不相同。

健身健美操成套自编操，根据规则和规程要求，有时有特定的动作，有时又没有要求。有特定动作要求就要规定出分值和技术上的规格，一般不存在扣分问题。

1. 基本要求

(1)时间：2 分 30 秒～3 分(计时由动作开始到动作结束)。

(2)音乐：音速每 10 秒 22～26 拍，允许动作开始有前奏(不超过 2×8 拍)，但成套动作结束时音乐应同时结束。

(3)参加人员：每队 4～6 人，性别不限。

(4)场地：10×10 平方米的地板或地毯，标记带为 5 厘米的黑色带，标记带是场地的一部分。

(5)服装：运动员必须穿健美操服和运动鞋，着装整洁、美观、大方，不允许使用悬垂饰物，禁止戴首饰。

(6)比赛程序：比赛分预赛和决赛，凡参赛队预赛进前 8 名者进入决赛，不足 8 名时，减 1 名录取。

(7)裁判组：1 名裁判长，3～5 名艺术裁判，3～5 名完成裁判，视线员 2 名，辅助裁判若干名。

(8)评分方法：比赛采取公开示分方法，裁判员评分精确到 0.1 分，运动员得分精确到 0.01 分。

2. 评分

成套动作的评分包括：艺术分、完成分和裁判长减分。

(1)艺术分

艺术分是从 10 分起评，对每个错误给予减分。通常评分因素包括以下几个方面：

①动作设计(3 分)

应符合健身娱乐原则、安全无损伤原则、全面发展原则以及年龄特点原则。

②基本步伐、手臂动作及动作组合(2 分)

7 种基本步伐(踏步、开合、吸腿、踢腿、弓步、弹踢腿跑)。手臂动作要体现多样性和动作的不对称性;动作组合中应使身体的各部位(头、手、上臂、前臂、躯干、腿和脚)协调配合,共同参与的部位越多评价越高;同一动作组合允许出现一次对称动作。成套动作的设计要以操化动作为主,在融合舞蹈和传统武术等项目的动作时,必须符合健美操运动的特点,但不允许出现任何清楚地显示其他项目特征的造型或静止动作(如芭蕾、健美、搏击等)。成套动作中至少应出现两次运动员之间的交流配合动作。成套动作中不鼓励出现难度动作,可以做 0.3 以下的难度系数的难度动作,超过难度系数 0.3 以上的难度动作,将予以减分。开始和结束允许出现托举动作,但不允许出现违例动作。

③过渡与连接(1分)

在成套动作中合理、流畅地连接健美操基本步伐、动作组合,做到灵活与流畅的空中、地面的相互转换。运动员可以依次或分批做动作,但任何一名运动员不允许停顿 1×8 拍。

④强度(1分)

强度包括动作的频率、速度、幅度以及完成动作的耐力、移动速率。

⑤音乐(1分)

音乐的选择应完整并与成套动作的风格协调。音响效果是高质量的,并有足够音量,必须和运动员的成套动作相配合。

⑥队形与空间的运动(1分)

成套动作的队形变化应自然、迅速、流畅、清晰、美观。全套动作的队形变化至少 5 次,但必须充分、合理、均衡地使用场地。成套动作中至少出现两次空间的变化(地上和腾空均可)。

⑦表演(1分)

运动员在完成动作时,充分显示出热情、活力、魅力,并传达给观众。运动员的动作必须与音乐的节拍相符。

(2)完成分

完成分是从 10 分起评,对每个完成错误给予减分。通常完成评分因素包括技术技巧和合拍与一致性两方面:

①技术技巧

在成套动作中准确完成动作,展示完美的姿态、身体各部分的正确位置、身体的正确姿态,并体现动作的准确性(技术规范、部位准确、方向清楚、控制完美)和动作的力度(爆发力、力度和耐久力)。

②合拍与一致性

整套动作的完成伴随音乐结构和节拍同步的能力;整体完成动作的能力,运动范围的一致性。所有运动员应体现出一致与均衡的运动程度。所有运动员应具有一致的表演技巧。

完成裁判对于以上每类错误的减分标准如下。

小错误:每次减 0.1 分(稍偏离正确完成)。

中错误:每次减 0.2 分(明显偏离正确完成)。

大错误:每次减 0.3 分(较严重偏离正确完成)。

严重失误:每次减 0.4 分(严重偏离正确完成)。

完全失误:每次减 0.5 分。

3. 裁判长

裁判长的职责是记录评判整套动作,并根据技术规则负责监控在场全体裁判工作,还负责对成套动作时间不足或超过、参加人数不足或超过、音乐速度不符合要求、运动员被叫到后 20 秒未出场、运动员着装仪容不符合规定和身体触及线外地面、做违例动作等情况给予减分(0.1～0.5 分)。

(1)时间不足(指成套动作时间少于 2 分 30 秒),扣 0.2 分。

(2)时间超过(指成套动作时间多于 3 分),扣 0.2 分。

(3)参赛人数不足或超过,扣 0.2 分。

(4)音乐速度不符合要求,扣 0.2 分。

(5)运动员被叫到后 20 秒钟未出场,扣 0.2 分。

(6)运动员着装仪容不符合规定,扣 0.2 分。

(7)运动员身体触线外地面,每次扣 0.1 分。

(8)违例动作减分,每次扣 0.5 分。

第七章　健美操大众锻炼标准

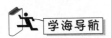 学海导航

　　本章主要介绍了健美操大众锻炼标准的原则、级别、对象、层次、要求以及评定因素等内容。另外，还重点介绍了健美操大众锻炼标准测试套路中前三级套路的教学，对前三级套路的动作方法作了详细的描述。通过学习本章，能够对健美操大众锻炼标准有一个基本了解，并且能够详细掌握健美操大众锻炼标准中前三级套路的动作及练习，从而提高学生的健美操运动技能及水平。

第一节　健美操大众锻炼标准概述

　　大众健美操以健身娱乐为目的，以个体条件为基础，注重参与意识和锻炼的自我检测。测定成绩只设定为"达标"与"未达标"，同时又制定了较严格的标准供参加者自我提高。在运动过程中运动负荷始终保持在有氧的范围内，使练习者达到增强体质、增进健康、塑造美的形体，并形成良好的心理状态。测定内容主要是国家体育总局体操运动管理中心制定的《全国健美操大众锻炼标准规定动作》，达标成绩为 5 分以上。

　　《全国健美操大众锻炼标准》是以健身娱乐为目的，以个体条件为基础，注重参与意识和锻炼的自我检测，淡化竞争意识。因此标准的测定成绩只设定为"达标"与"未达标"，同时又制定了较严格的标准供参加者自我提高。

一、健美操大众锻炼标准的制定原则

（一）有氧原则

　　注意在运动过程中运动负荷始终保持在有氧的范围内。通过多种组合练习，以提高心肺功能、影响人的整体为基础，达到锻炼身体、增强体质、健美形体的目的。

(二)无损伤原则

在选择动作时,注意避免使用高难度动作和超负荷动作以及运动范围过大的动作,以确保无损伤,并有益健康。

(三)简单易学原则

健美操大众锻炼标准的实施对象是一般群众,其目的是使更多的人参与到健美操运动中来。因此,在动作的选择上注重简单易学和实效性,使之便于开展普及。

(四)循序渐进原则

各等级之间保持有机的联系,在保证合理的运动负荷的基础上,运动量和难度逐渐加大。动作由简至繁,幅度由小至大,速度由慢至快,练习步骤由分解至完整。

(五)提高人体基本素质原则

根据不同等级的任务和技术要求,通过基本动作、组合动作和力量素质的教学,提高人体的力量、柔韧、协调、灵敏等基本素质和基本能力。

二、健美操大众锻炼标准的级别、层次与对象

健美操的大众锻炼标准共分为 6 个等级、4 个层次。

等级水平由低到高分别为一、二、三、四、五、六级。

层次:一级为入门,二、三级为初级,四、五级为中级。

对象:一级面向大众,二、三级面向有意参加健美操锻炼者,四、五级面向健美操爱好者,六级面向有意于健美操深造及准备进入竞技健美操训练者。

三、健美操大众锻炼标准对各级别的要求

(一)一级

(1)学习以步伐为主的最基本动作,步伐以单一、原地动作为主。

(2)进行低强度的有氧训练。

(3)素质训练以辅助支撑的俯卧撑、低强度的仰卧起坐和低负重的力量练习为主。

(4)学习和了解健美操的常识。

(二)二、三级

(1)掌握基本动作。

(2)学习健美操典型动作。

（3）以下肢单动作配合上肢简单动作为主。

（4）保持中低强度有氧训练。

（三）四、五级

（1）掌握健美操典型动作。

（2）学习健美操复合动作及简单的步伐变换技术及跳跃技术。

（3）提高身体的协调性。

（4）提高运动负荷，保持中等强度的有氧训练。

（5）素质训练以塑造形体为主，增加柔韧的练习方法。

（四）六级

（1）掌握复合动作的变化规律，巩固已掌握的步伐变换技术及跳跃技术。

（2）提高动作的表现力。

（3）加大运动负荷，以中等强度有氧训练为主，达到减脂的目的。

（4）提高肌肉力量，并进一步塑造其形态，加大动作的空间位移，展现良好的协调性。

四、健美操大众锻炼标准的评定因素

（一）动作的正确性

（1）身体姿态要舒展。

（2）动作技术要正确。

（3）动作范围要适当。

（二）身体的协调性

（1）全身协调运动。

（2）动作轻松、有弹性。

（3）动作清晰，无多余动作。

（4）动作避免过分松弛或过分紧张。

（三）连接动作的流畅性

（1）动作之间的连接要自然、流畅。

（2）动作的转换及方向的变化要干净利落，无多余动作。

（四）节奏感

（1）动作要充分表现音乐情绪。

（2）动作和音乐节奏要配合协调。

（3）一连串动作节奏要准确。

（五）表现力

（1）动作要展示内心的激情，体现一种健康、向上的情绪。
（2）提倡个人风格的表现力。

知识拓展

广场舞

　　广场舞属于舞蹈艺术中的一个系统，近年来在我国中老年人群中非常流行。广场舞是融自娱性与表演性为一体，以特殊的表演形式、热情欢快的表演内容、以集体舞为主体的，在公共场所多人参与的，以娱乐身心和身体为主的艺术表演活动。

第二节　健美操大众锻炼标准套路教学

一、一级套路教学

（一）组合一

1.第一个8拍（图7-1）

预备姿势：站立。
1～8拍
下肢步伐：右脚开始一字步2次。
上肢动作：1～2双臂胸前屈，3～4后摆，5胸前屈，6上举，7胸前屈，8放于体侧。

2.第二个8拍（图7-2）

（1）1～4拍
下肢步伐：右脚开始向前走3步吸腿。
上肢动作：1～3双肩经前举后摆至肩侧屈，4击掌。
（2）5～8拍
下肢步伐：左脚开始向后退3步吸腿。
上肢动作：手臂同1～4。

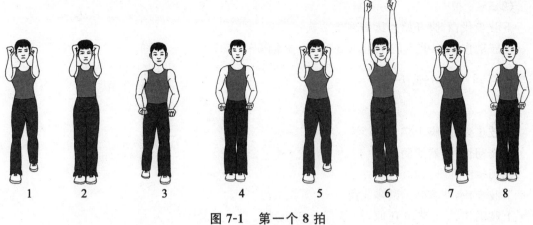

图 7-1　第一个 8 拍

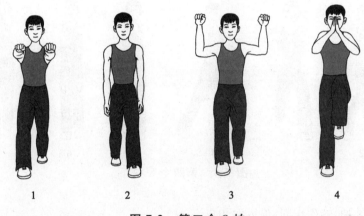

图 7-2　第二个 8 拍

3. 第三个 8 拍(图 7-3)

(1)1～4 拍

下肢步伐:右脚开始侧并步 2 次。

上肢动作:1 右臂肩侧屈,2 还原,3 左臂肩侧屈,4 还原。

图 7-3　第三个 8 拍

(2)5~8 拍

下肢步伐:右脚开始连续侧并步 2 次。

上肢动作:5 双臂胸前平屈,6 还原,7~8 同 5~6 动作。

4. 第四个 8 拍(图 7-4)

(1)1~4 拍

下肢步伐:左脚十字步。

上肢动作:自然摆动。

(2)5~8 拍

下肢步伐:左脚开始踏步 4 次。

上肢动作:5 击掌,6 还原,7~8 同 5~6 动作。

1   2   3   4   5   6   7   8

图 7-4   第四个 8 拍

第五至八个 8 拍,动作相同,但方向相反。

(二)组合二

1. 第一个 8 拍(图 7-5)

下肢步伐:右脚开始前点地 4 次。

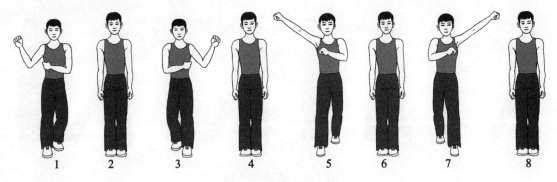

1   2   3   4   5   6   7   8

图 7-5   第一个 8 拍

上肢动作:1 双臂屈臂右摆,2 还原,3 左摆,4 还原,5 右臂摆至侧上举,左臂胸前平屈,6 还原,7~8 同 5~6 动作,但方向相反。

2. 第二个 8 拍(图 7-6)

(1)1~4 拍

下肢步伐:右脚开始向右弧形走 270°。

上肢动作:自然摆动。

(2)5~8 拍

下肢步伐:并腿半蹲 2 次。

上肢动作:5 双臂前举,6 右臂胸前平屈(上体右转),7 双臂前举,8 放于体侧。

图 7-6 第二个 8 拍

3. 第三个 8 拍(图 7-7)

下肢步伐:1~4 左脚上步吸腿右转转体 90°,5~8 右脚上步吸腿。

上肢动作:1 双臂前举,2 屈臂后拉,3 前举,4 还原,5~8 同 1~4 动作。

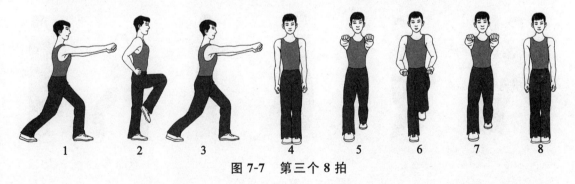

图 7-7 第三个 8 拍

4. 第四个 8 拍(图 7-8)

下肢步伐:左脚开始向侧迈步后屈腿 4 次。

上肢动作:屈肘前后摆动。

1　　　　2　　　　3　　　　4

图 7-8　第四个 8 拍

第五至八个 8 拍,动作相同,但方向相反。

(三)组合三

1. 第一个 8 拍(图 7-9)

(1)1~4 拍

下肢步伐:右脚向右交叉步。

上肢动作:1~3 双臂经侧至上举,4 胸前平屈。

(2)5~8 拍

下肢步伐:左脚向右迈步成分腿半蹲。

上肢动作:5~6 双臂前举,7~8 放于体侧。

1　　　　2　　　　3　　　　4　　　　5~6　　　　7~8

图 7-9　第一个 8 拍

2. 第二个 8 拍(图 7-10)

(1)1~4 拍

下肢步伐:右脚开始侧点地 2 次。

上肢动作:1 右臂左前举、左臂屈肘于腰间,2 双臂屈肘于腰间,3~4 同 1~2 动作,但方向相反。

（2）5～8 拍

下肢步伐:右脚连续 2 次侧点地。

上肢动作:5～8 同 1～2 动作,重复 2 次。

1　　2　　3　　4　　5　　6　　7　　8

图 7-10　第二个 8 拍

3. 第三个 8 拍(图 7-11)

下肢步伐:左脚开始向前走 3 步接吸腿 3 次。

上肢动作:1 双臂肩侧屈外展,2 胸前交叉,3 同 1 动作,4 击掌,5 肩侧屈外展,6 腿下击掌,7～8 同 3～4 动作。

1　　2　　3　　4　　5　　6　　7　　8

图 7-11　第三个 8 拍

4. 第四个 8 拍

下肢步伐:右脚开始向后走 3 步接吸腿 3 次。

上肢动作:同第三个 8 拍。

第五至 8 个 8 拍,动作相同,但方向相反。

(四)组合四

1. 第一个 8 拍(图 7-12)

下肢步伐:1～4 右腿开始 V 字步,5～8A 字步。

上肢动作:1 右臂侧上举,2 双臂侧上举,3～4 击掌 3 次,5 右臂侧下举,6 双臂侧下举,7～8 击掌 2 次。

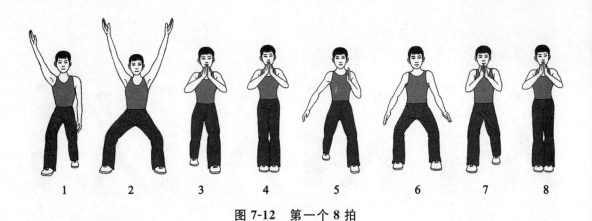

1　　2　　3　　4　　5　　6　　7　　8

图 7-12　第一个 8 拍

2. 第二个 8 拍(图 7-13)

(1)1～4 拍

下肢步伐:右腿开始弹踢腿跳 2 次。

上肢动作:1 双臂前举,2 下摆,3～4 同 1～2 动作。

(2)5～8 拍

下肢步伐:右脚连续弹踢 2 次。

上肢动作:5 双臂前举,6 胸前平屈,7 同 5 动作,8 还原体侧。

1　　2　　3　　4　　5　　6　　7　　8

图 7-13　第二个 8 拍

3. 第三个 8 拍(图 7-14)

下肢步伐:左腿漫步 2 次。

上肢动作:双臂自然摆动。

1~2　　　　　　　3~4

图 7-14　第三个 8 拍

4. 第四个 8 拍（图 7-15）

下肢步伐：左腿开始迈步后点地 4 次。

上肢动作：1~2 右臂经肩侧屈至左下举，3~4 同 1~2 动作，但方向相反，5~6 经侧下举至左下举，7~8 同 5~6 动作，但方向相反。

1　　　2　　　3　　　4　　　5　　　6　　　7　　　8

图 7-15　第四个 8 拍

第五至八个 8 拍，动作相同，但方向相反。

一级是健美操大众锻炼标准的入门套路。一级成套动作始终保持低强度的有氧练习。本套操动作较为简单，可采用领操法，分组合进行教学。在学习中首先应学会和掌握几个组合中的基本步伐，这也是本套操的重点。而本套操学习中最关键的一点是注意基本步伐的弹性与手臂动作的配合以及身体的基本姿态。具体练习时，还应注意以下几个问题。

第一，音乐节奏的把握。音乐是健美操的灵魂，是动作的旋律和节奏。在练习中，音乐能刺激大脑中枢神经系统，使练习者兴奋，富于激情。一级测试套路是健美操大众锻炼标准的入门套路，音乐节奏相对较慢，而初学者由于健美操基本功较弱，往往只顾完成动作而忽略了对音乐节奏的把握。因此，在学习动作前，可以先让练习者听音乐、数音乐节奏，当练习者基本听清节奏后，再进行动作的教学。

第二，动作的力度。力度是健美操的主要特点之一，也是评判健美操动作质量高低的因素之一，是指动作从加速到短暂制动的表现程度。力度是一种比较难以训练的动作感觉，练习者要通过一段时间的练习,对动作有了较深的理解,才能逐渐表现出动作力度。因此,在一级测试套路练习中,注重力度很必要。

第三,步伐的弹性。健美操的基本步伐是健美操操化动作的基本内容,弹性是基本步伐的技术特点之一。健美操一级测试套路动作是低强度的有氧练习,踏步、点步较多,加之一级测试套路音乐相对较慢,若不注意步伐的弹性,则会使动作没有力度,显得绵软无力。

二、二级套路教学

(一)组合一

1. 第一个 8 拍(图 7-16)

预备姿势:站立。

(1)1～4 拍

下肢步伐:右脚十字步。

上肢动作:1 右臂侧举,2 左臂侧举,3 双臂上举,4 下举。

(2)5～8 拍

下肢步伐:向后走 4 步。

上肢动作:屈臂自然摆动,7～8 同 5～6 动作。

1　　　　2　　　　3　　　　4　　　　5　　　　6　　　　7　　　　8

图 7-16　第一个 8 拍

2. 第二个 8 拍

动作同第一个 8 拍,但向前走 4 步。

3. 第三个 8 拍(图 7-17)

(1)1～6 拍

下肢步伐:右脚开始 6 拍漫步。

上肢动作:1～2 右手前举,3 双手叉腰,4～5 左手前举,6 双手胸前交叉。

(2)7~8 拍

下肢步伐:右脚向后 1/2 漫步。

上肢动作:双臂侧后下举。

| 1~2 | 3 | 4~5 | 6 | 7~8 |

图 7-17　第三个 8 拍

4. 第四个 8 拍(图 7-18)

(1)1~2 拍

下肢步伐:右脚向右并步跳。

上肢动作:屈右臂自然摆动。

(2)3~8 拍

下肢步伐:左脚向右前方做前、侧、后 6 拍漫步。

上肢动作:3~4 前平举弹动 2 次,5~6 侧平举,7~8 后斜下举。

| 1 | — | 2 | 3 | — | 4 | 5 6 | 7 8 |

图 7-18　第四个 8 拍

第五至八个 8 拍,动作相同,但方向相反。

(二)组合二

1. 第一个 8 拍(图 7-19)

(1)1~2 拍

下肢步伐:右脚向右侧滑步。

上肢动作:右臂侧上举,左臂侧平举。

(2)3～4 拍

下肢步伐:1/2 后漫步。

上肢动作:双臂屈臂后摆。

(3)5～6 拍

下肢步伐:左脚向前方做并步。

上肢动作:击掌 3 次。

(4)7～8 拍

下肢步伐:右脚向右后方并步。

上肢动作:双手叉腰。

| 1～2 | 3～4 | 5 | 6 | 7 | 8 |

图 7-19　第一个 8 拍

2. 第二个 8 拍(图 7-20)

(1)1～2 拍

下肢步伐:左脚向左后方并步。

上肢动作:击掌 3 次。

(2)3～4 拍

下肢步伐:右脚向右后方并步。

上肢动作:双手叉腰。

(3)5～6 拍

下肢步伐:左脚向前左侧滑步。

上肢动作:左臂侧上举。

(4)7～8 拍

下肢步伐:1/2 后漫步。

上肢动作:双臂屈臂后摆。

图 7-20　第二个 8 拍

3. 第三个 8 拍（图 7-21）

（1）1～4 拍

下肢步伐：右转 90°，右脚上步吸腿 2 次。

上肢动作：双臂向前冲拳、向后下冲拳 2 次。

（2）5～8 拍

下肢步伐：左脚 V 字步左转 90°。

上肢动作：双臂由右向左水平摆动。

图 7-21　第三个 8 拍

4. 第四个 8 拍（图 7-22）

（1）1～4 拍

下肢步伐：左腿吸腿（侧点地）2 次。

上肢动作：1 双臂胸前平屈，2 左臂上举，3 同 1 动作，4 还原。

健美操

(2)5~8拍

5~8同1~4动作,但方向相反。

图 7-22　第四个 8 拍

第五至八个 8 拍,动作相同,但方向相反。

(三)组合三

1. 第一个 8 拍(图 7-23)

(1)1~4拍

下肢步伐:右脚侧并步跳,4拍时右转 90°。

上肢动作:双臂上举,下拉。

(2)5~8拍

下肢步伐:左脚侧交叉步。

上肢动作:双臂屈臂前后摆动,8拍时,上体向左扭转 90°,朝正前方,双臂侧下举。

图 7-23　第一个 8 拍

2. 第二个 8 拍（图 7-24）

（1）1～4 拍

下肢步伐：向右侧并跳步，4 拍时左转 90°。

上肢动作：双臂上举、下拉。

（2）5～8 拍

下肢步伐：左脚开始侧并步 2 次。

上肢动作：5～6 右臂前下举，7～8 左臂前下举。

图 7-24　第二个 8 拍

3. 第三个 8 拍（图 7-25）

（1）1～4 拍

下肢步伐：左脚向前一字步。

上肢动作：1 双臂肩上屈，2 两臂下举，3～4 双臂肩前屈。

（2）5～8 拍

下肢步伐：左、右依次分并腿。

上肢动作：5～6 双臂上举，掌心朝前，7～8 双手放膝上。

图 7-25　第三个 8 拍

4. 第四个 8 拍(图 7-26)

(1)1~4 拍

下肢步伐:左脚向后一字步。

上肢动作:1~2 手侧下举,3~4 胸前交叉。

(2)5~8 拍

下肢步伐:左、右依次分并腿 2 次。

上肢动作:双臂经胸前交叉侧上举 1 次,侧下举 1 次。

图 7-26　第四个 8 拍

第五至八个 8 拍,动作相同,但方向相反。

(四)组合四

1. 第一个 8 拍(图 7-27)

下肢步伐:右脚开始小马跳 4 次,向侧向前成梯形。

上肢动作:1~2 右臂体侧向内绕环,3~4 换左臂,5~8 同 1~4 动作。

图 7-27　第一个 8 拍

2. 第二个 8 拍(图 7-28)

(1)1~4 拍

下肢步伐:右脚开始弧形跑 4 步,右转 270°。

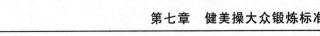

上肢动作:屈臂自然摆动。

(2)5~8 拍

下肢步伐:开合跳 1 次。

上肢动作:5~6 双手放腿上,7 击掌,8 放于体侧。

图 7-28　第二个 8 拍

3. 第三个 8 拍(图 7-29)

(1)1~4 拍

下肢步伐:右脚向右前上步后屈腿。

上肢动作:1 双臂胸前交叉,2 右臂侧举、左臂上举,3 同 1 动作,4 双手叉腰。

(2)5~8 拍

下肢步伐:右转 90°,左脚向前上步后屈腿。

上肢动作:动作同 1~4,但方向相反。

图 7-29　第三个 8 拍

4. 第四个 8 拍(图 7-30)

(1)1~4 拍

下肢步伐:右、左侧点地各一次。

上肢动作:1 右手左前下举,2 双手叉腰,3~4 动作相同,但方向相反。

(2)5～8 拍

下肢步伐:右脚上步向前转脚跟,还原。

上肢动作:5 双臂胸前平屈,6 前推,7 同 5 动作,8 放于体侧。

| 1 | 2 | 3 | 4 | 5 | 6 | 7 | 8 |

图 7-30　第四个 8 拍

第五至八个 8 拍,动作相同,但方向相反。

二级为健美操大众锻炼标准的初级套路,二级的练习是进行中低强度的有氧练习,并出现了 45°～90°的方向变化,路线以简单的前后和左右动作为主。此套路可按成套动作顺序分组合进行练习,并根据每一组合的难易程度进行示范、讲解并练习,待该组动作熟练后,再加上 45°方向变化练习,然后再进行下一组合的练习。二级测试套路练习时需注意以下几项。

(1)手型的正确性。在组合二中吸腿跳由拳变掌的动作,组合四中,由拳变屈掌、立掌的动作,都应和脚上步伐协调配合,重点要注意手型的正确性。

(2)动作的幅度。动作幅度是指在特定专项要求下,肢体运动的范围大小。在健美操中,大幅度的动作不仅使动作显得舒展大方,而且也会对肌体产生更大的锻炼价值。在成套练习或者组合练习中,除了动作幅度外,也应重视移动的幅度。

(3)动作的方位的准确性。因二级测试套路有了 45°的方向变化,很多练习者在练习时,对于这中间方向的变化感觉不明显或者没方向变化,因此,在教学中要多提示、指点、纠正。

三、三级套路教学

(一)组合一

1. 第一个 8 拍(图 7-31)

预备姿势:站立。

(1)1～4 拍

下肢步伐:右脚开始向侧迈步后屈腿 2 次,2 时右转 90°。

上肢动作:1～2 左臂摆至侧上举,右臂摆至胸前平屈,3～4 同 1～2,但方向相反。

(2)5～8 拍

下肢步伐:向右迈步后屈腿 2 次,6 时右转 180°。

上肢动作:双手叉腰。

| 1 | 2 | 3 | 4 | 5 | 6 | 7 | 8 |

图 7-31　第一个 8 拍

2. 第二个 8 拍(图 7-32)

(1)1～2 拍

下肢步伐:1/2V 字步。

上肢动作:1 右臂侧上举,2 左臂侧上举。

(2)3～8 拍

下肢步伐:6 拍漫步,8 右转 90°。

上肢动作:随脚的动作自然前后摆动。

| 1 | 2 | 3～4 | 5 | 6～7 | 8 |

图 7-32　第二个 8 拍

3. 第三个 8 拍(图 7-33)

下肢步伐:右脚开始交叉步 2 次,左转 90°呈 L 型。

上肢动作:1 双臂前举,2 胸前平屈,3 同 1,4 击掌,5～8 同 1～4。

健美操

图 7-33　第三个 8 拍

4. 第四个 8 拍(图 7-34)

(1)1～4 拍

下肢步伐:右脚侧并步跳,1/2 后漫步。

上肢动作:1～2 双臂侧上举,3～4 右臂摆至体后,左臂摆至体前。

(2)5～8 拍

下肢步伐:左转 90°左脚开始小马跳 2 次。

上肢动作:5～6 右臂上举,7～8 左臂上举。

图 7-34　第四个 8 拍

第五至八个 8 拍,动作相同,但方向相反。

(二)组合二

1. 第一个 8 拍(图 7-35)

(1)1～4 拍

下肢步伐:左脚向右前上步吸腿 2 次。

上肢动作:双臂自然摆动。

(2)5~6拍

下肢步伐:左脚向后交换步。

上肢动作:双臂随下肢动作自然摆动。

(3)7~8拍

下肢步伐:右脚上步吸腿。

上肢动作:双臂自然摆动。

图7-35 第一个8拍

2. 第二个8拍(图7-36)

(1)1~4拍

下肢步伐:左脚开始向左侧交叉步。

上肢动作:双臂随步伐向反方向臂屈伸。

(2)5~8拍

下肢步伐:右转45°。

上肢动作:5~6双臂肩侧屈外展。7~8经体前交叉摆至侧下举。

图7-36 第二个8拍

3. 第三个8拍(图7-37)

(1)1~4拍

下肢步伐:左脚开始十字步,同时左转90°。

上肢动作:双臂自然摆动。

(2)5~8 拍

下肢步伐:左脚开始向侧并步跳 2 次。

上肢动作:双臂自然摆动。

图 7-37　第三个 8 拍

4. 第四个 8 拍(图 7-38)

下肢步伐:左脚漫步 2 次,右转 90°。

上肢动作:双臂自然摆动。

图 7-38　第四个 8 拍

第五至八个 8 拍,动作相同,但方向相反。

(三)组合三

1. 第一个 8 拍(图 7-39)

(1)1~6 拍

下肢步伐:左脚开始做侧点地 3 次。

上肢动作:1~2 右臂向下臂屈伸,3~4 左臂向下臂屈伸,5~6 同 1~2 动作。

(2)7~8 拍

下肢步伐:左脚开始向前走两步。

上肢动作:击掌 2 次。

图 7-39　第一个 8 拍

2. 第二个 8 拍(图 7-40)

(1)1～4 拍

下肢步伐:左脚开始吸腿跳 2 次。

上肢动作:1 侧上举,2 双臂胸前平屈,3 同 1,4 叉腰。

(2)5～8 拍

下肢步伐:吸右腿跳,向后落地,转体 180°,吸左腿。

上肢动作:双手叉腰。

图 7-40　第二个 8 拍

3. 第三个 8 拍(图 7-41)

(1)1～4 拍

下肢步伐:左脚开始向前走三步吸腿跳,同时左转体 180°。

上肢动作:1～3 叉腰,4 击掌。

(2)5～8 拍

下肢步伐:右脚开始向前走 3 步吸腿。

上肢动作:5～6 手臂同时经前向下摆,7～8 经肩侧屈外展体至体前击掌。

图 7-41　第三个 8 拍

4. 第四个 8 拍(图 7-42)

下肢步伐:左脚开始侧并步 4 次,呈 L 形。
上肢动作:双臂做屈臂提拉 4 次。

图 7-42　第四个 8 拍

第五至八个 8 拍,动作相同,但方向相反。

(四)组合四

1. 第一个 8 拍(图 7-43)

(1)1～4 拍
下肢步伐:右腿上步吸腿。
上肢动作:双臂做向前冲拳、后拉 2 次。
(2)5～8 拍
下肢步伐:左脚向前走 3 步吸腿。
上肢动作:手臂同时经前向下摆,8 击掌。

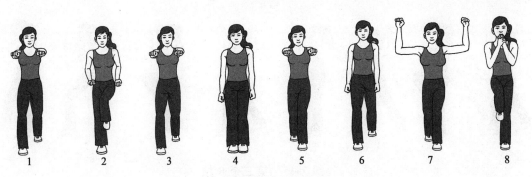

图 7-43　第一个 8 拍

2. 第二个 8 拍(图 7-44)

(1)1～4 拍

下肢步伐:1 右脚向侧迈步,2～3 向右前 1/2 前漫步,4 左脚向侧迈步。

上肢动作:1 侧上举,2～3 随脚的动作自然摆动,4 同 1 动作。

(2)5～8 拍

下肢步伐:右脚向左前方做漫步。

上肢动作:双臂自然摆动。

图 7-44　第二个 8 拍

3. 第三个 8 拍(图 7-45)

(1)1～6 拍

下肢步伐:右脚开始上步吸腿 3 次。

上肢动作:1 肩侧屈外展,2 击掌,3～6 同 1～2 动作。

(2)7～8 拍

下肢步伐:左脚前 1/2 漫步。

上肢动作:双臂自然摆动。

图 7-45　第三个 8 拍

4. 第四个 8 拍(图 7-46)

下肢步伐:左转 90°向左做侧交叉步,转体 180°接侧交叉步。

上肢动作:1~4 双臂做外展、内收、外展、击掌,5~8 同 1~4 动作。

图 7-46　第四个 8 拍

第五至八个 8 拍,动作相同,但方向相反。

三级是健美操大众锻炼标准的初级套路,练习目的是进行中等强度的有氧练习。此套动作的教学及练习方法与二级测试套路基本相同。由于此套路增加了部分动作的 180°方向变化和简单的图形变化,在学习过程中,就加大了动作完成的难度。三级测试套路练习时需注意以下几项。

(1)身体的基本姿态。在健美操动作组合和套路动作练习中,由于练习者的注意力主要集中在动作的变化和动作的前后连接上,容易忽视身体的基本姿态。此时,就要及时纠正错误动作,然后对正确的身体姿态反复练习,使其有正确的肌肉感觉,形成正确的动力定型。

(2)动作路线的准确性。由于此套路增加了部分动作的 180°方向变化和简单的图形变化,因此,在组合动作练习或者套路练习中,会由于注意动作的规格而忽视动作路线及方向的准确性,特别是每个组合的反方向的动作。

(3)组合与组合之间的衔接。三级套路虽然丰富了动作内容,但在教学中,也给练习者学动作和记动作带来了困难。因此当完成组合二的教学后,要及时与组合一的动作衔接起来练习。依次往后学习,这样不仅可以让练习者熟悉正在学习的一节操,又可熟练掌握前几节操和它们之间的衔接技术。

知识拓展

四、五、六级健美操

四级为健美操大众锻炼标准的中级套路，采用中高强度的有氧练习。在三级基础上复合动作更多，一个32拍的组合由5～7个动作组成。音乐速度更快、高冲击力动作增多，使运动强度增加，但仍是高低冲击力动作相间。手臂动作变换增多，增加了180°转体动作以及图形变化，提高了动作的流动性和成套的难度。设计有胸部、三头肌和腹部力量的练习。

五级仍为健美操大众锻炼标准的中级套路。在四级动作的基础上复合动作更多、音乐速度更快、高冲击力动作更多，从而使整套动作强度增加，但仍是高低冲击力动作相间。手臂动作变体增多，并增加了360°转体及跳跃、踢腿等动作，提高了成套动作的难度。设计有全身控制力的训练，包括腹横肌、俯卧撑、柔韧性和支撑练习等。

六级是健美操大众锻炼标准的高级套路，全套是保持中高强度的有氧练习。六级在前五级的基础上增加了更多角度和方向的变化，同时设计了双脚起跳的跳跃动作。在韵律方面也更丰富，其中有两拍一动和一拍两动的节奏变化。

第八章　健身健美操

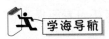 学海导航

　　健身健美操在当下已经成为非常受人追捧的体育健身项目,其原因就在于它本身所具有的健身性、娱乐性和全面性等特点。经过长期的发展,健身健美操已经从最基础的健美操形式演变出了多种衍生形式,其中比较有代表性的有踏板操、搏击操、水中操和健身球操。本章就重点对这些新型的健身健美操运动进行研究。

第一节　踏板操

一、踏板操概述

　　有氧运动一词是1968年由美国人库珀先生首先提出的。有氧运动,是指在运动时身体充分获取氧气,运动所需能量系统主要是以有氧反应方式来供给能量。踏板操是在有氧操的基础上发展而来的。

　　由于踏板操动作简单易学,内容丰富有趣,动作节奏适中,比较容易掌握,能有效地提高心肺功能,具有独特的健身效果,深受广大健身爱好者的喜爱,踏板操很快风靡世界。

　　我国在1991年中央电视台《健美五分钟》栏目中首次推出踏板操。此后几年,踏板课只在一些高级饭店、宾馆的健身房出现,直到1998年北京的健身房将踏板课作为基础健身课时,才真正将踏板操在国内推广开来。

　　目前在较大的健身房都开设有踏板操的课程,踏板操具有独特的健身效果,深受广大健身爱好者的欢迎。

二、踏板操的特点与功能

(一)踏板操的特点

1. 安全性

由于踏板操主要是在踏板上不停地上下移动,跳跃性动作相对较少,就使下肢关节具有明显的屈伸和缓冲,从而最大程度地避免了长时间跳跃造成的运动损伤。踏板练习者要提高重心高度,要求必须腿、臀发力,这就有利于保护关节和韧带。

2. 可控性

有氧健身要求运动强度始终保持在中、低水平,但如何控制好运动强度,对于经验不足的健美操指导员和初级健身者来说较为困难,而踏板操则很容易达到这一要求。健身者就可以根据自身的条件和锻炼目的,通过调整踏板下的垫板高度来调节运动强度。

3. 趣味性

由于使用了踏板,动作内容大大增加,可以充分利用踏板的面以及踏板的4个角来完成上、下板的连接动作或单纯的板上运动。既可以按需要将板摆成不同的位置,如横板、纵板,也可以同时利用2块、3块甚至4块踏板进行练习,从而增加了踏板动作的趣味性。

(二)踏板操的功能

踏板操具有有氧运动的健身功能,它能全面提高身体的协调性、心肺功能和肌肉的耐力,促进身体组织各器官的协调运作,使人体达到最佳机能状态,具体表现在以下几方面。

(1)踏板操能提高锻炼者的协调能力和全身的力量控制。

(2)通过练习踏板操,不但可以强化膝关节周围的肌群,而且可以提高肌肉弹性和关节灵活性,提高下肢的力量。

(3)踏板操更能提高人的心肺功能,踏板操是一种低冲击、全身性的安全有氧运动,由于要克服重力,所以完成同样动作,借助踏板进行有氧操练习比在平地上练习消耗能量要大,而运动负荷的合理增加显然有利于心肺功能的提高。

三、踏板操的健身练习

(一)踏板操的基本动作

1. 踏板操上肢基本动作

有氧踏板健身操上肢基本动作与徒手健身操上肢动作大致相同,包括举、屈、伸、绕和绕环及振等动作。

踏板健身操上肢动作可以通过改变动作的方向、路线、幅度、角度来完成。还可以使用单双臂同时或依次做动作以及左右对称或不对称做动作,从而改变单一的动作形式。

2. 踏板操下肢基本动作

踏板操下肢动作较多,本书只对其中常见的几个动作进行描述。如图 8-1 所示,长方形代表踏板;a,b,c,d,e,f,g,h 为踏板周围的一些位置;r,s,t 为踏板上左、中、右 3 个位置;v,x 分别为 s,t 到踏板两边中间距离的位置。

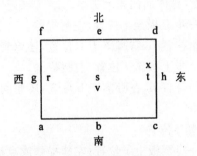

图 8-1　踏板操位置示意图

(1)横跨板(Across the Top)

准备:身体位于踏板左侧 g 位置,身体面向正北方。

1~2 拍:右脚向右侧横跨一步上板,至踏板中央 s 位置;左脚紧跟右脚上板,身体重心随之移动至板上。

3~4 拍:右脚再向右横跨一步下板至 h 位置;左脚下板并于右脚,整个身体完成横跨踏板的动作。

(2)交叉步(Grapevine)

准备:身体位于板下 a 左侧处,身体面向正北方。

1~2 拍:右脚向右迈出一步,左脚向右迈出一步,并交叉于右脚之后。

3~4 拍:右脚再向右迈出一步;左脚并于右脚。

(3)马蹄步(Horseshoe)

准备:身体位于板下 c 位置,身体面向正西方。

1~2 拍,右脚向侧前方迈步上板至 t 位置;左脚上板至 r 位置,同时右脚脚尖转正。

3~4 拍:左脚为轴进行旋转,同时右脚下板至 a 位置;左脚下使身体朝东板至 f 位置。

5~6 拍:右脚向斜前方迈步上板至 r 位置;以右脚为轴旋转,使身体朝南,同时左脚上板至 t 位置。

7~8 拍:右脚下板落至 d 位置;左脚并于右脚,下板于 d 位置。

(4)跨骑步(Straddle)

准备:身体位于板后 c 位置,身体面朝正西方。

1~2 拍:右脚向右前方迈步上板至 r 位置;左脚并于右脚。

3~4拍:右脚向右后方迈步下板至d位置;左脚向左后方迈步下板至c位置。

5~6拍:右脚上板至r位置;左脚上板至r位置,并于右脚。

7~8拍:右脚向右后方迈步下板至d位置;左脚下板至d位置,并于右脚。

(5)点板步(Tap Up)

准备:身体位于板后b位置,身体面向正北方。

1~2拍:左脚向前迈步上板至s位置,身体重心前移,右脚前脚掌在s位置点板。

3~4拍:右腿向后伸展,下板至b位置,左脚下板至b位置,并于右脚。

(6)边角步(Corner to Corner)

准备:身体位于板下b位置,身体面向正北方。

1~2拍:右脚向左前方迈一步上板至r位置,左腿提膝。

3~4拍:左腿伸膝落于开始位置b,右脚落于b位置,还原到开始姿势。

5~6拍:左脚向右前方迈一步上板至t位置,右腿提膝。

7~8拍:右腿伸膝落于开始位置b,左脚落于b位置,还原到开始姿势。

(7)查尔斯顿步(Charleston)

准备:身体位于b位置,面朝f位置,

1~2拍:右脚向斜前方迈一步至板上r位置;左腿提膝或点板或弹踢。

3~4拍:左脚落位于b位置;右脚下板,落在左脚之后,两腿成弓步,身体前倾。

(8)开合跳(Jumping Jack)

准备:身体位于b位置,面朝正北。

1~2拍:并腿向上跳起,左右分腿姿势落地,接着再向上跳起,并腿落地。

3~4拍:同1~2动作完全相同。

(9)1字步(1—Step)

准备:身体位于b位置,面朝正北。

1~2拍:右脚上板至s位置,左脚并于右脚。

3~4拍:开合跳(并腿向上跳起,左右分腿姿势落地,接着再向上跳起,并腿落地)。

5~6拍:右脚下板至b位置,左脚下板至b位置,并于右脚。

7~8拍:再做一次开合跳。

(10)V字步(V—step)

准备:身体位于板后的b位置,身体面向正北方向。

1~2拍:左脚向左前方迈步上板至r位置,右脚向右前方迈步至t位置。

3~4拍:左脚下板至b位置,右脚下板至b位置,右脚并于左脚,还原开始姿势。

(11)X字步(X—step)

准备:身体位于板另一侧f位置,身体面向正东方。

1~2拍:右脚向右前方迈步上板至s位置,左脚并于右脚。

3~4拍:右脚向右前方迈步下板至c位置,左脚向左前方迈步下板至d位置。

5~6拍:右脚向后侧方迈步上板至s位置,左脚向后侧方迈步至s位置,并于右脚。

7~8拍:右脚向右后方迈步下板至a位置,左脚向左后方迈步至f位置。

(二)踏板操的组合动作练习

1. 踏板操的初级组合动作练习

(1)第一个 8 拍(图 8-2)

步伐:1～4 拍右脚一字步上下板;5～8 拍同 1～4 拍。

手臂:1～4 拍两臂体侧屈肘,前后摆动;5～8 拍同 1～4 拍。

手型:拳。

面向:1 点。

| 1、5 | 2、6 | 3、7 | 4、8 |

图 8-2 第一个 8 拍

(2)第二个 8 拍(图 8-3)

步伐:第 1 拍右脚上板,第 2 拍左脚后屈,3～4 拍下板,5～8 拍同 1～4 拍。

手臂:两臂体侧屈肘前后摆动。

手型:拳。

面向:1～2 拍时向 8 点,3～4 拍向 1 点,5～6 拍 2 点,7～8 拍 1 点。

| 1、5 | 2、6 | 3、7 | 4、8 |

图 8-3 第二个 8 拍

(3)第三个 8 拍(图 8-4)

步伐:第 1 拍右脚上板,第 2 拍左脚前吸腿,第 3 拍左脚下板,第 4 拍右脚点地,第 5 拍左脚点板,第 6 拍左腿前吸,7～8 拍下板。

手臂:两臂体侧屈肘前后摆动。

手型:拳。

面向:1~2拍向8点,3~4拍向1点,5~6拍2点,7~8拍1点。

1 2 3 4

5 6 7 8

图8-4 第三个8拍

(4)第四个8拍(图8-5)

步伐:1~4拍向右45°上板吸腿一次,5~8拍向左45°上板吸腿一次。

手臂:两臂体侧屈肘前后摆动。

手型:拳。

面向:1~6拍3点,7~8拍1点。

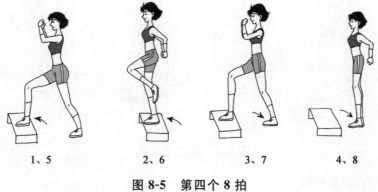

1、5 2、6 3、7 4、8

图8-5 第四个8拍

2. 踏板操的中级组合动作练习

(1)第一个 8 拍(图 8-6)

步伐:第 1 拍右脚上板,第 2 拍左脚前吸腿,3～4 拍脚下板;5～8 拍左脚上板 V 字步下板后内转 90°。

手臂:1～4 拍两臂自然前后摆动,5～8 拍两臂体侧屈肘前后摆动。

手型:拳。

面向:1～6 拍 1 点,7～8 拍 7 点。

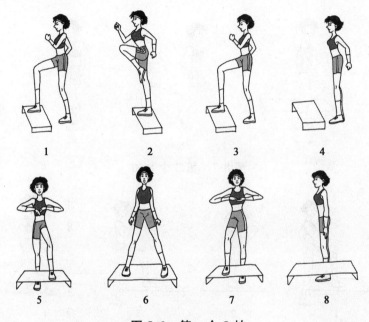

图 8-6　第一个 8 拍

(2)第二个 8 拍(图 8-7)

步伐:第 1 拍左脚上板,第 2 拍右脚上板同时左腿跳吸,3～4 拍过板下板,第 5 拍右脚向前一步,第 6 拍左脚上步,第 7 拍转体 180°,8 拍向前走一步。

手臂:第 1 拍两臂胸屈,第 2 拍两臂上伸,第 3 拍两臂胸屈,第 4 拍两臂体侧,5～8 拍两臂自然前后摆动。

手型:1～4 拍自然前后摆动,5～8 拍拳靠腹部两侧,8 拍掌自然垂下。

面向:1～4 拍时向 7 点,5～6 拍 8 点,7～8 拍 4 点。

(3)第三个 8 拍(图 8-8)

步伐:第 1 拍右脚侧上板,第 2 拍左脚前吸腿,第 3 拍左脚下板,第 4 拍右腿后伸,第 5 拍右脚上板,第 6 拍左脚后抬,同时后绕过板,7～8 拍左转 90°下板。

手臂:1～4 拍两臂自然前后摆动,第 5 拍两臂胸前弯曲,第 6 拍两臂上伸,7～8 拍两臂落在体侧。

手型:1～4 拍拳,5～8 拍拳、掌。

面向:1~6 拍时 4 点,7~8 拍 1 点。

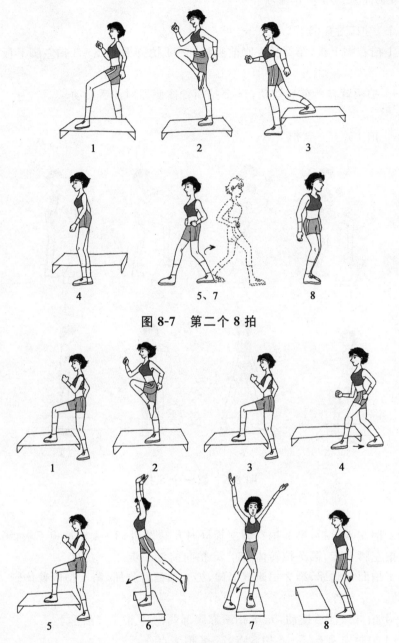

图 8-7 第二个 8 拍

图 8-8 第三个 8 拍

(4)第四个 8 拍(图 8-9)

步伐:第 1 拍右脚上板,第 2 拍左腿侧抬,3~4 拍下板,5~8 拍同 1~4 拍方向相反。

手臂:1~2 拍两臂侧举,3~4 拍两臂自然落下,5~8 拍同 1~4 拍。

手型:掌心向前。

面向:1 点。

1　　　　　2　　　　　3　　　　　4

5　　　　　6　　　　　7　　　　　8

图 8-9　第四个 8 拍

3. 踏板操高级组合动作练习

(1)第一个 8 拍(图 8-10)

步伐:第 1 拍右脚上板,第 2 拍左脚前吸腿,3~4 拍左侧下板,5~8 拍左脚左侧上板同时侧并步横过板。

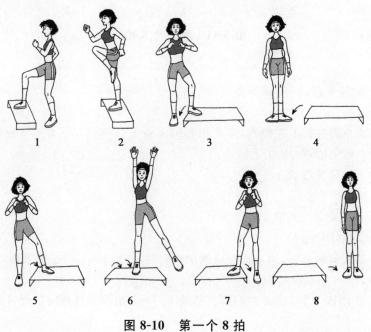

1　　　　　2　　　　　3　　　　　4

5　　　　　6　　　　　7　　　　　8

图 8-10　第一个 8 拍

手臂:1~4拍两臂体侧屈肘前后摆动,5~8拍两臂胸前交叉向外绕。

手型:1~4拍拳,5~8拍掌心向外。

面向:1点。

(2)第二个8拍(图8-11)

步伐:第1拍左脚从右侧上板,第2拍右腿前吸上板,3~4拍下板,5~6拍板下右脚左斜前漫步,7~8拍右脚侧并步。

手臂:第1拍两臂弯曲,第2拍右臂侧举,左臂胸前平屈,5~6拍左臂前举,右臂上举,7~8拍两臂侧平举。

1   2   3   4

5   6   7、8

图8-11　第二个8拍

手型:拳。

面向:1~4拍时1点,5~6拍3点,7~8拍1点。

(3)第三个8拍(图8-12)

步伐:第1拍左脚尖板上左侧点,第2拍右脚尖板上右侧点,3~4拍下板恰恰,第5拍右脚上板,第6拍左腿侧抬,7~8拍下板。

手臂:两臂自然前后摆动。

手型:拳。

面向:1~4拍1点,5~8拍8点。

(4)第四个·8拍(图8-13)

步伐:第1拍右脚侧上板,第2拍左腿侧抬跳同时后绕,3~4拍过板下板,5~6拍左腿绕板左转45°恰恰,7~8拍右腿绕板左转45°恰恰。

手臂:1~2拍两臂上举,3~4拍两臂自然落下,5~8拍两臂自然前后摆臂。

手型：1～4 拍掌心向外，5～8 拍拳。

面向：1～4 拍 7 点，5～6 拍 5 点，7～8 拍 2 点。

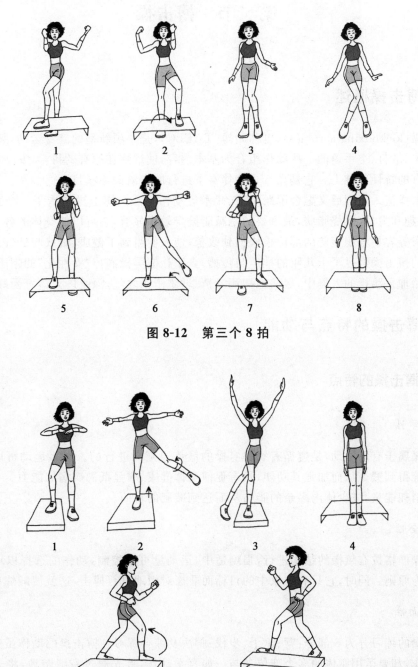

图 8-12　第三个 8 拍

图 8-13　第四个 8 拍

第二节　搏击操

一、搏击操概述

搏击操(kickboxing aerobics),也称跆搏(TAEBO),是一项新型的健身运动,起源于美国,主要以拳击、散打、空手道的一些动作组合为基本内容,使锻炼在原有的科学、安全有效的基础上更具独有的特性与魅力。它是在音乐的伴奏下进行的有氧锻炼项目。

当搏击操流入亚洲后又融合了跆拳道、武术等动作特点。搏击操创造了一个新的健身概念,增强乐趣和力量,燃烧脂肪,最重要的是减脂健身效果显著,它可以使身体的各个部位尤其使腰、腹、臀等容易堆积脂肪的部位很快得到改善,使人们得到了健康、威武与豪气。

传统的搏击操经过了十几年的推广与传播,真正让健美操摘掉"女性化"的帽子,越来越多的男士开始加入跳操的人群中,尽情地挥洒激情,增添阳刚之气,深受广大体育爱好者的喜爱。

二、搏击操的特点与功能

(一)搏击操的特点

1. 科学性

搏击操属于有氧运动,是遵循有氧健身操的锻炼原则而进行的。有氧运动可以使人的各个循环系统得到锻炼从而加强其功能,具有促使身体健康、增强抵御疾病的能力。有氧锻炼可以有效地消耗能量,减少体内多余的脂肪从而达到减肥的目的。

2. 安全性

搏击操严格按有氧操的结构进行,强度适中,运动量可以控制,动作的选择以增进健康与避免伤害为原则。同时,它只有想象中的目标而非面对面地进行搏击,这就使锻炼更安全。

3. 全面性

搏击操的练习分为5部分:臂、躯干、步伐、脚法及综合练习。搏击操的动作虽然只是简单的一个动作,却要运用躯体的多个部位参与。如直拳动作,首先通过右腿蹬地,将力量传到大腿、髋,经过腰部转动的力量传递到胸、肩、手臂,最后才到拳上,因此,使锻炼具有全面性。

4. 娱乐性

搏击操在强劲有力的音乐伴奏和指导员的带动下,所有练习者做着整齐有力的动作,同时,在发力间伴着整齐有力的喊声,整个课堂的气氛非常热烈,练习者在这种氛围之下的练习热情也将极大地提高,这使锻炼成为一种娱乐,原本枯燥的锻炼过程变得轻松愉快。

5．易学性

搏击操的内容是有选择的,被吸纳的动作也是经过简化分解的。如拳击中的直拳、勾拳、摆拳等,腿法中有前踢、侧踢、摆踢等。这些动作不仅直观,而且动作要求也只限于用力的顺序与用力的位置正确,并不要求像拳击、搏击竞赛与实践中那样快速准确。因此,一般人都能够完成这些练习。此外,它不强调复杂的动作组合,而且运动中的变化特别是方向变化也较少,加之教学多采用分解及慢速的方法,这就更有利于练习者掌握动作了。

(二)搏击操的功能

(1)提高身体的柔韧性。搏击操运动中的各种踢腿对提高下肢的柔韧性非常有效。

(2)增强肌肉的力量、弹性。搏击操的动作在发力时要求迅速有力,但收缩时自然、放松、快捷,通过局部与综合的动作练习过程,动作速度不仅逐渐提升,并且通过大幅度的反复练习和肌纤维的反复伸缩,使肌肉的力量与弹性得到了增强,反应速度加快。

(3)消耗大量的能量。搏击操采用了长时间保持中低强度的运动状态,需要动用体内大量的能源物质——血糖与脂肪,因此,搏击操练习有减脂的、耗能的功效。

(4)有强健腰腹的作用。搏击操中的各种拳法与腿法,都要求腰腹发力,可以说腰腹练习始终贯穿于整个练习中,大量腰的摆动与腹部的收缩,使锻炼者的腹部变得强健平坦。

三、搏击操的健身练习

(一)搏击操的基本动作

基本动作是搏击操的基础,是组合动作和整套动作锻炼有效、安全的保证。做好基本动作会得到更好的锻炼效果。

1．基本腿法

(1)前踢

动作要领:一般采用前后站立,后脚由膝盖带动直接前抬,然后小腿弹出,脚尖下压。动作完成后,先折叠小腿回到抬腿的姿势再收回。根据左或右侧前踢的高度可分为高、中、低,相对难度也依次递减,练习者可根据自身的不同情况选择高度。

(2)横踢

动作要领:前后站立,后脚先扭转脚跟向前,然后顶髋转体抬腿,大小腿夹紧,上体、髋关节、膝盖在一条直线上,不要撅臀,最后小腿弹出,脚尖下压,收回时先折叠小腿回到抬腿的姿势再收回站好。

（3）侧踢

动作要领：平行站立，以右腿侧踢为例，左脚先扭转脚跟向右侧，然后抬右腿，大小腿夹紧，大腿贴近上体，脚外侧拉长，最后向右侧蹬伸腿，动作完成后，先折腿回到抬腿的姿势再收回。侧踢上体、髋关节、膝盖、脚也应在一条直线上，练习方法和前踢、横踢相同。

（4）后踢

动作要领：前后站立，首先前腿向后收回，同时下压上体，然后收回后腿让大腿贴于胸部，最后用力蹬出后腿，动作完成后先折腿回到抬腿的姿势，再收回。

（5）跳踢

动作要领：以右腿为例的原地跳踢，屈膝抬起左腿，左腿落下的同时右腿直腿上踢并跳起。

（6）下劈

动作要领：前后站立，后腿伸直抬起，落下脚尖前点。

2. 基本拳法

（1）直拳

直拳可以在平行站立和前后站立两种站立姿势上出拳，无论哪种站立姿势都要腿先发力蹬转，然后腰用力，最后是手臂用力。

动作要领：手臂直接打出的同时，旋转拳，手心向下，注意手臂不要完全伸直，这样可以保护肘关节不受伤害。直拳按位置可分为右或左拳，正或侧拳的高、中、低3种。

（2）勾拳

勾拳的站立姿势和发力与直拳相同，不同的是腰部首先要向反方向扭转并压低上体。

动作要领：发力出拳，手臂始终保持弯曲，拳心向后。

（3）摆拳

摆拳的站立姿势和发力与直拳完全相同。

动作要领：手臂平抬随身体的扭动画弧线，手臂始终保持弯曲，手心向下。

（4）肘击

一般采用平行站立，用肘关节进攻，可以分为横击、后击和下击。

动作要领：以右手横击为例，左脚首先蹬地，移动重心至右脚，腰部发力向右移动，左手掌推右手拳至右侧，最后力量到达关节，而左下击时要先高抬手臂，右侧腰拉长，然后腰用力收缩，肘下压。

（5）搁挡

搁挡时，脚下可以马步也可以弓箭步。

动作要领：做搁挡时，马步尽量要低；弓箭步弯曲腿要注意膝部弯曲的角度不要过大超过脚尖，也就是步幅要大。

（6）劈

劈时脚下可以马步也可以弓箭步。

动作要领：手劈一般是用掌，是腰部首先用力带动手臂，可以横劈，下劈。横劈时，手臂由头后与肩平行画弧线停在身体正中，手下劈时，手臂则由头后从上至下停在与肩同高的位置。

3. 基本步伐

(1)站立

①平行站立：双脚平行站立与肩同宽，脚尖向前，膝关节微屈，重心放在双腿之间，双手握拳呈搏击防守姿势。

②防守站立：以右防守为例，马步蹲，左拳放在脸前，右拳放在体侧与胸同高，做好防守准备。防守可以根据进攻方向不同而手臂位置不同。

③前后开立：双脚平行站立与肩同宽，然后竖直撤一只脚呈前后开立，脚尖向前，膝关节微屈，重心放在双腿之间，双手握拳呈搏击防守姿势。

(2)跳动

①平行跳动：平行站立好，然后身体稍向前倾，脚后跟微微抬起，左右跳动。

②前后跳动：像前后开立那样站好，然后身体稍向前倾，脚后跟微微抬起，前后跳动。

(3)移动

①平行移动：在平行跳动的基础上，向左侧或右侧移动，移动时双脚始终分开，不要并拢。

②前后移动：在前后跳动的基础上，向前或向后移动，移动时双脚始终分开，不要并拢。

(4)侧吸腿

在平行站立的基础上，同侧手脚以腰部发力带动向中间运动。以右侧为例，右侧向外打开屈膝抬腿的同时右手屈肘关节下拉，使膝盖和关节相碰。

(5)防守蹲

在前后开立的基础上，双拳防守，位置升高护住头部，同时下蹲。

4. 基本发力

(1)踢腿发力

踢腿要根据腿法的不同而用力不同，相同的是都要腰部用力。

(2)出拳发力

出拳时，首先腿部发力，用力蹬转，抬起脚跟，不要扭转，最后带动手臂出拳。以出右拳为例，首先右腿用力蹬转，同时抬起右脚，脚尖向左转动，这样可以对膝盖起到保护作用，然后腰部发力扭转。

(二)搏击操的组合动作练习

1. 搏击操初级组合动作练习

(1)第一个 8 拍(图 8-14)

步伐：1～4 拍分腿屈膝弹动，5～6 拍屈膝向左移重心，同时右膝内扣，右踝外展，7～8 拍为 5～6 拍反方向。

手臂：1～4 拍双臂胸前屈肘，双拳保护下颌，双肘保护腹部两侧，为基本防守姿势。5～6 拍右直拳、7～8 拍左直拳。

手型：拳。

面向:1点。

图 8-14　第一个 8 拍

(2)第二个 8 拍(图 8-15)

步伐:1~2 拍右吸腿,3~4 拍左吸腿,5~6 拍右吸腿,7~8 拍左吸腿。

手臂:双臂胸前屈肘,肘向腹部下拉。

手型:拳。

面向:1~2、5~6 拍 8 点、3~4、7~8 拍 2 点。

图 8-15　第二个 8 拍

（3）第三个 8 拍（图 8-16）

步伐：1～2 拍半蹲左侧弓步，3～4 拍半蹲右侧弓步，5～6 拍半蹲左侧弓步，7～8 拍半蹲右侧弓步。

图 8-16　第三个 8 拍

手臂：第 1 拍基本防守姿势；第 2 拍身体左转，右臂稍前伸，左臂稍后拉屈肘；3～4 拍为 1～2 拍反方向。

手型：拳。

面向：1 点。

（4）第四个 8 拍（图 8-17）

步伐：1～2 拍屈膝向左移重心，同时右膝内扣，右踝外展；3～4 拍为 1～2 拍反方向；5～8 拍同 1～4 拍。

手臂：1～2 拍右直拳，3～4 拍左直拳，5～8 拍两次右直拳。

手型：拳。

面向：1～2、5～8 拍 8 点，3～4 拍 2 点。

图 8-17　第四个 8 拍

2. 搏击操中级组合动作练习

(1)第一个 8 拍

步伐:1~2 拍右吸腿;3~4 拍左吸腿;5~6 拍屈膝向左移重心同时右膝内扣,右踝外展;7~8 拍为 5~6 拍反方向。

手臂:1~2 拍屈肘,右肘下拉靠近右大腿,左臂后移;3~4 拍为 1~2 拍反方向;5~6 拍右直拳;7~8 拍左直拳。

手型:拳。

面向:1~4 拍 1 点,5~6 拍 8 点,7~8 拍 2 点。

(2)第二个 8 拍(图 8-18)

步伐:1~2 拍屈膝向左移重心同时右膝内扣,右踝外展;3~4 拍为 1~2 拍反方向;5~8 拍左侧踢腿。

手臂:1~2 拍右勾拳,3~4 拍左勾拳;5~8 拍左臂前伸,右臂屈肘后拉。

手型:拳。

面向:1~2 拍 3 点,3~4 拍 6 点,5~8 拍 1 点。

图 8-18　第二个 8 拍

(3)第三个 8 拍(图 8-19)

步伐:1~4 拍右腿后并步两次,5~8 拍左前弓步。

手臂:1~4 拍左直拳两次,5~8 拍右直拳两次。

手型:拳。

面向:1~4 拍 2 点,5~8 拍 1 点。

图 8-19　第三个 8 拍

（4）第四个 8 拍（图 8-20）

步伐：1～2 拍右吸腿，3～4 拍右侧踢，5 拍右腿落下，6～8 拍同 2～4 拍。1～2 拍右吸腿，3～4 拍右侧踢。

手臂：1～2 拍双肘胸前平屈右臂前、左臂后，3～4 拍防守姿势，5～8 拍同 1～4 拍。

手型：拳。

面向：1～2 拍 3 点，3～4 拍 6 点，5～8 拍 1 点。

图 8-20　第四个 8 拍

3. 搏击操高级组合动作练习

（1）第一个 8 拍（图 8-21）

步伐：1～2 拍身体右转，左膝内扣，左踝外展；3～4 拍为 1～2 拍反方向；5～8 拍屈膝左转，左弓步。

手臂：1～2 拍右直拳，3～4 拍左直拳，5 拍侧顶左肘、6 拍左前臂屈并外旋，7～8 拍右直拳。

手型：拳。

面向：1～6 拍 1 点，7～8 拍 7 点。

图 8-21　第一个 8 拍

（2）第二个 8 拍(图 8-22)

步伐:1～4 拍右侧踢;5～6 拍身体左转,右膝内扣,右踝外展;7～8 拍为 5～6 拍反方向。

手臂:1～4 拍防守姿势,5～6 拍右摆拳,7～8 拍左摆拳。

手型:拳。

面向:1～4 拍 1 点,5～6 拍 8 点,7～8 拍 2 点。

图 8-22　第二个 8 拍

（3）第三个 8 拍(图 8-23)

步伐:1～2 拍左转 90°开合跳,3～4 拍开合跳,5～6 拍右转 90°开合跳,7～8 拍开合跳。

手臂:1～2 拍右直拳,3～4 拍双臂上推,5～6 拍左直拳,7～8 拍双臂上推。

手型:拳。

面向:1～2 拍 7 点,5～6 拍 3 点,5～6 拍 3 点,3～4、7～8 拍 1 点。

图 8-23 第三个 8 拍

（4）第四个 8 拍（图 8-24）

步伐：1～2 拍双肘下拉，右手在前，左手在后；3～4 拍左臂前伸，右臂屈肘后拉；5～6 拍同 1～2 拍；7～8 拍防守姿势。

手臂：1～2 拍屈臂下拉，3～4 拍防守姿势。

手型：拳。

面向：1 点。

图 8-24 第四个 8 拍

第三节 水中操

一、水中操概述

水中操起源于美国，结合了不同节奏的身体动作、游泳动作和舞蹈步伐，是在水中进行健身的一种新型有氧健身项目。

水中操是水上运动的一种艺术形式，它的优雅韵律、表情和水中技巧的结合，是培养良好姿态的健身、健体的有效运动。

水中操不是简单的游泳，与单纯的游泳有很大的区别。游泳是一项全身性的运动，对人体非常有益，但它对运动者水性要求很高，对那些不识水性的人来讲，只能是望水兴叹。水中操是一种新型的有氧健身运动,它结合了不同节奏的身体动作和舞蹈步伐,既有陆上运动,还有水中练习,是多种风格的融合。限于场地的条件,有些人不能参加陆上健身操运动,如:身体肥胖、年龄较大和膝、踝关节有损伤者,因此有人开始想到结合健美操的特点,利用水的特性在水中进行练习。

20世纪80年代中期,在日本出现了水中操,到1989年,日本成立了水中操普及会,并向全国普及和推广。在我国,水中操是刚刚兴起的一项大众健身运动。由于水中操训练环境独特,针对性强,使人们在锻炼的同时,享受到与陆上健身不同的趣味,具有很好的发展前景。

二、水中操的特点与功能

(一)水中操的特点

水中操结合了不同节奏的健身操动作,它充分利用了水的阻力和浮力,经测试证明主要有下面几个特点。

1. 水的阻力

人在水中活动的受阻感是空气的800多倍。如果动作速度相同,完成同样的一组动作,水中与陆地相比至少要多用6倍以上的力量。所以,水中运动将取得事半功倍的效果。

2. 水的浮力

水的浮力作用可大大减轻地面对身体各关节的冲击力,使人体各关节不容易受伤。另外,水的浮力作用使体态肥胖的人在水中活动时,可以感觉到轻松自如,克服了陆地上活动容易疲劳的缺点,可以说水中操是肥胖人最适合的一种体育活动。

3. 水的散热性

水的散热性远大于空气,是空气的28倍多。实验证明,一个人在水中运动20分钟所消耗的热量相当于同样强度在陆地运动一个多小时。比如一个刚煮好的鸡蛋,自身冷却需要较长时间,而把它放在水里的冷却速度远远快于空气。

4. 水的按摩、护肤特点

由于水中运动相对出汗较少,减少了陆地训练后汗水中的盐分对皮肤的刺激。水流、波浪的按摩和拍打具有特殊的按摩作用,可有效避免并减少肌肤的松弛和老化,使肌肤光洁、润滑、富有弹性。同时,还能消除忧郁和疲劳,减轻精神上和肢体上的负担。

5. 其他

水中操比较安全、舒适。水中操去热效果明显,理想的水温一般在27~30℃。

（二）水中操的功能

在齐腰深的水中，无论你是否会游泳都可以锻炼。水中有氧运动更是幼儿健身锻炼的最佳选择。幼儿在水中锻炼不容易受伤，水中的环境与胎儿在母亲羊水中的环境接近，所以，幼儿也比较喜欢在水中活动。水中操的健身功能具体体现在以下几方面。

（1）水中健身操能充分利用水的阻力和浮力。通过水的阻力，水中操可以锻炼人的力量、耐力、塑造完美的形体；通过水的浮力，水中有氧操可以锻炼人的柔韧，减少运动损伤。由于人的体重大于水，所以锻炼者需不断地运动才能控制人体的平衡并完成一定的动作，这样也就增加了水中有氧运动的能耗量。

（2）水中健身操运动采用有氧消耗能形式，以糖原脂肪供能为主，因此，在进行此项运动的同时配合科学的营养饮食计划，对调节体脂代谢，减体脂有十分显著的效果。

（3）水中健身操能提高身体的有氧机能。由于水的阻力和浮力，水中有氧操可以提高肌肉力量和柔韧性，提高肌肉的耐力和平衡能力。当人在齐胸的水中时，浮力可达到体重的85％～90％，所以，与陆地的运动相比，水中有氧操对身体各关节上的压力并不太大。

（4）水中健身操运动适合各年龄层的人参加，对羞于在大众面前锻炼的人来说，水中有氧运动更能让人接受，它不失为一种很好的健身选择。

（5）水中健身操不仅适合健身，也可以进行康复锻炼（如关节炎、颈部、背部的疾病、中风、肥胖病等）。

（6）水中健身操可使人长寿。

知识拓展

水中操练习的注意事项

每次进行水中操练习的时间在 30 分钟至 45 分钟为最佳。另外，练习的时间最好选择在饭前和工作结束之后，这样有利于更好地缓解精神压力。如果已经吃过饭，最好在饭后一个小时再进行练习。

水中操练习的强度应由练习者自己体会。体力稍好的人可以练习的时间略长一些，但每分钟的心率不要超过自己最大心率的 85％（人的最大心率为 220 减去自己的年龄），练习的频率每周 2 次即可，间隔 3 天。

另外，练习水中操最好还能选择与如瑜伽或哑铃等训练一同搭配。多样化的练习方法可以使水中操锻炼收到更好的效果。

三、水中操的健身练习

水中操在国内刚兴起，人们对其健身功能及效果了解较少，练习的动作尚在探索阶段，这里仅介绍几种基本动作。

（一）上肢动作练习

1. 搅动器

手置于腰部，肘放在两侧，然后左右转动上身用身体来划水。

动作要领：两脚同肩宽站立，水深至肩，保持身体稳定，两臂手臂与地面 45°角充分伸展，手指并拢，手掌心向前。腰以下不动，上半身左右交替转动。

2. 前后摆臂

以肩关节为轴心，手臂前后摆动。手臂要伸直，尽最大的幅度摆动。

动作要领：两脚前后站立，两臂放松置于体侧，手掌心向后。

3. 叠掌下压

两臂用力向下压水置腹部。两臂用力，用手背向上顶水回到原来的位置。两手在体后重叠做同样的动作。

动作要领：两脚同肩宽站立，两臂伸直置于身体的正面，两手掌重叠，手掌心向下。

4. 水中画"8"字

运动由肩部开始，在身体的前面用手指尖画"8"字。

动作要领：两脚同肩宽站立，在前方水面下伸直手臂，两掌心合拢，两臂始终要伸直。

5. 高尔夫挥臂

把手放在体前两手掌合拢，上半身微前倾，两臂向下伸展，伸向下方的手臂向侧上方摆动（尽可能地上摆），然后向下面反方向摆动。

动作要领：两脚同肩宽站立，摆动的手臂动作不要摆出垂直面的前后。

6. 耸肩环绕

在水中两手叉腰，向前转肩，向后转肩。

动作要领：两脚同肩宽站立，水深至头，两手叉腰，保持身体平衡。

7. 展翅飞翔

两臂伸直，向上方摆动至肩高，两臂回到原来的位置。

动作要领：两脚同肩宽站立。两臂伸直置于体侧，手掌心置于大腿的旁边（立正的姿势），向上摆臂时，用最大的力气，向下收臂时不用力，也可向上不用力，向下用力。

（二）下肢动作练习

1. 走步

在水中前、后、左、右、斜向前移动。

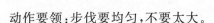

动作要领:步伐要均匀,不要太大。

2. 前踢腿

双手叉腰,单腿站立,一腿弯曲抬起,大腿与上体保持 90°,小腿与大腿保持 90°,然后再逐渐伸直。

动作要领:抬腿时大腿不要露出水面,伸腿时脚和膝盖绷紧,上体保持直立。

3. 侧踢腿

双手扶池边,单腿站立,大腿向侧抬起,尽量与身体成 90°,小腿做屈伸练习。

动作要领:向侧抬起时膝盖向前,身体直立。

4. 后踢腿

双手扶池边,单腿站立,另一腿向后抬起,小腿做屈伸练习。

动作要领:向后抬腿时,髋要保持身体直立。

5. 水中踏步

踏步动作强度较低,在运动过程中,至少有一只脚与地面保持接触。

动作要领:做动作时膝关节尽可能抬起,但不要露出水面,上体保持正直。落地时由脚尖过渡到脚掌。

(三)躯干动作练习

1. 身体左右旋转

背对池壁站立,抓住池壁。下半身向左侧转,做左右 180°方向转动下半身的动作。

动作要领:两臂向身后伸,上半身不要动。

2. 旋转呼拉圈

背向池壁站立,两臂后伸同肩宽,抓池壁,伸肘并腿,脚后跟触壁。挺腹,形成背弓动作姿势,尽可能地伸展腹肌。保持挺胸,臀部触壁,重复做这个动作。

动作要领:向水平方向做最大幅度的转腰动作,转动下半身时,上半身不要动。

3. 挡风玻璃刮水器

背对池壁站立,两臂侧伸抓池壁,固定上体。背部靠近池壁,两腿并拢伸直,抬至前方的水平位置。为了使并拢伸直的两腿靠近池壁,尽可能地向左方向摆动,摆动后保持 10 秒左右。为了靠近池壁,尽可能地向右方向摆动,摆动后的腿的姿势保持 10 秒左右。

动作要领:腿由左至右,由右至左连续地大幅度地摆动,尽可能地靠近池壁。

第四节　健身球

一、健身球概述

健身球是一种新兴的体育健身项目,1963 年它最早出现在瑞士,因此也叫"瑞士球",当时只是作为一种康复医疗设备。之后,健身球又被传到澳大利亚、美国、欧洲等国家和地区用来治疗颈椎、腰背、膝盖、肩部酸痛和精神紊乱的疾病,以提高病人的平衡能力。由于健身球在纠正体态、提高肌肉力量、促进身体平衡、康复功能等方面的显著作用,20 世纪 70 年代这项运动被逐渐向社会推广成为一种新兴的健身项目。

20 世纪 80 年代以来,健身球逐渐开始在理疗诊所和康复中心普及,一些运动队也把它当成提高运动员平衡稳定能力、预防运动损伤的训练工具。健身球走进健身房只是近几年的事,但已逐渐风靡美国。

健身球传到中国的时间不长,只有一二十年的时间。1999 年健身球出现在上海等大城市的健身中心,2001 年开始进入广州的各大健身房。而如今,这种健身球运动练习几乎在全国所有综合性健身俱乐部中都有出现,其中甚至还有许多俱乐部专门以健身球为核心开设了健身球课程,参加的群体特别是女性群体对这种颜色鲜艳的大球越来越钟爱。

二、健身球操的特点与功能

(一)增强肌肉力量

将健身球加入健身动作中的练习,会使一些普通的健身动作,如例如卧推及仰卧起坐等,显得较以前困难,练习者在完成动作时需要更多平衡的力量来稳定身体,健身球就这样给练习者额外的训练。但应注意的是,练习者在进行健身球操练习时,必须不断地调整身体的各个关节的肌肉,以控制身体平衡,不要再负重练习,以免引起运动损伤。

(二)缓解身体疼痛

受各种因素的影响,现代社会中各种文明病,如腰背痛、颈椎病、坐骨神经痛等发病率很高,尤其是经常伏案在桌的学生,他们在学习时会长时间的保持一个姿势,从而导致背部、腰部的肌肉负担过重。健身球运动能有效地预防上述病痛。当人坐在球上时,身体并未放松,背部、臀部、膝部等部位仍不断地在作出细微的调整,使自己能保持平衡。这些细微的调整有助于人体脊柱中的椎间盘的血液循环,能有效地加强背部力量,缓解疼痛。

(三)消耗多余热能

研究表明,练习者在做健身球运动时,其心率保持在每分钟 115～135 次之间,人不会感到气喘,但消耗的热量却能达到每 45 分钟 300～600 千焦,消耗热能效果显著。

(四)矫正不良身姿

健身球操具有使练习者利用靠在球上、坐在球上、仰卧在球上、俯卧在球上,用多种方式、方法牵拉胸、颈肌肉,发展背部肌肉的运动特点,这些伸展运动能有效地改善肌肉平衡、重新建立结构已经改变的身体软组织,具有矫正不良身姿的作用。

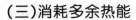 知识拓展

健身球的选择

健身球一般采用对人体无害的 PVC 材料制成,直径在 65～75 厘米之间,内部为空心结构,需充气使用。健身球标准直径尺寸 75 厘米,也有 65 厘米的。根据身高选择,身高 1.60 米以上的选择标准球,1.60 米以下的选择 65 厘米。使用球时手能抱、脚能夹就是最佳的选择。球的承受力有 100 公斤,手按下去感觉非常有弹性、柔软舒适,说明质量合格。

三、健身球的健身练习

(一)健身球操的基本动作

1. 适应性动作

健身球操的适应性动作有助于练习者进行热身活动,避免在接下来的运动中因身体没有充分伸展开而导致运动损伤,有助于帮助练习者逐渐适应健身球操的力度和方式,具体来说,适应性的练习主要包括以下 3 种。

(1)坐球

坐球是练习者对健身球有第一感觉的第一步。具体做法为先把球置于靠近墙的位置,双腿尽量分开坐在球的正上方,使耳、肩、臀在一条线上。在此基础上可做让球远离墙壁的坐球练习。

(2)躺球

躺球是练习者进行胸部及臀部练习的重要组成动作之一。该动作的作用是能很好地锻炼人的臀部、腿部及后背部。具体做法为:双腿尽量分开坐在球的正上方,慢慢把腿前移,慢慢将球移至肩部,让臀部抬起与地面平行,使颈部与头部很舒服地休息在球上,感觉身体处于水平状态。

(3)跪球

跪球是健身球操高级平衡的开始阶段,自信并有效地完成这个动作是练习者发展高级平衡的前提。具体做法为:双腿分开站在球前,轻轻地将双膝置于球上并把双手放在球的上方,把球慢慢前移直到脚离开地面,尽量保持较长时间的平衡。

2.稳定性动作

(1)颈部练习

①坐球颈屈伸

基本动作:双腿分开,坐在球上,双手扶双膝。躯干随着球的弹性而上下弹动,同时颈部进行屈伸练习。

动作效果:可有效地活动脊柱、颈椎。

②坐球颈旋转

基本动作:双腿分开,坐在球上,双手扶双膝。头由前屈—左侧屈—后伸—右侧屈转动一周。然后,头再向相反方向转动。

动作效果:该动作可以有效地活动颈椎及其周围韧带、肌肉,有助于促进血液循环,减轻疲劳。

(2)肩部练习

①屈伸肩带

基本动作:像做俯卧撑一样把膝放在球上而双手扶地、夹臀、头与脊柱保持水平,让肩胛尽量展开再收缩。

动作效果:能有效活动肩带,扩大肩部动作幅度。

②伸展肩带肌

基本动作:让自己的膝在球上而手在地面,动作有点像俯撑、臀部不要下垂;让头部与脊柱平行,让肩带骨尽量往远处伸。

动作效果:同屈伸肩带。

(3)背部练习

①坐球展背

基本动作:两腿分开,坐在球上,两手背后,髋部向后用力使球后滚,同时上体挺胸、展背、塌腰,稍停几秒,髋部前收带动球回滚,身体还原。

动作效果:能有效伸展背部,放松背部肌肉和韧带,减轻背部疲劳。

②坐球转动

基本动作:两腿分开,坐在球上,利用球的弹性,使身体边弹动转动,每弹动一次转动一定的角度,大约动8~12次转动一圈。

动作效果:可以训练人的前庭器官功能。

③坐球弹动

基本动作:两腿呈分开状,身体坐在球上,利用球的弹性进行身体弹动练习,手臂随之前后摆动。

动作效果:可以使脊柱及背部肌肉得到放松和活动。

（4）腹部练习

①仰卧收腹

基本动作：双腿分开，坐在球上，双手抱头。重心慢慢前移，两脚也随之前移，上体后仰成平卧，球随之前滚。用臀后部及腰部压住球，慢慢收腹抬起上体，球随之后滚。然后，上体再慢慢落下，球随之前滚。

动作效果：可有效减少腹部脂肪，增强腹部肌肉力量。

②坐地夹球举起

基本动作：坐在地上，两手后撑，两腿夹球。将球夹起后，再慢慢放下。

动作效果：能增强腹部及大腿内侧肌肉力量，同时还可减脂。

③坐球前后滚动

基本动作：两腿分开，坐在球上，手扶在大腿上。随着腹部的收缩，髋部前移带动球前滚，再随着塌腰动作髋部后移带动球后滚。

动作效果：可消耗腰腹脂肪、增强肌肉力量。

（5）四肢练习

①原地抛球

基本动作：站立，双手持球于腹前。双手向上抛球后再接球。反复练习。

动作效果：锻炼手指、手臂的肌肉力量和协调能力。

②单手拍球

基本动作：站立，两手持球于胸前。右手放在体侧，左手向下拍球一次，当球弹到一定高度时，双手在球的两侧接住球，双膝自然屈伸，反复拍球。

动作效果：可锻炼手臂的肌肉力量与协调能力。

③移动拍球

基本动作：站立，双手持球。向左侧并步 3 次，同时右手随之拍球 3 次，然后重心移至左腿，双手接球。再向右侧并步 3 次，左手随之拍球 3 次，之后重心移至右腿，双手接球。

动作效果：锻炼手臂的肌肉力量和人体的协调能力。

④大腿根、臀抬伸

基本动作：躺在地上，双脚放在球上，双手置于体侧，手心向下，抬起臀部，让脚、骨盆、肩在一条直线上。

动作效果：有助于提臀美体。

⑤稳定蹲坐

基本动作：站在离墙 1～2 米远处，然后转身把球放在身体下背部与墙之间，人往下蹲直到大腿与地面平行，膝盖对准脚尖方向，保持数秒，手不要放在大腿上，而是伸展在体前。

动作效果：有助于塑造优美的腿部线条。

（二）健身球操的组合动作练习

预备动作：侧立，两手抱球于体前，面朝 7 点。

1. 组合动作一

第一个 8 拍：

1～2 拍：左右脚依次原地踏步,一拍一动,同时两臂抱球前平举。

3～4 拍：脚同上,右转 90°,手还原。

5～8 拍：脚同上,同时两臂上举,还原。

第二个 8 拍：

1～4 拍：左右脚依次原地踏步,同时两臂抱球依次左侧平举,之后还原,向右侧平举,之后还原,一拍一动。

5～8 拍：左右脚依次原地踏步,同时两臂抱球从左侧开始环绕一周。

第三个 8 拍：

1～4 拍：左脚向侧点地,还原,同时两臂抱球右斜上方举,还原,两拍一动。

5～8 拍：左脚向侧并步跳,同时两臂抱球从右侧开始环绕一周。

7～8 拍：右脚并左脚。

第四个 8 拍同第三 8 拍,但方向相反。

2. 组合动作二

第一个 8 拍：

1～2 拍：两手持球放于地上。

2～3 拍：左手拨球滚至身后,球贴近身体。

5～8 拍：左脚向侧迈一步呈马步,坐于球上,两拍一动。

第二个 8 拍：

1～8 拍：左右手臂依次从体侧至上举,之后还原,两拍一动。

第三个 8 拍：

1～4 拍：左脚伸直侧点地,左臂上举,右手扶腿,向右稍侧屈,还原。

5～8 拍：同 1～4 拍,但方向相反。

第四个 8 拍

1～8 拍：左右脚依次提踵,同时左右肩依次提肩,两拍一动。

第五个 8 拍：

1～8 拍：两脚同时提踵,同时双肩同时向上提肩,两拍一动。

第六个 8 拍：

1～8 拍：含胸时两臂胸前交叉,展胸时两手臂向后振臂,手心向上。

第七个 8 拍：

1～4 拍：向左右依次撅臀,同时带动球滚动,两臂侧平举。

5～8 拍：臀部从右往左环绕一周,同时带动球滚动,两臂从前开始往后环绕。

第八个 8 拍同第七个 8 拍,但方向相反。

3. 组合动作三

第一个 8 拍：

1～8 拍：坐于球上,向左慢慢移动身体。面向 7 点。

第二个 8 拍：

1～2 拍：两臂于体后侧触球。

3～4 拍：伸直两腿。

5～8 拍：两手于体侧撑地,同时身体后倒,躺于球上,控制平衡。

第三个 8 拍：

1～8 拍：左腿慢慢地向上抬起,之后还原,四拍一动。

第四个 8 拍同第二个 8 拍,方向相反。

第五个 8 拍：

1～4 拍：两腿屈膝半蹲,带动球往前移动,球贴于后背,同时两手臂胸前竖屈。

5～8 拍：两腿伸直,带动球往后移动,躺于球上,同时两手臂侧平举。

4. 组合动作四

第一个 8 拍：

1～2 拍：两手于体侧扶球。

3～4 拍：两腿收回呈马步,同时身体慢慢抬起。

5～6 拍：身体立直。

7～8 拍：坐于球上。

第二个 8 拍：

1～4 拍：左腿前抬,同时右臂前平举,还原,两拍一动。

5～8 拍：同 1～4 拍,方向相反。

第三个 8 拍：

1～4 拍：左腿侧抬,还原。

5～8 拍：同 1～4 拍,方向相反。

第四个 8 拍：

1～8 拍：坐于球上慢慢向右移动身体,右转 90°。面向 1 点。

第五个 8 拍：

1～2 拍：直立。

3～4 拍：左脚并右脚,左手扶球。

5～6 拍：半蹲,用左手拨球滚至体前。

7～8 拍：两臂抱球,直立。

5. 组合动作五

第一个 8 拍：

1～4 拍：向前走 4 步同时慢慢降低身体重心,同时两手臂抱球从腹前慢慢上举。

5~6拍:同1~4拍,方向相反。

第二个8拍:

1~8拍:左右脚依次向侧迈出一步,呈马步,两手臂抱球侧举,两拍一动。

第三、四个8拍:同第一、二8拍。

第五个8拍:

1~4拍:左脚向侧迈出一步同时向后顶髋,右脚并左脚,同时两手抱球左侧前举,之后收回于体侧,一拍一动。面向7点。

5~8拍:左右脚依次原地做登山步动作,与此同时两手臂抱球依次左右侧斜下举。面向1点。

第六个8拍同第五个8拍,方向相反。

第七个8拍:

1~4拍:右脚向左斜45°方向行进间侧摆腿跳2次,同时,两手臂抱球于侧上举,还原,一拍一动。面向8点。

5~8拍:左右脚依次原地的登山步,同时两手臂抱球依次左右侧斜下举,两拍一动。面向1点。

第八个八拍:同第七个8拍,方向相反。

6. 组合动作六

第一个8拍:

1~2拍:左脚向后侧一步成右弓步,同时,两手臂抱球前上举。面向3点。

3~4拍:左脚并右脚,同时两手臂抱球于腹前。面向1点。

5~8拍:并腿半蹲,两手臂持球头上举,之后收回。

第二个8拍:同第一个8拍,方向相反。

第九章 竞技健美操

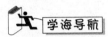学海导航

竞技健美操单人项目是技术、难度、速度的综合体现,具有速度性项目的特点,运动强度较大。混双项目有性别要求,三人和六人项目则运动员性别任选。这些项目的运动员要具备作为一个整体完成所有动作的能力,集体配合中要突出一致性,动作风格和表情也要一致。当前,竞技健美操已经被引入高校课堂,对学生提高健美操运动水平具有重要意义。

第一节 竞技健美操基本功

基本功训练是竞技健美操初学者学练竞技健美操的第一步,也是竞技健美操学练的重要基础。

一、基本轴控制

(一)站立控制

1. 基本站立控制

双腿夹紧,收腹挺胸,立腰立背,肩胛骨下旋同时双肩下沉,在没有墙壁支撑的情况下进行练习。注意练习时身体用力感与有墙面支撑物相同,不断体会这种身体姿态的感觉。

2. 背靠墙站立控制

双脚并拢,背靠墙站立,同时后脑、双肩、背、臀和小腿紧贴墙壁,足跟离墙 3 厘米左右。体会身体垂直轴控制的感觉。注意练习时双腿及臀部要夹紧,收腹挺胸,立腰立背,肩胛骨下旋同时双肩下沉,下颌微收,头向上顶,背部成一平面。

3. 双手叉腰提踵站立控制

在站立控制练习基础上,双手叉腰,同时双足提踵,使人体在提高重心的情况下进一步提高身体垂直轴控制能力。注意体会后背的感觉和身体垂直轴的控制。

4. 双手叉腰,提踵行进间垂直轴控制

双手叉腰提踵站立控制练习基础上,提踵行进间走,可向前或向后行走。使人体在移动重心的情况下进行垂直轴控制练习。

(二)纵跳控制

1. 原地纵跳控制

在站立控制练习的基础上,双膝微屈,蹬地向上,借助踝关节力量,向上纵跳。动作过程中,体会腰腹、臀部收紧,身体成一条直线,感受身体垂直轴的控制。做该动作时要注意提气、收腹、立腰,头尽量往上顶,同时注意落地缓冲。

2. 负重原地纵跳控制

练习者在原地纵跳控制练习的基础上,脚踝关节上绑上沙包,使人体在增加负荷的情况下进行身体垂直轴控制练习。

二、身体姿态

(一)站立姿态

(1)颈部训练。练习者颈部自然挺直,微收下颌,眼看前方,头部保持正直。也可放一本书在头上,保持平衡,并能在保持平衡的基础上进行移动练习。

(2)肩部训练。要求练习者将两肩垂直向上耸起,到两肩有酸痛感后再把两肩用力下垂。反复练习,结束后充分放松。

(3)臀部训练。练习者两脚并拢站立,躯干保持直立。脚掌用力下压,臀部和大腿肌肉用力收紧,并略微向上提髋。反复练习。

(4)腹部训练。要求练习者在收紧臀部的同时,使腹部尽量用力向内收紧,并用力向上提气,促使身体向上提高,坚持片刻,然后放松。反复练习。

(5)背靠墙站立姿态训练。练习者两脚并拢,同时头、肩胛骨和臀贴墙壁,足跟离墙3厘米左右。注意用胸式呼吸,在提气中做此动作。做此练习时,双腿夹紧,收腹挺胸,立腰立背,紧臀,肩胛骨下旋,同时双肩下沉,下颌略回收,头向上顶,背部成一平面。

(6)站立姿态训练。要求练习者在背靠墙站立姿态练习基础上,脱离墙的支撑,体会站立时肌肉的细微感觉。进行反复练习,注意呼吸的均衡。

（二）头颈姿态

（1）低头训练。练习者两手叉腰,立正站好。挺胸,下颌贴住锁骨窝处,颈部伸长,然后还原。速度先慢后快,注意体会低头时肌肉的控制感觉。

（2）抬头训练。练习者两手叉腰,立正站好。头颈后屈,然后还原。速度先慢后快,注意体会抬头时肌肉的控制感觉。

（3）左转训练。练习者两手叉腰,立正站好。头向左转动,下颌对准左肩,然后还原。速度先慢后快,注意体会左转头时肌肉的控制感觉。

（4）右转训练。练习者两手叉腰,立正站好。头向右转动,下颌对准右肩,然后还原。速度先慢后快,注意体会右转头时肌肉的控制感觉。

（5）左侧屈训练。练习者两手叉腰,立正站好。头向左侧屈（左耳向左肩的方向）,然后还原。

（6）右侧屈训练。练习者两手叉腰,立正站好。头向右侧屈（右耳向右肩的方向）,然后还原。

（三）上肢姿态

1. 手型

（1）掌

竞技健美操的基本掌型分为五指分开和五指并拢两种类型。五指分开手型的基本要求是五指伸直用力到指尖,尽量分开至手掌的最大面积且在一平面上;五指并拢手型的基本要求是五指并拢,大拇指第一指关节略弯曲,其他四指伸直,五指保持在同一平面内。在训练时,要求练习者首先要根据基本掌型的要求将掌型控制好,然后再进行不同平面上的掌型训练。

（2）拳

在竞技性健美操中,拳相对于其他手型更能表现出动作力度的感觉,如实心拳等。

（3）指

竞技与健美操的发展,促进了指的手型动作的出现,如剑指,即大拇指、无名指和小拇指弯曲,食指和中指并拢伸直。

（4）特殊风格手型

竞技健美操音乐的多样化,决定了表现其风格的手型动作的多样化。由于吸收了不同的文化,使得竞技健美操中出现了西班牙手型和阿拉伯手型等特殊风格的手型。

2. 手臂

（1）两臂上举。练习者两臂经前绕至上举,双臂间距与肩同宽。

（2）两臂侧举。练习者两臂经侧绕至侧举。掌心可向上或向下。

（3）两臂前举。练习者两臂由下举向前绕至前举,两臂间距与肩同宽,五指并拢或分开,掌心相对或向上、向下、握拳等。

(4)两臂后举。练习者两臂经前向后绕至后下举,手臂尽量向后,臂距与肩同宽。

(5)两臂前上举。练习者两臂经前绕至与前举与上举夹角为 45°的位置或前侧上举。

(6)两臂前下举。练习者两臂经前绕至与前举与下举夹角为 45°的位置或前侧下举。

(7)两臂胸前平屈。练习者两臂屈肘至胸前,大小臂都与地面平行,前臂平行于额状轴,小臂距胸 10 厘米左右。

(8)双臂侧举屈肘。练习者双臂侧举同时屈肘,使前臂和上臂成 90°。

(四)躯干姿态

1. 躯干稳定性训练

(1)负重仰卧起坐

练习者仰卧,两手持实心球控制在胸前,使球尽量接近下颌。可根据个人实际肌力水平,采用不同重量的实心球,一般采用 2～3 千克的。经过一段时间训练,可以逐步增加实心球的重量。由仰卧至起坐的过程是腰腹肌做克制(向心)工作,完成时速度要稍快些,由坐起再返回到仰卧姿势,腰腹肌则是做退让(离心)工作,身体回倒时速度放慢,一般是控制在起坐时间的一倍为宜。如果速度过快,动作的实质是以重力来完成的,这样腰腹肌锻炼效果就大大减小。这一练习收缩强度较大,训练注意负荷重量和起坐的适宜速度。

(2)健身球俯卧撑

练习者俯卧、两手撑地支撑起身体,两脚背放于健身球上,含胸收腹。可根据个人实际肌力水平,调整两臂和健身球的距离,通常是一臂半的距离。经过一段时间训练,可以逐步增大距离。两臂由直臂到屈臂躯干是做退让(离心)工作,身体下降时速度放慢,一般是控制在向上时间的一倍为宜,如果下降的速度过快,动作的实质是以重力来完成的,从而对躯干稳定性的锻炼效果就大大减小。两臂由屈臂到直臂的过程是躯干做克制(向心)工作,完成时速度要稍快些,这一练习要求控制能力强度较大,训练时注意躯干的稳定和俯卧撑的适宜速度。

2. 躯干灵活性训练

先做左右依次提肩、提两肩,左右依次前后绕肩和双肩同时绕等肩关节运动,然后做顶髋、绕髋等髋关节运动。最后做躯干前后左右移动练习,以提高躯干、肩、髋关节的灵活性。

三、身体弹动

(一)踏步

1. 踏步

练习者上体直立,脚踏下时脚尖过渡到全脚掌落地,支撑腿落地时膝关节伸直,两臂屈肘体侧自然前后摆动。再进行弹动性踏步训练,脚尖接触地面后踝关节有控制地过渡到全脚掌,支撑腿落地时膝关节微屈,使两腿有同时屈膝的过程,两臂屈肘体侧自然前后摆动。

2. 弹动踏步

练习者根据音乐节拍踏步,手臂配合下肢依次前后摆动。踏步动作过程中摆动腿屈膝抬起时,支撑腿同时也微屈膝,摆动腿落地时支撑腿也伸直。做此练习时可以先慢节拍进行练习(如两拍一动),根据熟练程度逐步加快节奏。首先做直立踏步练习,再做弹动踏步练习,体会不同的动作感觉。

(二)蹬、伸

1. 基本蹬伸

一脚踏在踏板上,然后用力快速向上蹬直,保持身体垂直轴的控制,两腿依次进行。

2. 负重蹬伸

练习者小腿绑沙包做蹬伸练习,使身体在增加负荷的情况下进行练习。两腿依次进行,反复练习。

3. 负重提踵

练习者单脚或双脚站在踏板上,并在踝关节绑上沙包做提踵练习,做该动作时要注意借助踝的力量往上提。

4. 原地屈膝弹动

练习者根据音乐节拍有节奏地屈伸踝、膝关节,脚尖不离地面。手臂随下肢做一些辅助动作(如叉腰或手臂同时前后摆动)。音乐速度可采取先慢后快的方式,反复练习。

5. 原地髋、膝关节弹动性

练习者两脚并拢,脚随着音乐节奏抬起落下,同时膝关节伸直屈伸,脚跟始终不离开地面,两臂屈肘于体侧自然前后摆动。

(三)踢、跳

1. 弹踢

练习者一条支撑腿膝踝关节弹动的同时,另一条腿有控制的进行弹踢小腿,膝踝关节有控制地伸展。可进行单腿不间断地弹踢,也可两条腿交替练习。在两条腿交替弹踢的过程中,支撑腿踝关节始终保持有弹性的屈伸,原地动作练得熟练且有一定弹性时,可以进行行进间的弹踢训练。

2. 弹动纵跳

此动作共 4 拍。1、2 拍原地屈膝弹动,手臂配合下肢同时前后摆动。3 拍向上纵跳,手臂顺势上摆至上举。4 拍落地缓冲,手臂顺势下摆至体侧。

3. 原地连续小纵跳

练习者两脚并拢,足尖始终不离开地面,足跟随音乐节奏抬起落下,两臂屈肘于体侧前后自然摆动,做踝关节屈伸的训练。

4. 负重连续纵跳

练习者在脚踝关节上绑上沙包,然后半蹲,手臂后摆,足蹬伸时往上纵跳,手臂顺势往上摆动,落地后屈膝缓冲紧接着继续往上纵跳,连续不断进行,落地时注意缓冲,起跳后身体收紧。

5. 吸腿跳和跳踢腿

此动作主要是训练支撑腿的膝踝关节弹动性,要求练习者支撑腿膝踝关节弹动的同时,另一条腿提膝或向前大踢腿,支撑腿足跟始终不完全落地,有控制地弹动,膝关节始终保持微屈的弹动状态。注意首先连续吸或踢一条腿,练习一条腿的弹动性,之后再进行交换腿吸腿跳和跳踢腿练习。

6. 开合跳

开合跳的弹动性体现在两腿分开与两腿并拢的两处弹动上。要求练习者先做两腿开立位置上的弹动训练,再做两腿并拢位置上的弹动训练,最后做一开一合的连续开合跳练习。

四、动作幅度

(一)压腿

(1)正压腿。练习者支撑腿脚尖朝正前方,膝关节伸直,髋关节摆正,抬头挺胸屈上体。
(2)后压腿。练习者髋关节摆正,屈支撑腿,抬头挺胸上体后仰压胯。
(3)侧压腿。练习者支撑腿脚尖膝盖所朝方向与被压腿方向成 90°,膝关节伸直,髋关节充分展开,抬头挺胸侧屈上体。
(4)劈叉控腿。练习者左腿在前或右腿在前,以劈叉的姿势停住不动,控制 5 分钟。也可架高劈叉控腿。

(二)体屈、转

(1)体侧屈。练习者双脚并拢或开立与肩同宽,双手举起于头顶上互撑,由手带动躯干侧屈直到最大极限,保持该拉伸状态 10 秒。

（2）体转。练习者两脚并拢或开立与肩同宽,两肩侧平举,向左转动时以左肩带动躯干左转到最大限度控制 10 秒钟,向右转动时以右肩带动躯干右转到最大限度保持 10 秒。

（3）体后屈。练习者两手握肋木,两腿并拢或开立与肩同宽,抬头挺胸上体后仰到最大限度位置保持 10 秒。

（三）肋木训练

（1）各种徒手体操中活动肩、肘、髋关节的动作训练。

（2）两手握肋木直臂压肩训练。

（3）两手向后握肋木向前探肩训练。

（4）与同伴互扶俯身正侧压肩训练。

（四）皮筋训练

借助橡皮筋进行动作幅度的伸展练习,提高身体各部位的柔韧性。

1. 上肢训练

（1）腕屈伸:两腿站在橡皮筋中央,两手握住皮筋两头,侧举,拉紧橡皮筋。腕屈时,拳心向上,双手克服橡皮筋的拉力向上屈;腕伸时,拳心向下,双手克服橡皮筋的拉力向上伸。这一训练可发展前臂肌肉力量。训练时应注意拳心的方向,使屈伸方向与橡皮筋拉力方向相反。

（2）腕外展内收:两脚站在橡皮筋中央,两手握住皮筋两头,侧举,拉紧橡皮筋。外展时,立拳,拳心向前,手腕用力方向与拉力方向相反;内收时,立拳,拳心向后,手腕用力方向与拉力方向相反。这一训练可发展前臂肌肉力量。训练时应注意手腕与前臂在同一平面内运动。

（3）臂外展:两腿站在橡皮筋中央,两手握住两头,两臂放于体侧,拉紧皮筋,两臂经体侧向上运动,再放下。这一训练可发展三角肌、胸大肌等肌肉力量。训练时应注意两臂始终与身体在同一平面内。向上和放下的速度应有所控制,匀速上下。

（4）前臂屈伸:两腿站在橡皮筋中央,两手握住两头,放于体前,拉紧橡皮筋,上臂固定,前臂屈,再伸至原位。这一训练可发展肱二头肌、肱三头肌肌肉力量。训练时应注意上臂应固定,不可跟随前臂运动,以免减小锻炼效果。运动速度应有所控制,匀速屈伸。

（5）上臂屈伸:两腿站在橡皮筋中央,两手握住两头,两臂放于体侧,拳心相对。臂屈时,直臂向前抬起,拉紧皮筋,再放下;臂伸时,直臂向后抬起,拉紧皮筋,再放下。此训练可发展胸大肌、肱二头肌等肌肉力量。训练时应注意臂屈伸时,向前屈和向后伸的幅度应尽量增大,以增加训练效果。另外运动速度应有所控制,匀速运动。

2. 腹背部训练

（1）体前屈:两腿分开站在橡皮筋中央,橡皮筋经体后至头后,两臂屈肘,头后握住橡皮筋两头,上体向前屈,再起来。这一训练可锻炼腹背肌力量。训练时注意两腿伸直,上体向上起时运动速度不可太快,应有控制地匀速上下。

（2）体侧屈：两腿分开站在橡皮筋中央，一手握住皮筋一端，另一手放松于体侧，拉紧皮筋。上体向另一侧屈，还原，再换另一手握皮筋练习。这一训练可发展腹直肌、腹外斜肌、腹内斜肌肌肉力量。训练时注意两腿伸直，身体和手臂在同一平面内。

3. 下肢训练

两腿分开站在橡皮筋中央，橡皮筋经体后至头后，两臂屈肘，头后握住橡皮筋两头，拉紧皮筋，两腿屈膝下蹲，再站起。这一训练可发展臀部、腿部力量。注意下蹲时皮筋拉紧，腰腹收紧，下蹲速度应有所控制，不可太快。起来时可加快速度起。

五、移动重心

（一）原地移重心

1. 向前移重心

立正，两手叉腰。左腿前擦地，右腿蹬地重心迅速前移成右腿后点地。收右腿还原成预备姿势。反方向重做一次。练习时，注意两腿伸直，蹬地移重心。保持上体姿态，脚面外翻。

2. 向侧移重心

立正，两手叉腰。左腿侧擦地，右腿蹬地重心迅速侧移成右腿侧点地。收右腿还原成预备姿势。反方向重做一次。练习时，注意两腿伸直，蹬地移重心。保持上体姿态，脚面向侧。

3. 向侧移重心转体

立正，两手叉腰。左腿擦地侧移，双腿屈膝半蹲。从右向左后转成右脚侧点地。收右脚成预备姿势。反方向重做一次。练习时，注意保持挺胸、收腹、立腰、立背的上体形态。两腿伸直，蹬地移重心。保持上体姿态，脚面外翻。移重心转体要控制重心的稳定，脚面向侧。

4. 向后移重心

立正，两手叉腰。左腿后擦地，右腿蹬地重心迅速后移成右腿前点地。收右腿还原成预备姿势。反方向重做一次。练习时，注意两腿伸直，蹬地移重心。保持上体姿态，脚面外翻。

5. 半蹲移重心

练习者两手叉腰成半蹲姿势。第 1 拍向左移重心，屈膝，膝关节朝着脚尖的方向，同时右腿蹬直；第 2、4 拍还原成预备姿势；第 3 拍向右移重心，动作同第 1 拍，方向相反。共 4 拍。练习时，要求上体保持基本姿势，挺胸、收腹、立腰紧臀。

(二)跳移重心

1. 并步跳移重心

左脚前三位站立,两臂侧举。左脚向前上步,同时稍屈膝,重心随之前移。接着左脚蹬地跳起,同时右脚向左脚并拢,空中成三位脚,右脚落地。练习时,注意保持好上体姿态,挺胸、收腹、立腰,控制好重心。

2. 剪刀跳训练

采用剪刀跳的动作形式,左右剪刀跳连续进行,身体重心始终保持左右平移而没有上下起伏。练习时,要求练习者两脚都不离开地面,通过两腿膝关节的依次屈伸左右平移身体重心,然后加上跳步进行剪刀跳的练习。同时注意保持好上体姿态,挺胸、收腹、立腰,控制好重心。

(三)走步移重心

1. 交叉步移重心

练习8拍。练习者两手叉腰,立正站好。第1拍左腿向侧擦地;第2拍右腿蹬地同时重心左移,右腿交叉于左腿后,两腿四位蹲;第3拍两腿伸直,左腿向侧擦地;第4拍右腿蹬地同时重心再一次左移,右腿并左腿成预备姿势;第5~8拍反方向重做一次。练习时,注意上体保持基本姿势,向侧擦地时,两腿伸直,脚面向侧。

2."V"字步移重心

练习8拍。练习者两手叉腰,立正站好。第1拍左腿向斜前方擦地,着地后两腿屈膝;第2拍右腿蹬地向斜前方擦地,成半蹲姿势;第3拍左腿向右后方擦地;第4拍右腿并左腿成预备姿势;第5~8拍反方向重复做一次。练习时,要求上体保持基本姿势,每做一拍动作,重心都将移至两腿之间,屈膝时膝关节朝着脚尖方向。擦地时注意绷脚尖。

知识拓展

竞技健美操的服装要求

1. 外表

总体印象应当是整洁与适宜的运动员外表。

(1)头发必须固定。

(2)参赛运动员必须穿着纯白色健美操鞋和袜子,让全体裁判能够清晰辨认。

(3)禁止在身上涂抹油彩,女运动员可以化淡妆。

(4)比赛服装的设计必须符合规则的文字描述。

(5)禁止在服装上使用松散或附加的饰物。

（6）允许使用肉色绷带。

（7）禁止佩戴首饰。

2. 比赛服装

（1）正确的健美操着装不含有任何的透明材料并且不得露出内衣。

（2）女装可有或无长袖，若有长袖，袖口止于腕处。女运动员着一件套带有肉色或透明裤袜的比赛服，不允许穿上部躯干分离的（两件套）服装或上部与躯干仅用绳带连接的服装；前后领口的开口必须得体，前面不得低于胸骨中部，后面不得低于肩胛骨下缘；腿部上缘的开口必须在腰部以下并盖住髂骨；比赛服必须完全遮住臀纹线。

（3）男装只允许《竞技健美操竞赛规则》上图示的男装样式。男运动员必须着一件套连衣裤或背心、短裤及合体的内衣；背心的前后不得有开口；袖口处不得在肩胛骨下有开口。

（4）禁止穿有描绘战争、暴力、宗教信仰为主题的服装。

服装减分：不正确着装，－0.2；错误着装，－2.0。

第二节　竞技健美操表现力

表现力，泛指一种表达人的情感、情绪的能力。在竞技健美操比赛中，运动员的表现力会直接决定其比赛结构。具体来说，竞技健美操运动员的表现力则是指，运动员通过自身所具备的认知力、理解力、观察力、想象力、自信心等，把健美操动作和音乐的内涵转化为自身内在的情感，并借助于身体姿态、技术动作以及面部表情等外部形态持续地表达出来，用以吸引和感染观众的一种能力。竞技健美操运动中，运动员的表现力是其内在精神气质和外在动作表现的完美统一。良好的表现力可以通过以下方法训练。

一、鼓励法

在竞技健美操运动中，心理训练是十分重要的，心理训练是指培养和完善运动员完成专项训练及竞赛任务所必需的各种心理素质和个性心理品质的教育过程。它主要包括以下几个方面：运动员的情绪、意志训练、个性训练、学习和掌握动作过程的心理训练以及比赛的心理训练等。通过这几种训练方式，能达到增强运动员心理承受能力、随机应变、自信等良好的心理素质，从而使运动员充分表现自我，增强自身的表现力。

鼓励法属于心理训练的一种，是教练员采用语言或动作等多种形式的鼓励，来对运动员进行激励的一种训练方法。实践证明，在高校竞技健美操训练中，这种训练方法能提高大学生训练的积极性。

对于运动员来讲，鼓励是其进行训练的重要推动力。在很多情况下，有时人们对于嘉奖的饥渴甚至要比身体对于营养的需求还要强烈，且这种对于表扬的渴求是无止境的。而通过鼓励，则可以给人以自信。在竞技健美操训练中，通过教练的表扬，使运动员认为自己的表现取得了成功,得到了教练的认可,从而更加激发了运动员勇于训练的激情,使得运动员更快、更好地掌握技术动作,发挥更高的水平。

要展现完美的表现力,运动员必须具有良好的自信心,这种自信则是在日常的训练中积聚而来的,教练员的每一句鼓励的话语、每一个表示满意的动作都会使运动员兴奋,从而使他们建立信心,提高表现力的水平。因此,在健美操编排和练习过程中,加上易让人兴奋的口号和及具表现力的动作,可提高队员的感染力。此外,教练员应在运动员完成成套动作的同时给予其激励的话语(如"加油!""自信一点!""再大胆一点表现!""好的,有进步!"等),鼓励运动员提高自信心。

二、观察法

观察法指借助于外部媒介进行直观观察从中寻找不足,进行改正,以提高竞技健美操运动员表现力的训练方法。观察法主要有以下两种形式。

(一)录像观察法

录像观察法是指运用摄影摄像等现代化设备来协助训练的方法。这种训练法,实际上是借助外部媒介对运动员的表现予以记录,然后直观进行反映,通过让运动员进行观察、比较,找出不足,从而不断提高训练水平的一种方法。录像观察法的优点主要表现在以下两个方面。

(1)录像观察法可以使大学生更直观地了解自身动作中的不足之处,有利于改正动作,培养观察能力,发挥其主观能动性。

(2)通过录像可以打破时间的局限性,将瞬时发生的时间记录下来,从而让大学生仔细揣摩动作是否协调、是否到位、是否有力度、是否具有节奏感、是否优美,面部表情的展现是否合理、自然、恰到好处等,从而找出不足,加以改进和提高。

(二)镜面观察法

镜面观察法是指运动员在镜子前对自身技术动作、身体姿态、面部表情等训练进行观察的一种方法。运动员通过对于在镜子中自我表现的评价,依据自身的感受,主观感觉对技术动作、形体姿态、面部表情进行相应的调整,从而达到理想的效果,增强自身的表现能力。镜面观察法主要分为技术动作训练、身体姿态训练和面部表情训练3种类型。

从本质上来讲,镜面观察法与录像观察法都是通过视觉感受来进行观察训练的。在没有录像设备的条件下,镜面观察是一种既有效又实际的训练方法。

三、表情法

表情法是指竞技健美操运动员有意识的改变自己面部表情的方法。一般来说,在竞技健美操的技术动作、形体等方面的训练完善之后,面部表情对于表现力影响则成为关键。竞技健美操运动员通过对自身面部表情的训练,可以有意识地控制自身面部表情的变化,即使在紧张的比赛中,也能控制自己面部肌肉,展现出灿烂的微笑,感染裁判和观众。可通过以下几种训练方法训练表情。

(一)对镜练习

在竞技健美操比赛中,如果选手之间动作技术相差不多,运动员的一个眼神、一个微笑或者是一种伴随着音乐而引发的富有激情的表情变化,都会给裁判和观众以深刻的印象,从而决定着运动员的比赛成绩。

对镜训练法,是指运动员在平常对着镜子训练自己的面部表情,如对着镜子做出各种不同的表情,锻炼和控制自己脸部的肌肉,同时感受哪一种表情是最吸引观众的,是最能够打动裁判的,并进行反复训练。

(二)赛中调节

赛中调节法是指运动员在比赛中通过对于面部表情的调节,来调整自身竞技状态的一种方法。通过在比赛期间的具体表现来调节自我的表情,具体如下。

(1)如在比赛前情绪紧张而感到焦虑时,可有意识地放松面部肌肉,用手轻搓面部,使肌肉有一种放松感,以达到控制面部表情的目的。

(2)当心情沉重或低落时,可有意识地做出笑脸,强迫自己微笑。如果不能做到,也可看看别人的笑脸,或想一下自己过去最高兴的某件事,从而使自己在比赛中表现出最令人满意的状态。

(三)眼神控制

眼神和表情之间存在着密切的关系,因此,对运动员眼神的控制是训练表情一种重要的方式。通过这种方法的训练,能够使运动员的眼部周围肌肉得到充分锻炼,从而使运动员的眼睛更加富有神采。使得运动员在控制好自身身体姿态的同时,加上富有感染力的眼神,其内心的情感便可充分地进行表露,从而达到内外合一的效果以及增强运动员的表现力。具体来说,其方法主要包括以下几种。

(1)眼球和眼肌训练:包括舒眉展眼、摆眼球(横摆、竖摆、慢摆、快摆)、转眼球(正向、反向、慢转、快转)、放光与缩光(慢放慢缩、快放、快缩、快放快缩)等。

(2)眼睛素质训练法:包括笑眼、哭眼、羞眼、迷眼、恨眼、睡眼、怒视、傲视、环视、怯视、放光凝视、缩光凝视、关切、询问、畏惧、寻觅、焦急、央求、怀疑、惊喜、示意、会意等。

(3)眼睛与音乐、动作结合训练:包括羞眼、怒视、盲眼、畏惧、焦急、陌生、寻觅等。

四、培养法

培养法是指对运动员兴趣爱好、音乐修养等方面的综合培养。在竞技健美操运动中,运动员的表现力并不是单一的能力,它更多的是一种综合能力的体现。这就要求在对运动员表现力的训练中,不应只注重运动员专项技能的训练,而是要注意对运动员综合素质的培养,提高运动员的综合能力,使表现力由内而外地自然流露出来。一般来说,竞技健美操运动员综合能力的培养主要包括以下两个方面。

(一)培养兴趣

通过培养竞技健美操运动员的兴趣可提升运动员的表现力。作为个性倾向性的重要组成部分,兴趣有稳定或不稳定,广泛或专一等多种形式。对竞技健美操来说,运动员对从事该项目有稳定和专一的兴趣,可以唤起运动员训练和比赛的积极性、坚定性,从而更好、更快掌握技术技能。同样,一个具有广泛兴趣爱好的运动员,则能促进自身艺术修养的全面提高,这将有利于完善自己的表演水平,提高表现力的效果,增强感染力。

因此,对运动员兴趣的培养不应只是单单对健美操的兴趣,而应是对广泛兴趣的培养。这有助于培养运动员全面的艺术修养,提高审美情趣,形成良好的形象思维能力,如唱歌、跳舞、读书、绘画、书法、收藏等,从而全面提高运动员的个人修养和表现力。

(二)音乐修养

在竞技健美操运动中,音乐起着十分重要的作用,其也是健美操运动的灵魂。这就要求运动员必须具有较强的音乐感受能力和掌握音乐节奏的能力。因此,必须不断提高运动员的音乐修养,具体方法如下。

(1)经常听各种类型的音乐,并根据音乐联想到某个故事情景或某个景色,从而更准确地根据音乐表达出情感,表现音乐。

(2)静静揣摩音乐的含义,认真分析音乐结构,思考如何表现音乐。

五、模仿法

模仿法是指根据竞技健美操的实际需要,对运动员进行模仿的一种训练方法。如对于比赛的模仿或特定场景的模仿等。一般来说,运动员可通过以下模仿训练提高自身表现力。

(一)比赛模拟

用贴近实际比赛情况进行实战练习,以提高运动员对比赛的适应能力。在表现力方面,通过模拟训练法,一方面可以增强运动员的自信,深刻了解自身实力;另一方面,则可对模拟训练中出现的问题予以纠正,以预防运动员赛前不良心理状态的发生,提高运动员的心理稳定性、应变能力以及自身的表现能力。

(1)在日常的训练场地上按正规比赛的要求划线,设置虚拟的主席台,同时要求学生在练习套路时按照正规的比赛步骤进行。

(2)点名上场、下场报分,使学生在逐渐适应的基础上消除对比赛的恐惧感。将比赛的过程和情景更好地融入日常训练中,减少学生对比赛的心理压力和焦虑。

模拟比赛环境法要求学生应以正确的态度对待这种训练,注意学生的反应与发挥水平,并进行有针对性的指导。

(二)情境模拟

设定一个特定的场景对运动员进行训练。在健美操训练中,可以任意指定一个场景,让运动员运用肢体语言进行相应的表演,如模拟动物的姿态,模拟一棵小树在狂风暴雨中的形态,模拟一艘小船在大浪中的表现,或者生活中的某个场景等。

一般来说,设置环境训练法的目的是使学生不管在任何环境、任何时间和场合,都能正常发挥自身的水平。其常见的方法有以下几种:将训练的地点置于不同的场馆或改变平时训练的方向;变化训练的时间和场地;有意识地组织学生观看各种类似的比赛,消除学生的陌生感。

需要注意的是,这种训练方法需要注意学生对环境场地改变后适应的程度。

六、组合训练法

(一)激情组合

激情组合训练比较常见的是情绪调动训练,其方法是,教师利用某一段经典的艺术表现形式来调动学生训练方式。如播放一段优秀健美操运动员的比赛实况,以引起学生学习的兴趣,从而使其更积极地投入训练状态。

(二)自信组合

在竞技健美操运动的日常训练过程中,教师要时常提醒学生在做动作的过程中保持正确、优美的身体姿态和良好的表情以及自信的眼神,以便充分体现出竞技健美操青春向上、自信健康的精神风貌。

(三)风格表演组合

在训练过程中,选取几段有明显的音乐,配合相应的想象动作集体训练,以达到动作与音乐充分融合的效果。

七、状态调节法

比赛前情绪紧张、焦虑等不良反应是影响竞技健美操表现的大敌。由于紧张,挤出来的表现也是生硬的。因此,在日常的训练中应注意对运动员的状态进行调节练习,下面是常见的几种竞技健美操赛前状态调节训练法。

(一)语言调节

(1)教师通过语言鼓励,用称赞和忠告的语言对学生心理活动施加影响,使其从紧张和不安中解脱出来。只有解除学生的紧张情绪,才能使其更加从容地表现自我。

（2）学生自我进行语言暗示，这种方法是指学生通过对自己的暗示，如"镇静、镇静、镇静就是胜利，我相信自己的力量，我一定会取得胜利"等暗示语，增强自己的信心，稳定情绪，提高自信心，更好地表现自我。

（二）呼吸调节

在健美操比赛前做深呼吸可以使学生的情绪波动稳定下来。当情绪紧张、激动时，可采用缓慢的呼气和吸气练习来放松情绪。当情绪低沉时，则可采用长吸气与有力的呼气练习，提高情绪的兴奋水平，以此来调节自己的心理状态，稳定情绪，提高自信心，从而更好地发挥和表现自我。

八、技术训练法

专项技术训练法，就是从健美操基础技术着手全面有效地对运动员进行表现力方面训练的一种方法。在竞技健美操的表现力训练中，专项技术训练是表现力训练的核心部分，没有良好的专项技术，富有激情的音乐、精巧的动作编排或者出众的面部表情，都将变得毫无意义，也就无法达到感染观众的目的。竞技健美操专项技术训练可以从以下 3 个方面进行。

（一）技术动作训练

竞技健美操专项技术动作是学生表达思想和感情的首要手段，是一切其他表现因素的基础。技术动作训练是指学生根据运动解剖学、运动生理学、运动生物力学、运动心理学等科学原理及规律，采用最合理、最有效的作业程序和方法。技术动作训练是竞技健美操训练的核心内容，占据较大的训练比重。通过技术动作的训练，可以使学生掌握各种不同类型的操化动作、难度动作，培养动作的感觉、节奏和韵律等基本素质，从而提高动作的质量水平，增强技术动作的感染力，提高学生的表现力。

通常情况下，可将技术动作训练分为基本训练和提高训练两部分。

第一，基本训练。对学生基本技能和基本动作的训练。在具体的竞技健美操训练过程中，可进行基本步伐、徒手体操、健身性健美操、基本动作难度动作以及成套动作组合的练习，以此来增强学生肌肉的本体感觉、运动节奏感韵律感等基本素质。

第二，提高训练。在基本训练的基础上进行的，是复习和巩固基本训练内容，熟练掌握并进入高、新、难的动作学习和训练的阶段。在这一阶段，要加大训练强度、密度，提高训练的熟练性、稳定性、艺术性等方面，以确保比赛中的稳定发挥。

（二）身体素质训练

事实证明，良好的身体素质是健美操运动员具有完美表现力的前提条件，也是提高技术水平的前提。在实际的训练中，应在柔韧、力量、协调性、灵敏性、准确性等几个方面，加强学生的身体素质。

（三）舞蹈训练

作为一种形体造型艺术，舞蹈训练是竞技健美操训练的主要手段。同属于表演项目的舞蹈训练,在提高学生的表现力方面发挥着重要作用。如通过舞蹈动作中的基本站立、走步、跑步、跳步、平衡、转体、把杆、波浪动作以及芭蕾舞、古典舞、现代舞等练习,可以训练学生正确的姿态、优美的形体,从而加强各部位的协调性、关节肌肉韧带的柔韧性与灵活性,培养学生的节奏感、韵律感以及提高音乐感受能力、对动作理解能力、肌肉运动感觉能力等。一般来说,舞蹈训练的形式主要包括把杆练习、单一舞蹈基本动作练习和舞蹈组合动作练习 3 种。

(1)把杆练习。这一练习主要是训练学生身体各个部位肌肉的运动感觉。

(2)单一基本动作练习。这一练习主要是训练形式身体各关节的灵活性,上下肢配合的协调性肌肉运动感觉、动作风格和表现力等。

(3)舞蹈组合动作练习。这一练习通过采用爵士舞、迪斯科等现代舞蹈,综合地训练形式的协调性、灵活性、节奏感、音乐感、肌肉运动感觉。

应该认识到,人体是一个整体,各项素质的发展要相辅相成,并注意素质的全面发展。在竞技健美操专项训练中,要注意将素质训练与技术训练、舞蹈训练有机结合起来,使素质训练辅助于其他训练,同时还应注意动作的幅度、速度、节奏及练习强度等。只有全面地进行练习,才能够有效地提高学生的表现能力。

知识拓展

竞技健美操动作的特殊要求

1. 艺术性

成套动作艺术性的要求是:充满活力,有创造性,以健美操方式表现动作设计和流畅的过渡动作。成套动作必须显示身体双侧的力量和柔韧性而不重复同一动作。

2. 完成

任何未按竞技健美操定义完成的动作都将被扣分。混双和三人(六人)成套中最多允许 3 次托举或支撑配合动作,包括开始和结束。

3. 难度

至少每类难度动作各一个,难度分将是 12 个最高难度动作的总分。

第三节 竞技健美操成套动作

一、分解完整训练

先分解后完整训练是指将完整的技术动作合理地分成若干个环节或部分,然后按环节或部分分别进行训练,时机成熟后,完整地进行练习的训练方法。先分解训练可加强主要技术动作的训练,从而获得更高的训练效益。再进行完整训练则保持了竞技健美操技术动作的完整结构和各个部分之间的内在联系。

(一)分解完整训练的作用

先分解,后完整遵循了"从易到难"的原则。其主要作用体现在以下几个方面。

(1)降低动作难度,相应地提高了运动员的接受能力和独立完成能力。

(2)运动员在比较容易的条件下先去完成分解动作,会更容易控制自己的身体,使动作按要领去做。

(3)分解完成动作的过程时间短、空间小,有利于运动员体验本体感觉和掌握肌肉用力方法。

(4)分解动作可以用于改正动作技术,纠正错误动作。

(5)动作的分解不仅可以提高动作各阶段的表现力,不破坏动作结构,还可以增强运动员的信心,使运动员迅速、熟练地掌握成套动作。

(二)分解完整训练的应用

竞技健美操的成套动作是由若干个单个动作和难度动作构成,竞技健美操的成套动作设计包括:健美操特色的内容、过渡与连接动作、多样性、比赛场地的使用以及开场与结束5个方面,在完整的音乐伴奏下进行的完整练习。练习过程中应注意以下几个方面。

(1)分解之后的部分动作不应破坏和改变原有动作的主要技术结构,不应添进其他的无关刺激。

(2)根据运动员接受能力和训练水平,选择分解动作的难度。

(3)有利于运动员自我控制和在教练员帮助下完成经过分解的动作。

二、先分段后成套训练

先分段后成套训练是指先把竞技健美操成套动作合理地分解成若干个段,在各段熟练掌握之后,再进行成套动作训练的方法。

(一)先分段后成套训练的作用

(1)通过分段训练,运动员能够很清晰地铭记每段动作,从而在进行后面的成套练习时更加胸有成竹。

(2)按照音乐旋律划分可以加强运动员对音乐的理解,从而提高运动员的艺术表现力。

(3)以运动员成套的完成质量来分段可以使运动员强化弱段训练,从而更有针对性训练。可见先分段后成套训练对于提高竞技健美操运动员成套动作质量有重要意义。

(4)使用分段训练,能减少动作的数量和难度,简化训练,便于运动员提高各动作的质量,而且有利于运动员熟记动作。

(二)先分段后成套训练的应用

1. 训练方法

对运动员进行分段训练时,要根据成套动作的特点,把它分解成若干小段,进行分段训练。具体训练方法如下。

(1)先练习不易掌握且难度大的动作段落,再练习简单和难度小的段落,最后按成套动作的前后顺序连接起来,这样使运动员有较长的时间练习难度动作,便于掌握难度动作并与其他动作连接。

(2)按成套动作的先后顺序训练,逐段进行训练,这种方法可分为两种:一种是把每一段都熟练掌握后,再进行连接;另一种是先练习成套动作的第一段,然后练习第二段,待一、二段掌握后,再练习第三段,循序渐进地练习下去,直至熟练掌握成套动作。

(3)在个别段落路线复杂、方向变化多的情况下,让运动员不做动作把路线走一遍,教练员把每个动作所处的位置及要点叙述一遍,让运动员在弄清路线方向的情况下,再配以动作练习。

2. 训练要求

分段训练,关键在于如何对成套动作进行分段,因为分得合理恰当与否,直接影响训练的进程,所以分段时应注意以下几点。

(1)段落不宜过长:成套动作的分段不宜过长,一般 3～5 段最佳,根据成套动作的具体特点而定,在段落不长的基础上力求较高的训练质量。

(2)各段难度动作均衡:分段时要把成套动作中的难度动作平均分配到各段中去,这样有利于运动员对各段动作的练习掌握和提高难度动作的质量,并且使各个难度动作与其他动作结合起来。

(3)分段时保持动作的完整性和音乐的完整性。一方面,分段时不要把紧密相连的动作分开,破坏动作的完整性,而要求使动作保持自然、圆顺、完整。另一方面,分段时,要注意音乐的完整性,最好是在各段的连接处将动作分开。

(4)当运动员较好地掌握了难度动作,并且较为流畅地完成各段练习之后,应及时转入成套动作的训练。要求学生将成套动作基本上完整地完成。即便其中有个别动作质量不够理想,或有小的失误,都不要停顿。待能够较为流畅地做完全套动作后,再细抠动作质量。

(5)在运动员能顺利完成更高质量动作的基础上,再串联成套动作。随着成套动作连贯性的改善,再逐步提高对成套练习成功率的要求。

三、间歇训练

间歇训练是指在健美操成套动作训练中,对多次练习的间歇时间作出严格规定,使机体处于不完全恢复状态下,反复进行练习的训练方法。

(一)间歇训练的作用

(1)间歇训练可使运动员的心脏功能得到明显的增强。

(2)调节运动负荷强度,可使机体各机能产生与竞技健美操运动相匹配的适应性变化。

(3)不同类型的间歇训练,可使运动员机体糖酵解供能为主的混合代谢供能能力得以有效的发展和提高。

(4)严格控制间歇时间,有利于竞技健美操运动员在复杂困难的比赛环境中稳定、巩固技术动作。

(5)较高负荷心率的刺激,可使机体抗乳酸能力得到提高,以确保运动员在保持较高强度的情况下具有持续运动的能力。

(二)间歇训练的应用

竞技健美操成套动作的间歇训练有两种类型(表 9-1),不同类型的间歇训练具体不同的操作要求。

表 9-1 间歇训练类型

间歇训练安排	A 型	B 型
负荷时间	40～90 秒	90～180 秒
负荷强度	大	较大
心率指标	每分钟 180 次	每分钟 170 次
间歇时间	不充分	不充分
间歇方式	走、轻跑	走、轻跑
每次心率	每分钟 120～140 次	每分钟 120～140 次
供能形式	糖酵解供能为主的混合代谢供能	

在竞技健美操运动中,间歇训练法是发展糖酵解供能代谢系统与有氧代谢系统混合供能能力以及心脏功能的一种重要训练方法。A 型间歇训练有利于提高负荷强度较高的成套练习或半套以上练习;B 型间歇训练有利于提高负荷强度适中的成套动作练习,练习的次数(组数)因人而异。可有效地提高健美操运动员的糖酵解供能系统、混合供能的能力以及此种供能状态下运动员有关肌群的速度耐力和力量耐力以及技术运用的稳定性,使之与体能同步、协调、高度地发展,以适应实际比赛的需要。

四、念动训练

念动训练是一种心理训练方法,亦称"心理回忆训练",它是通过想象和回忆来强化技术动作,从而加快动作的熟练程度,加深动作的记忆,有利于建立和巩固正确的动力定型。

(一)念动训练的作用

(1)在训练过程中应用"念动训练",可使运动员在教练员的示范引导下,在大脑中根据动作技术要领、结构、用力顺序和方法,对健美操技术动作做系统的回忆。

(2)在想象某一动作时,伴随着产生相应的肌肉运动,使意志和动作相结合,从而获得训练效果,达到强化和巩固正确动作概念的目的。

(3)通过多次动作表象,提高运动员的表象再现及表象记忆能力。

(4)可以使运动员的注意力集中于正确的技术要求,有利于提高心理稳定性,从而促进技术的掌握。

(二)念动训练的应用

念动训练是先想后练,练后再想,想练结合。

首先,在健美操成套动作训练中,通过教练员的讲解和示范,使运动员将动作的视觉表现形式在大脑中描绘出来,并在此基础上进行思维和分析。

其次,运动员在掌握技术动作的过程中,将成套动作的技术结构、用力顺序等在大脑中做系统的回忆。

最后,在回忆动作的过程中,尽可能使回忆与完成动作时的运动感觉结合起来,以达到动作的准确性和规范性。

念动训练过程中,运动员做动作的过程是思维与动作交互作用的过程,思维与实际操作是同步作用的。

五、信息反馈训练

信息反馈训练是指通过采用信息反馈理论,结合健美操技术特点,运用于健美操技术训练中的训练方法。健美操训练过程实际上是一个可控的信息传递的教育过程,为了确保信息传递的畅通和准确,实现训练的最佳调控,就应在健美操训练过程中及时获取信息,对取得的信息经过处理后迅速进行反馈,从而使运动员掌握正确的技术要领,以此在训练中不断强化运动员的正确技术概念,逐步提高运动技术水平和成套动作的质量。

在现代健美操运动训练中,方法的不断科学化、手段的不断合理化,为了更好地进行健美操训练,不断地进行信息获取和反馈是必不可少的关键环节。这种获取和反馈可通过仪器、录像、图片、语言、观察等一系列的方法和手段,对运动员所训练的成套动作进行分析、处理和比较,以便使运动员技术动作规范化,从而实现训练的目标。

竞技健美操的信息反馈训练方法主要有以下几种。

(1)提问法。在健美操训练中,教练员可提出一些问题让运动员来解答,从而掌握运动员对技术动作的关键环节是否理解或自身感受如何等情况,以便进行针对性训练。

(2)观察法。教练员用视觉、本体感受观察运动员完成的技术动作(如运动的方向、运动的角度、用力的顺序、动作的幅度、操化动作的规范性、难度动作的完成情况、运动时身体各部位之间的协调、各技术动作的衔接等),获取反馈信息。并对这些信息进行处理和分析,找出失利的确切原因,然后根据运动员具体情况,提高其成套动作的质量。

(3)录像和图片分析法。教练员把完整的技术动作用录像的形式播放给运动员看,并进行正确技术与错误动作的比较,使运动员能直观地了解正确技术的整体形象和概念,再把技术的关键所在制成图片,加以分析使他们掌握动作的细节,使运动员在训练中不断纠正错误、完善技术,不断提高动作的质量。

第四节 竞技健美操难度动作

一、支撑类难度动作

在竞技健美操基本难度动作训练中,支撑类动作是力量的显示,在完成支撑类动作时,身体重心应落在支撑手上。作为静力性动作,每一个动作必须停止 2 秒钟,腿必须伸直。支撑类动作包括分腿支撑、直角支撑、直角支撑分腿、分腿高直角支撑、肘撑、水平支撑、文森支撑等。

(一)分腿支撑训练

1. 平衡木辅助训练

身体略微前倾,含胸收腹抬头,两手略微外开支撑于平衡木、两臂伸直,屈髋分腿,双腿分开至少 90°。两臂支撑起身体,两腿伸直尽量保持与地面平行,逐步增长支撑控制时间,强化练习者对肌肉的控制能力。随着练习者控制能力和技术动作的增强,也应转移到地面进行练习,达到动作要求。

2. 他人辅助训练

身体略微前倾,含胸收腹抬头,屈髋分腿,两腿分开至少 90°,两手略微外开支撑地面、两臂伸直;辅助者抬起练习者的双脚使其与髋成一条直线,帮助练习者双腿与地面平行,慢慢增长支撑时间。随着练习者腰腹肌和下肢力量的增强,辅助者双手慢慢脱离练习者,促使练习者自己独立完成技术动作。

(二)直角支撑训练

两臂伸直,两手撑于双杠支撑起身体,身体略微前倾,含胸收腹抬头,两腿伸直并拢抬起,尽量保持与地面平行,逐步增长支撑时间。随着练习者技术动作的熟练,可逐渐过渡到地面进行练习。同时,随着练习者腰腹肌力量和髂腰肌力量的增强,技术动作也可以逐步达到竞技健美操动作的要求。

（三）分腿高直角支撑训练

在同伴的辅助下进行，含胸收腹，下颚夹紧；双臂伸直支撑身体，身体略微后仰，同时屈髋分腿举起向上成"V"字（垂于地面），贴近于胸。辅助者站在练习者身后，两手握住练习者的两脚，保持身体姿态。

随着练习者技术动作的逐步熟练，支撑时间应逐步增长，同伴的两手可逐步放开，使练习者逐步独立完成动作，达到动作要求。

二、跳跃类难度动作

在竞技健美操难度动作训练中，跳跃动作应展示极充分的爆发性动作，跳或跃或单脚或双脚起跳，也可单脚或双脚落地，当用双脚落地时，两脚必须夹紧，落地必须缓冲。落地姿势的变化还包括劈叉或俯卧撑。以劈叉姿势落地时，手可触地。纵叉的前腿应膝关节向上，后腿、膝关节向下。当以俯卧撑姿势落地时，手臂必须缓冲，身体从头至脚应是完美的直线姿态，并且脚和手必须同时落地。空中保持身体姿态（单个或复合），除非已阐明，手臂姿势任选。竞技健美操的跳跃类动作主要包括分腿跳、分腿跳转体半周、分腿跳转体一周、分腿跳转体一周成俯卧撑、分腿跳成纵叉，分腿跳转体180°成纵叉、屈体跳成俯卧撑、屈体跳转半周成俯卧撑、跨跳、劈叉跳等。

（一）屈体分腿跳训练

（1）团身跳。练习者两脚并拢，屈膝发力向上起跳，空中两腿屈膝团身，膝关节尽力向胸部靠近，两脚并拢落回原位。

（2）两脚并拢原地纵跳。练习者两脚并拢，屈膝发力向上起跳，两臂顺势从腰间向上摆动，两脚并拢落回原位。

（3）屈体分腿跳。练习者两脚并拢，屈膝发力向上起跳，空中成屈体分腿姿态，两脚并拢落回原位。在进行此难度动作训练时，首先应发展练习者的腿部力量及脚踝关节的爆发力，在练习者能够跳起一定的高度时再进行空中姿态的训练。

（4）空中姿态控制训练地面练习法。练习者仰卧于地面，臀部着地，通过腹肌收缩，上肢和下肢同时向上，也可以进行屈体分腿姿态的练习。

（二）纵劈腿跳成俯撑训练

（1）原地纵劈腿跳。练习者两脚垂直向上纵跳，两脚离地后向前后打开，至最高点时空中成纵劈腿姿态，下落时屈膝缓冲着地。训练时，注意根据练习者自身能力来安排量的大小。保护者站于练习者后侧方，两手扶其髋部。当练习者往上纵跳时保护者顺势给予一定的提力，从而延长腾空时间，使练习者有较充分的时间完成纵劈腿动作，并保护安全落地。同时注意根据练习者的能力逐步过渡到独立完成。此外，练习者在训练时还要注意身体垂直轴的控制，收腹挺胸、立腰立背、紧臀、肩下沉，头向上顶。腿伸直，绷脚尖，手臂可根据个人需要做一些辅助动作。

（2）原地前倒成俯撑。练习者立正姿势站好，身体前倒两手着地成俯撑。保护者站于练习者侧方，当练习者身体前倒时，保护者迅速托住练习者的腰腹部，减缓倒地速度，防止其受伤。训练时，注意根据练习者的能力逐步过渡到独立完成。同时，要求练习者身体各部位都要收紧，着地时主动屈肘缓冲，五指分开，由指尖过渡到全手掌着地，头是颈的延伸，保持头颈与身体成一条直线。

（3）前后分腿跳成俯撑。练习者两脚垂直起跳，离地后两脚迅速前后分开且大约小于135°。至最高点下落时，前腿迅速后摆，上体前倒成俯撑着地。注意根据练习者自身能力来安排量的大小进行练习。

（4）纵劈腿跳成俯撑。练习者两脚起跳在空中成纵劈腿姿态，然后俯撑着地。注意根据练习者自身能力来安排量的大小进行练习。可以先在保护状态下完成，然后逐步脱离保护。同时要求练习者前后腿尽量劈开，腿伸直，绷脚面。

（三）转体 180°科萨克跳接纵劈腿落训练

（1）团身跳。练习者两脚并拢，屈膝发力向上起跳，空中两腿屈膝团身，膝关节尽力向胸部靠近，两脚并拢落回原位。

（2）跳转。练习者两脚垂直起跳同时转体 180°。两肩放松，抬头挺胸，腰腹收紧。保护者位于练习者身后，两手扶其髋部。当练习者向上纵跳时，保护者顺着练习者转体的方向再施加适当的力加速其转体速度，并保护其安全落地。训练时注意根据练习者的能力逐步过渡到独立完成。在做转体练习时要求收腹、挺胸、立腰立背、紧臀、肩下沉、头向上顶，且要注意身体垂直轴的控制，落地注意缓冲。

（3）原地纵跳接纵劈腿落。练习者原地纵跳，落地时，滑成纵叉。注意在纵跳的方向上，应垂直向上，上体正直，落地时应有控制地滑成纵叉。保护者站于练习者体侧，双手扶其髋部，帮助其控制滑叉速度。

（4）两脚并拢原地纵跳。练习者两脚并拢，屈膝发力向上起跳，两臂顺势从腰间向上摆动，两脚并拢落回原位。

（5）科萨克跳。练习者两脚并拢，屈膝发力向上起跳，空中一腿平行于地面，一腿于膝关节处弯曲，膝关节尽力往胸部靠近，两脚并拢落回原位。首先可以在地面上进行空中姿态的练习，再进行跳跃练习。

（6）跳转 180°接科萨克跳。练习者空中转体 180°后，迅速提臀、收腹做科萨克跳动作，然后落地缓冲。初学者在教练帮助下完成后，再独立进行练习。注意动作要连贯迅速，起跳瞬间脚尖正对前方。

（7）科萨克跳接纵劈腿落。科萨克跳完成后，要求练习者两腿前后撕开，接纵劈腿落地。科萨克跳与纵劈腿都要到位，动作衔接连贯。可先做团身跳接纵劈腿练习，逐渐过渡到科萨克跳。保护者站在学生的体侧并扶住其腰部，帮助其缓冲落地。

（8）完整训练。在完成上述难度动作的基础上，可进行完整动作练习。转体到位，单个动作都要准确完成。其他空中姿态的难度动作练习方法基本与此相同。

(四)转体 180°屈体再转 180°成俯撑训练

1. 起跳

练习者两脚垂直起跳同时转体 180°。两肩放松,抬头挺胸,腰腹收紧。保护者位于练习者身后,两手扶其髋部,当练习者向上纵跳时,保护者顺着练习者转体的方向再施加适当的力加速其转体速度,并保护其安全落地。注意根据练习者的能力逐步过渡到独立完成。做转体训练时,要求收腹、挺胸、立腰立背、紧臀、肩下沉,头向上顶,且要注意身体垂直轴的控制,落地注意缓冲。

2. 屈体跳

要求练习者首先进行地面练习。然后在协助者保护下原地跳起,屈肘、向上踢腿。再进行原地跳起两腿并拢,同时向上踢腿,可逐步提高至水平。随着练习者能力的增长逐渐进行跳起转体 180°(同上),在做屈体动作的练习和跳起转体 180°做屈体动作后再转 180°成并腿落地。

3. 自由倒地

要求练习者距离墙半米,两脚并拢,面对墙站立,身体夹紧,头与脊柱呈一条直线收紧,脚跟提起重心前移,倒向墙面,在两手着墙瞬间,五指首先着地,然后由手指尖迅速过渡到全手掌,同时体会手臂屈肘缓冲的用力感。逐渐增大距离墙的距离至无法靠墙练习。开始自由倒地练习。首先在垫子上进行练习,用几块垫子作为缓冲,防止练习者缓冲落地技术掌握不好造成受伤。随着练习者的进步,可逐渐降低垫子的厚度直至在地面上进行训练。

4. 跳起成俯撑

练习者两腿垂直跳起,至最高点时上体迅速前倒,两腿后移,成俯撑着地。根据练习者自身能力来安排量的大小。保护者位于练习者侧后方,两手扶其髋部,当练习者下落时给予适当的助力,帮助其完成俯撑动作。此训练应根据练习者的能力逐步过渡到独立完成阶段。

三、旋腿与分切类难度动作

(一)直角支撑成仰卧训练

利用双杠完成直角支撑成仰卧训练,训练中,要求练习者两臂伸直支撑身体,含胸收腹、抬头,两腿并拢。两腿慢慢前伸,两脚分别放于地面,至身体伸直,身体后收至开始位置,反复练习。随着技术动作的熟练掌握,这一练习要求练习者从双杠过渡到地面,随着腰腹肌能力的增强双腿前伸时慢慢并拢,达到动作要求。

（二）"直升飞机"训练

（1）摆动环绕。练习者分腿坐于地面,前腿摆动过身体使另一条腿迅速跟上摆动,两腿均摆过身体形成360°圆周。3个一组,练习3组。

（2）顶肩。练习者仰卧于地面,两肩向上顶起,练习肩关节灵活性和力量。在训练过程中,注意肩关节主动向上顶。3个一组,练习3组。

（3）顶肩成俯撑。练习者仰卧于地面,依靠肩、髋关节的转动带动身体转动成俯撑姿势。在训练过程中,注意肩关节主动向上顶,同时扣肩、含胸,双臂撑地完成动作。3个一组,练习3组。

（4）完整动作。练习者在进行以上步骤的训练过程后,可以开始进行完整的"直升飞机"难度动作的训练。在训练过程中,注意身体的夹角不要大于水平面45°。

四、柔韧与变化类难度动作

（一）平衡前倒成纵劈叉训练

1. 平衡训练

平衡训练的目的在于提高学生的身体控制能力及完成良好的难度动作姿态。首先在同伴的辅助下进行搬腿平衡提踵练习,然后自己独立完成。这一训练能够有效提高学生的踝关节控制能力,同时提高完成此难度动作的身体姿态。

2. 斜板训练

练习者身体直立,含胸收腹,下颚收紧,成搬腿平衡姿态,前倒于斜板上,重复练习此动作,充分掌握技术要领。随着练习者完成动作质量的提高,斜板的倾斜度逐步降低,最后到地面完成技术动作。

（二）横劈叉腿前穿训练

练习者身体俯卧,含胸收腹,双腿分开成横劈叉状,双臂伸直,支撑身体,两脚架在离地面30厘米处,慢慢地前后移动,前后移动的幅度慢慢增大。随着技术动作的充分掌握,架高的脚放回到地面,过渡到在地面完成技术动作。

五、俯卧撑类难度动作

竞技健美操的开始与结束姿势,应单手或双手支撑地面,肘关节伸直,肩部平直,垂直于地面,头部处于背部的延长线;肘部的屈伸,俯卧撑下降到最低点时,胸离地面的高度不得高于10厘米;俯卧撑的起落必须要有控制,两肩和两肘形成与地面垂直的方向;俯卧撑腾起或由空中着地时,手脚必须以控制的方式同时离开或接触地面;单臂、单臂单腿或分腿俯卧撑,两脚之间的距离如果没有特殊规定,一律不得超过肩宽。

在竞技健美操运动中,俯卧撑类动作的训练具体如下。

(一)倒地难度动作训练

1. 落地缓冲训练

(1)跪撑前倒缓冲落地。练习者双膝跪在垫子上,上体自由倒地成俯撑,体会手臂屈肘缓冲的用力感。上体下落时注意收腹立腰,在双手着地瞬间,五指首先着地,然后由手指尖迅速过渡到全手掌。

(2)跪撑俯卧撑击掌。练习者膝关节跪地、小腿交叉(或并拢)、上体以标准俯卧撑姿势开始,两臂间距离同肩宽,肘关节弯曲下降时,腰腹要收紧,身体成一条直线,肘关节快速推起,在空中完成一次击掌,然后落地成俯卧撑,体会手臂屈肘缓冲的用力感,在双手着地瞬间,五指首先着地然后由手指尖迅速过渡到全手掌。

(3)小跳起双手触脚缓冲落地。练习者以身体直立开始,向上小跳,同时上体前屈,双手触击双脚后,迅速展开身体,双手双脚同时着地,成俯卧撑,落地时,身体必须夹紧,头与脊柱呈一条直线,双手触到地面再屈肘缓冲,在双手着地瞬间,五指首先着地然后由手指尖迅速过渡到全手掌。

2. 自由倒地训练

首先,练习者距离墙半米,两脚并拢,面对墙站立,身体夹紧,头与脊柱呈一条直线收紧,脚跟提起重心前移,倒向墙面,在双手着墙瞬间,五指首先着地,然后由手指尖迅速过渡到全手掌,同时体会手臂屈肘缓冲的用力感。

其次,在上述训练的基础上,逐渐增大距离墙的距离至无法靠墙。开始自由倒地训练,首先可在垫子上进行练习,防止练习者缓冲落地技术掌握不好造成受伤。

训练过程中,保护者要注意保护好练习者的腰腹部,随着练习者的逐渐进步,可适当降低垫子的厚度直至在地面进行练习。

3. 跳转360°成俯撑训练

(1)跳转360°。练习者双脚同时向上垂直跳起,空中转体,落地注意缓冲,充分体会转体的动作。转体角度先由转体90°逐渐增大到360°。

(2)俯撑。练习者以身体直立开始,向上小跳,同时上体前屈,两手触击双脚后,迅速展开身体,双手双脚同时着地,成俯卧撑,落地时,身体必须夹紧,头与脊柱呈一条直线,双手触到地面再屈肘缓冲,在双手着地瞬间,五指首先着地然后由手指尖迅速过渡到全手掌。

(3)双人对抗。保护者在练习者身后扶住其腰,练习者向上跳,保护者向下发力与其对抗,并帮其保持平衡,适当的时候可以松手。如果练习者跳起来落的地点不是原起跳地点,那么还应该帮助其练习。

（二）单臂俯卧撑难度动作训练

1. 标准俯卧撑控腹训练

练习者以标准俯卧撑姿势开始，双脚并拢，两臂距离与肩同宽，腰腹肌、臀部肌肉收紧，整个身体保持一条直线。保持这个姿势一段时间。

为了提高控制身体的难度，可在标准俯卧撑控腹的基础上两脚蹬地使重心向前。

2. 下肢抬高控腹训练

练习者两臂距离与肩同宽，两手撑地做标准俯卧撑预备开始姿势，两脚并拢放在高于地面的物体上，腰腹及臀部肌肉收紧，身体保持一条直线。然后逐步加抬高双脚的高度，增加完成动作难度，提高腹肌控制能力。

训练过程中，注意身体重心不要太向前，始终保持在腰腹部位。

3. 抗阻力控腹训练

练习者以标准俯卧撑姿势开始，两脚并拢，两臂距离与肩同宽，腰腹肌、臀部肌肉收紧，整个身体保持一条直线。保持这个姿势一段时间。

为了增加训练难度，可在身体背部增加阻力，如加放一些杠铃片或其他重物，以增加控制身体的难度，提高身体控制能力。

4. 动态控腹训练

练习者两臂距离与肩同宽，两手撑地做标准俯卧撑预备开始姿势，两脚并拢放在健身球上，腰腹及臀部肌肉收紧，由于健身球的特定形状决定其动态练习的特点，因此练习者身体必须收紧并保持一条直线，使身体的控制能力得到提高。

为了增加训练难度，可以在身体背部增加阻力，如加放一些杠铃片或其他重物，来增加完成动作难度，提高腹肌控制能力。训练过程中，注意身体重心不要太向前，始终保持在腰腹部位。

5. 单臂双腿支撑控腹训练

练习者双脚分开距离与肩同宽，单臂着地支撑身体，支撑臂肘关节伸直，自由臂动作不限，腰腹肌、臀部肌肉收紧，整个身体保持一条直线。保持这个姿势一段时间，在此基础上可双脚蹬地使重心向前，提高控制身体的难度。

6. 单臂单腿支撑控腹训练

练习者两脚分开距离与肩同宽，单臂、单腿着地支撑身体，支撑臂肘关节伸直，自由臂动作不限，腰腹肌、臀部肌肉收紧，整个身体保持一条直线，保持这个姿势一段时间。

(三)双臂俯卧撑难度动作训练

1. 对墙俯卧撑

练习者距墙(或肋木)1 米左右,直体前倾,两手撑在与胸部同高的墙上,摆好俯卧撑的标准姿势。进行俯卧撑练习,然后双手所撑的位置和重心随能力和力量的提高而逐渐下移。在每个位置的动作要标准,腰腹及臀部肌肉收紧,身体保持一条直线,直到手撑地做标准俯卧撑为止。在训练时,要求练习者不论在哪个位置练习,身体都要成一条直线。

2. 跪撑俯卧撑

练习者膝关节跪地、小腿并拢(或交叉)、上体为标准俯卧撑姿势。进行俯卧撑练习,然后两腿向后伸直,上脚必须并拢,前脚掌着地,做标准俯卧撑。注意训练过程中,腰腹要收紧,身体成一条直线。

3. 下肢抬高俯卧撑

练习者两脚放在高于地面的物体上,两手撑地做标准俯卧撑,腰腹及臀部肌肉收紧,身体保持一条直线,逐步加抬高双脚的高度,以增加完成动作难度,提高完成标准俯卧撑的能力。训练过程中,注意身体重心不要太向前,始终保持在腰腹部位。

4. 俯卧撑逐渐缩小臂间距

练习者两手稍宽于肩撑在地上进行俯卧撑练习,然后逐渐缩小两手的间距进行练习。要使动作的幅度逐渐增大,肌肉刺激深度逐渐增加,直至标准俯卧撑要求的臂间距离。

(四)俯卧撑倒地难度动作训练

1. 侧倒俯卧撑

(1)俯卧撑控制。练习者身体俯卧,两腿并拢,重心前移,脚背着地,收腹含胸抬头,臀部夹紧;两手略微内扣,肘关节外开;身体向下至肩关节与肘关节平行,身体姿态保持不变。随着上肢力量的增强,控制的时间可增长。

(2)分解训练。练习者身体俯卧,两腿并拢;重心前移,脚背着地;收腹含胸抬头,臀部夹紧;两手略微内扣;肘关节外开;身体向下至肩关节与肘关节平行,身体姿态保持不变;侧倒,身体重心移至侧倒臂,控制 5 秒;还原至俯撑状态,但不推起,身体姿态保持不变,控制 5 秒;再侧倒,重复前面动作,动作要领相同;重复几次后再推起。随着掌握程度的增高,控制时间和重复次数也随之增加。

2. 单臂分腿侧倒俯卧撑

(1)单臂俯卧撑控制训练。练习者身体俯卧,双腿分开与肩同宽,抬头、含胸、收腹。单臂、双腿支撑身体,支撑手略微内扣,肘关节外开;自由臂侧平举或扶于腰部;身体向下至肩关节与肘关节平行,身体姿态保持不变;随着上肢力量的增强,控制的时间也可增长。

(2)斜板训练。练习者身体斜面俯卧;双腿开立与肩同宽,抬头、含胸、收腹;单臂支撑身体,支撑手略微内扣,支撑手支撑于斜板上;肘关节外开;自由臂侧平举或扶于腰部;身体慢慢向下,侧倒,重心移至侧倒臂;身体移回中心位置,但不推起,重复 5 次侧倒至还原的动作,保证身体姿态不发生改变;随着上肢力量的逐步增长和技术动作熟练程度的提高,斜板的倾斜度可以逐步降低,直至独立完成动作。

3. 单臂单腿侧倒俯卧撑

(1)自由臂扶地。练习者身体俯卧,双腿分开与肩同宽,抬头、含胸、收腹。单臂、单腿支撑身体,支撑手略微内扣,肘关节外开;自由臂轻扶地面;身体向下时,身体姿态保持不变,自由臂分担支撑身体重量;随着上肢力量的逐步增长和技术动作熟练程度的提高,自由臂慢慢伸直,直到最后脱离地面。

(2)同伴辅助训练。练习者身体俯卧,双腿分开与肩同宽,抬头、含胸、收腹。单臂、单腿支撑身体,支撑手略微内扣,肘关节外开;自由臂侧平举或扶于腰部;辅助队员扶住练习者的腰腹部,给予其适当的助力,使练习者能充分、正确地完成技术动作。随着上肢力量的逐步增长和技术动作熟练程度的提高,辅助队员可逐步减少对练习者的帮助。

(五)俯卧撑腾起难度动作训练

(1)俯卧撑推起。练习者身体俯卧,含胸、收腹、抬头,身体向下至肘关节低于肩关节处,双臂用力推起身体,双手离地面,胸前击掌,身体姿态保持不变。然后还原至推起前位置,重复推起动作。多次重复双手双脚同时推起动作,增强上肢、躯干、下肢整体发力能力。

(2)俯卧撑腾起。练习者身体俯卧,双腿并拢,含胸、收腹、抬头,双臂双脚支撑身体,俯卧撑姿势向下,身体姿态保持不变。双臂用力推起身体,胸前击掌,双脚不离开地面,身体姿态不发生改变,身体还原到俯卧撑姿势。随着上肢力量和腰腹肌力量的加强和技术动作熟练程度的提高,训练次数可以慢慢增加,双脚慢慢离开地面。

(3)地面 180°俯撑。练习者身体仰卧,挺胸、收腹、抬头,双腿并拢,双手上推。然后肩关节、髋关节、脚尖同时转动,成俯卧。转运过程中,注意身体收紧,保持一条直线。

(4)俯撑腾空转体 360°成俯撑动作。练习者身体俯卧,含胸、收腹、抬头,双脚并拢,身体向下至肘关节与肩关节平行处,双臂用力推起身体,同时转体 360°成俯撑动作结束,双脚始终接触地面,重复训练此动作。随着技术动作的掌握,在练习者腾空转体时双脚也同时腾空,重复训练此动作。掌握技术动作,增强身体协调发力能力。

第十章 时尚健美操课程

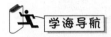 学海导航

随着社会和体育运动的发展,目前兴起了一些时尚的运动项目,丰富了当前的健美操课程,主要有瑜伽、街舞、踢踏舞、啦啦操和普拉提。本章对这些时尚健美操课程进行介绍,为学生的健美操锻炼提供新的选择。

第一节 瑜 伽

一、瑜伽概述

"瑜伽"一词是从印度梵语"yug"或"yuj"而来的,其含义为"一致""结合"或"和谐"。瑜伽起源于古老的印度,古代的印度信徒发展了瑜伽体系,因为他们深信通过运动身体和调控呼吸,完全可以控制心智和情感,保持身体长久的健康。

19世纪60年代在美国芝加哥的一次博览会上,一位名叫维夫卡南达的印度圣人展示了各种瑜伽姿势,首次向西方介绍了瑜伽并引起了西方世界的浓烈兴趣。此后的若干年里,许多信徒和斯瓦们(即印度教哲人)从印度来到西方。今天瑜伽作为人类精神遗产被重新得到重视,它对人体的各个方面,如生理、心理、精神、情感等都起到良好的作用,并已作为一种健康有效的健身运动而风靡全世界。研究学者将瑜伽的发展分为4个时期:前古典时期、古典时期、后古典时期、现代瑜伽。瑜伽的出现和发展,一直与印度的生活方式与哲学密切相关。然而从实质上讲,它一直与任何宗教信义或伦理保持分离状态,从不要求任何信仰系统接受它。它不是宗教,是生活哲学,它的目的是使身体和精神之间完美平衡地发展,以使得个体和宇宙之间完全和谐。

瑜伽作为一种心智修炼的方法,集动静于一体,通过姿势、呼吸和冥思的结合,达到健身、修心与养生的功效,是现代人减压、修身养性的新兴运动项目。它正以不同形式改变着人们的生活方式、价值观和审美观。瑜伽逐渐成为一种时尚,成为许多人生活的一部分。

瑜伽之祖

帕坦伽利为瑜伽之祖,其撰写的《瑜伽经》赋予了瑜伽所有理论和知识。在这部著作里,他阐述了瑜伽的定义、瑜伽的内容、瑜伽给身体内部带来的变化等。帕坦伽利之前,瑜伽已经有了很长的实践期,但是没有任何人给瑜伽一个系统的解释,帕坦伽利创造了一个整体的瑜伽体系。帕坦伽利指出,瑜伽不是一种理论,不是存在于理论之上的,它更多的是一种实践。如果要成为一位真正的瑜伽人,不是理论瑜伽,而是实践瑜伽,这样才能真正成为一个瑜伽人。

二、瑜伽的呼吸与冥想

(一)瑜伽的呼吸法

(1)瑜伽胸式呼吸法。慢慢吸气时,把气体吸入胸部区域,胸骨、肋骨向外扩张,腹部应保持平坦。当你吸气量加深时,腹部应向内收紧。呼气时,缓慢地把肺内浊气排出体外,肋骨和胸部回复原位。

(2)瑜伽腹式呼吸法。吸气时,用鼻子把新鲜的空气缓慢深长地吸入肺的底部,随着吸气量的加深,胸部和腹部之间的横膈膜向下降,腹内脏器官下移,小腹就会像气球一样慢慢鼓起;呼气时,腹部向内、朝脊椎方向收紧,横膈膜自然而然地升起,把肺内的浊气完全排出体外,内脏器官复原位。

(3)瑜伽完全式呼吸法。瑜伽完全式呼吸法是把胸式呼吸和腹式呼吸结合在一起完成的正确自然的呼吸。轻轻吸气时,首先把空气吸入到肺的底部,腹部区域起胀,然后是空气充满肺的中部、上部,这时,就是从腹式呼吸过渡到胸式呼吸。当你已经吸入到双肺的最大容量时,这时你会发觉腹壁和肋骨下部向外推出,胸部只有稍微移动。呼气,按相反的顺序,首先放松胸部,然后放松腹部,尽量把气吐尽,然后有意使腹肌向内收紧,并温和地收缩肺部。整个呼吸是非常顺畅的动作,就像一个波浪轻轻从腹部波及胸腔中部再波及胸腔的上半部,然后减弱消失。

(二)瑜伽冥想法

1. 冥想坐姿

(1)简易坐:坐在地上,两腿向前伸直,弯起右小腿,把右脚放在左大腿之下,弯起左小腿,把左脚放在右大腿之下。把双手放在两膝之上,你的头、颈和躯干都应该保持在一条直线上,而毫无弯曲之处。

(2)半莲花坐:坐下,两腿向前伸直,弯起右小腿并让右脚脚板底顶紧你的左小腿内测,弯起左小腿并把左脚放在你的右大腿上面。尽量使头、颈和躯干保持在一条直线上,以这个姿势坐着直至感到极不舒服,然后交换两腿的位置,继续再做下去。这个姿势为莲花坐打下基础。

(3)莲花坐:先做坐下的姿势,两腿向前面伸直,用双手抓着你的左脚,把它放在右大腿上面,脚跟放在肚脐区域下方,左脚板底朝天。用双手抓着你的右脚,把它扳过左小腿上方,放在左大腿之上。把右脚跟放在肚脐区域下方,右脚板底也朝天。脊柱要保持伸直,尝试努力保持两膝贴在地上,尽量长久地保持这个姿势,交换两腿位置,并重复这个练习。

(4)金刚坐:双膝弯曲,臀部放在脚跟上,双脚拇指相碰,被称为"坐法之王",是静坐或不动之姿的意思。以不动的姿势,将臀部尽量往后挪的话,颈部的姿势就比较容易做得正确。

(5)雷电坐:两膝跪地,两小腿胫骨和两脚脚背平放地面,两脚靠拢。两个大脚趾互相交叉,使两脚跟向外指,伸直背部,将臀部放落在两脚内侧,在两个分离的脚跟之间。

2. 冥想手势

(1)禅那手印:两手叠成碗状,将拇指尖相连。将完成姿势的手放在踝骨上。这是比较古典的手印,意味着空而充满力量的容器。女性右脚和右手在上,男性左脚和左手在上。可以平和、稳定精神。

(2)智慧手印:手掌向上,大拇指与食指相加,其他3指自然伸展。此手印代表把小宇宙能量和大宇宙的能量合一,即人与自然合一,可以让人很快进入平静的状态。

(3)能量手印:无名指,中指和大拇指自然相加,其他手指自然伸展。此手印可以排出体内的毒素,消除泌尿系统的疾病,帮助肝脏完好,调节大脑平衡,让人更有耐心,充满自信。

(4)生命手印:大拇指、小拇指、无名指相加,其他两指自然伸展。可增强人的活力。

(5)秦手印:也称下巴式。手势是手掌向下,大拇指食指指端轻贴一起。作用与智慧手印相同。

(6)双手合十手印:即阴阳平衡手印,放在胸前做成冥想的姿势,手掌之间要留下一些空间,意味着身体和心灵的合一、大自然和人类的合一。此手印可以增加人的专注能力。

三、瑜伽体位法

(1)脊柱扭动式。挺直身子坐着,两腿前伸,左小腿向内收,左脚底挨近右大腿内侧。将左臂举起,放在右膝外侧,伸直左臂抓住右脚。伸出右手,高与眼齐,双眼注视指尖。右臂保持伸直,慢慢转向右方,直至右手背放在左腰上。做深长而舒适的呼吸,保持15～20秒(图10-1)。用完全相反的顺序恢复原态,再做相反方向的练习。

(2)单腿交换伸展式。双腿向前伸直坐着,慢慢吸气,两手上升高过头部,两臂向前伸,身躯略向后靠。慢慢呼气,向前弯上身,两手尽量抓住左脚,将躯干拉近腿部,两肘向外弯曲。放松颈部,让头部下垂(图10-2)。保持这个姿势10秒钟或更长久之后,换左腿做同样的练习。

(3)鸽式。首先放松坐着,屈双膝,左膝向外,左脚板紧靠右大腿内侧。右脚板朝天,双手把住右脚踝,使右脚尽量靠近身体,保持上体直立(图10-3)。保持这个姿势尽量长久的时间之后,换反方向做同样的练习。

(4)骆驼式。两大腿与双脚略分开跪在地上,脚趾指向后方,吸气,两手放在髋部,将脊柱向后弯曲,然后在呼气的同时,把双掌放在脚底上,保持两大腿垂直于地面,头向后仰。一边保持这个姿势,一边将颈项向后方伸展,收缩臀部的肌肉,伸展下脊柱区域(图10-4)。保持30秒之后,两手放回髋部,慢慢恢复预备姿势。

图 10-1　脊柱扭动式

图 10-2　单腿交换伸展式

图 10-3　鸽式

图 10-4　骆驼式

(5)身腿结合式。仰卧,抬高双腿,并保持膝盖伸直,当双腿已垂直于地面时呼气,抬起髋部和下背部,两腿伸展至头上方,并伸向头后。两腿弯曲,将大腿移向胸部,躯干便向后方移动,直到能够把膝盖都贴在地面上。也可以把双手顺势滑向背后抓住两脚脚踝,从而能够用手帮忙把膝盖抵紧双肩,然后两手臂抱住大腿,作缓慢而深长的呼吸(图10-5)。只要感到舒适,可以尽量长久地保持这个姿势。

(6)肩倒立式。这个姿势的梵文名字原意是"全身",因为它有益于整个机体。开始时仰卧,两臂向下按以求平稳,慢慢将腿抬离地面。当椎垂直于地面时,升起髋部,将腿部向头部后方送得更远,让两腿伸展在头部之上。接着用手托住腰部两侧,支撑起躯干。收紧下巴,让它顶住胸部。舒适地呼吸,保持这个姿势至少1~3分钟(图10-6)。

图 10-5　身腿结合式

图 10-6　肩倒立式

(7)蛇击式。双手双膝着地,做动物爬行状,一边保持两手按住地面,一边把臀部放落在两脚跟上,并把头贴在地板上,做叩首式(图10-7)。保持胸膛高于地面,一边吸气并将胸膛向前移动,伸直双臂,放低腹部直到大腿接触地面,胸部向上挺起。背部呈凹拱形,眼睛向上注视,正常地呼吸(图10-8)。保持这个姿势10~20秒之后,再慢慢按反过来的程序做,恢复到叩首式。重复10次。

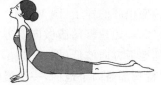

图 10-7 蛇击式(一)   图 10-8 蛇击式(二)

(8)侧三角式。保持两膝伸直,将右脚向右转90°,呼气,双臂伸直,将上身躯干转向右方,让左手在右脚外缘碰触地板,右臂向上伸展,与左臂成一条直线。保持姿势,双眼注视右手指尖,伸展双臂及肩胛骨(图10-9)。恢复常态时吸气,先后缓慢将双手、躯干转至常态。交换方向做同样的练习,两侧的练习应保持相同的时间。

(9)战士第三式。两腿大分开,吸气,双掌合十,高举过头顶并尽力伸展,呼气,右脚与躯干向右旋转90°,左脚向右方略转动。屈右膝直到大腿与地面基本平行,左腿伸直,两眼注视合十的双掌,伸展脊柱(图10-10)。接着呼气,将上身躯干向前倾,双臂保持伸直,手掌合十,一边伸直右腿,一边把左腿举离地面(图10-11)。右腿完全伸直

图 10-9 侧三角式

后,左腿举高至与地面平行,此时,双臂、上身和左腿应该形成一条与地面平行的直线,右腿应与这条直线成直角(图10-12)。保持这个姿势约20秒,然后呼气,回到第一个姿势上来。

图 10-10 战士第三   图 10-11 战士第三   图 10-12 战士第三
　　　　式(一)　　　　　　　　式(二)　　　　　　　　式(三)

(10)拜日式。拜日式又叫向太阳致敬式,是人们最常做的瑜伽姿势之一。拜日式由以下一系列动作组成:

①放松站立,两脚靠拢,两掌在胸前合十,正常呼吸(图10-13a)。

②双手食指相触,掌心向前,双臂高举过头顶,缓慢而深长地吸气,上身自腰部起向后方弯下(图10-13b)。

③呼气,慢慢向前弯身,用双掌或两手手指接触地面,不要弯曲双膝。以不感到太费力为限,尽量使头部靠近膝盖(图 10-13c)。

④保持手掌和右脚不离开地面,慢慢吸气,同时左脚向后伸展(图 10-13d)。

⑤慢慢把头部向后上方抬起,胸部向前方挺出,背部则呈凹拱形(图 10-13e)。

⑥一边慢慢呼气,一边将右脚向后拉,使两脚靠拢,脚跟向上,臀部向后上方收起。伸直四肢,身体好像一座山峰的样子(图 10-13f)。

⑦一边呼气,一边让臀部微微向前方摇动,一直到两臂垂直于地面为止,然后蓄气不呼,弯曲两肘,胸膛朝地板方向放低(图 10-13g)。

⑧一边保持胸部略高于地面,一边慢慢呼气,胸部前移,直到腹部和大腿接触地面。然后吸气,慢慢伸直两臂,上身从腰部向上升起。头部像眼镜蛇那样向后仰起(图 10-13h)。

⑨呼气,同时臀部升高,双手、双脚支撑地面(图 10-13i)。

⑩一边吸气,一边弯曲左腿并将左脚伸向前面(图 10-13j)。

⑪头部向上看,胸部向前挺,脊柱呈凹拱形。试图把这个动作和上一个动作做连贯,一气呵成(图 10-13k)。

⑫一边保持两手掌放在地板上,一边慢慢呼气,右脚收回放在左脚旁边。低下头,伸直双膝(图 10-13l)。

⑬一边慢慢抬高身躯,两臂伸直举过头顶,背部向后弯(图 10-13m)。

⑭一边呼气,一边回复到开始的姿势,两手掌在胸前合十(图 10-13n)。

图 10-13　拜日式

第二节　街　舞

一、街舞概述

街舞最早出现在 20 世纪 70 年代末期的美国黑人聚居区。黑人在音乐和舞蹈方面的天赋使他们找到了一种合法的途径来表达和宣泄对社会的不满情绪。他们从说 RAP 开始逐渐过渡到自由的舞蹈,这样街舞就诞生了。现在常提到 Hip-Hop 的意思就代表了街舞。

街舞经过不断的发展、演变,现今的街舞动作和内容和以往有了很大的改变。街舞不是一种单一风格、纯粹的舞蹈,它是不同动作技巧的混合。街舞是融舞蹈、音乐、时装于一体的一种新概念的文化形式。街舞文化精神实质最突出的表现就是"自由"。

街舞深受广大青少年的欢迎,国家体育总局体操运动管理中心、中国健美操协会对街舞运动非常重视,大力推广街舞在我国的普及和发展。

知识拓展

常见的街舞舞种

Breaking(霹雳舞)、Poppin(机械舞)、Locking(锁舞)、Punking/Wacking/Voguing(甩舞)、Hip-Hop(自由舞)、House(浩室舞)、Jazz(爵士舞)、Raggae(雷鬼舞)、Krump(小丑舞)。

二、街舞技术

(1)弹动。街舞中身体的弹动主要体现在各个关节(踝、膝、髋、肩、肘、胸)等。首先,膝关节的弹动是对整体影响最大、运用频率最高的。完成膝关节的弹动动作,要求大腿前股四头肌及大腿侧股二头肌有节律的交替收缩,同时始终使膝关节保持一定的弯曲角度,以便于快速改变身体位置时的需要。其次,身体其他部位的弹动也要靠相关肌肉的控制及交替收缩来实现。不要出现运动关节一侧肌肉完全放松的状态,因为这样会使机体失去控制,显得松懈甚至造成关节损伤。

(2)控制。街舞的控制技术主要表现在肌肉的用力方式和用力顺序两个方面。街舞的多数动作有很强的动感和力度美,为了表现这一特色,就需要频繁地使用肌肉的爆发力,因此,肌肉的松弛与紧张必须协调控制。

(3)移动和转换。这里主要是指身体重心的移动和转换。街舞的重心移动技术主要表现在动作方向的变化上,通过前、后、左、右的移动,使身体运动的路线发生丰富的变化。街舞的重心转换技术主要靠左右脚支撑的变化来实现,除了上肢和躯干的动作之外,这一技术动作占据了很大的比例,它使街舞动作具有律动感和技巧性。

三、街舞动作

(一)街舞基本动作

街舞的基本动作是街舞的核心,只要掌握这些基本动作,再通过不同的组合和运用,就能创编出不同难度、不同风格的街舞。街舞基本动作的主要内容是由上肢动作(手臂的摆动、举、屈伸、环绕、波浪等)、下肢动作(原地的弹动踏步等、点地、转体、移动、移动跳等)、躯干动作(头、肩、胸、腰、髋)和地面动作(蹲、跪、撑)组成。

(二)街舞动作提高

1. 健身街舞组合动作一

第一个 8 拍(图 10-14)

(1)步伐:1、2 拍右脚尖点地两次,3 拍右脚向前迈一步,4 拍左脚跟上成两脚并立,5 拍右脚侧点地,重心改变,6 拍收回右脚,左脚侧点地,7 拍同 5 拍,8 拍右脚收回成并立。

1~2   3

4~8   5~7

图 10-14　第一个 8 拍

(2)手臂:1、2 拍右手向侧响指两次,3 拍双臂微屈上举,4 拍双臂放下后抬起,5、6、7 拍微屈至身体两侧,8 拍双臂斜上举。

（3）手形：1、2拍响指，3~7拍放松半握拳，8拍出双手食指（point）。

（4）面向：1~6拍1点，5、7拍8点，6拍2点，8拍1点。

第二个8拍（图10-15）

（1）步伐：1拍两脚开立半蹲，右肩侧顶，2拍同1拍反方向，3拍肩带胸顺时针绕环，4拍左脚抬起，5拍左脚脚跟点地，6拍收左脚出右脚跟点地，7拍转身180°，8拍抬双肘。

（2）手臂：1~7拍自然垂下身体两侧，8拍抬起至腰间。

（3）手形：1~7拍自然放松，8拍握拳。

（4）面向：1~3拍1点，4~6拍3点，7、8拍7点。

1~2   3~5

6   7~8

图 10-15 第二个 8 拍

第三个8拍（图10-16）

（1）步伐：1、2拍脚不动，转体，3拍右脚向前迈一步，4拍左脚跟上成并步，5拍左脚向后迈一步，6拍转身180°，7拍右脚向后迈一步，8拍转身180°。

（2）手臂：1、2拍两次侧抬肘部，3拍左手微伸出，4~8拍自然摆动。

（3）手形：半握或自然放松。

（4）面向：1~5拍1点，6、7拍5点，8拍1点。

第四个8拍（图10-17）

（1）步伐：1拍右脚跟前点，2拍左脚跟前点，3拍右脚前半步，4拍双脚跟向前转动后收回，5拍右脚向后一步，6拍左脚向后一步，7拍跳跃换脚，8拍左脚向前成并脚。

（2）手臂：1~3拍自然放松，4拍向前抬肘并收回，5、6拍自然放松，7拍从后向前抢右臂，8拍自然放松。

（3）手形：自然放松。

（4）面向：1点。

图 10-16　第三个 8 拍

图 10-17　第四个 8 拍

2. 健身街舞组合动作二

第一个 8 拍(图 10-18)

(1)步伐:1~4 拍侧并步一次,5 拍右脚前踢并落在正前方,6 拍脚跟向前转动并收回,7、8 拍同 5、6 拍。

(2)手臂:1 拍左手胸前,右手侧上指,2 拍反方向指一次并还原,3 拍轻拍左膝然后向右指,4~8 拍自然摆动。

(3)手形:1~3 拍出食指,4~8 拍自然放松。

(4)面向:1 点。

图 10-18 第一个 8 拍

第二个 8 拍(图 10-19)

(1)步伐:1 拍右脚向后迈一步,2 拍左脚向后迈一步并收回右脚,3 拍开立半蹲,4 拍并脚站立,5 拍踢左脚,6 拍踢右脚,7 拍并脚或交叉站立,8 拍开立半蹲。

(2)手臂:1 拍放松,2 拍微屈向上并手心向上,3 拍两侧抬肘,4 拍举右臂,5 拍伸右臂,6 拍自然下放,7 拍右臂上举,8 拍右手摸地。

(3)手形:1~8 拍自然放松。

(4)面向:1、2 拍 1 点,3 拍 3 点,4~8 拍 1 点。

1~2   3   4

5   6   7   8

图 10-19　第二个 8 拍

第三个 8 拍(图 10-20)

(1)步伐:1 拍双脚交叉,2 拍转身,3 拍右脚后撤一步,4 拍左脚收回,5 拍右脚向侧迈一步,6 拍左脚同,7 拍同 5 拍,8 拍左脚收回。

(2)手臂:1～4 拍自然放松,5 拍向左侧上举,6 拍右臂相反方向,7 拍两手向左指,8 拍向右指再回到 7。

(3)手形:1～4 拍自然放松,5～8 拍出食指。

(4)面向:1 拍 2 点,2 拍 8 点,3 拍 2 点,4～8 拍 1 点。

第四个 8 拍(图 10-21)

(1)步伐:1、2 拍右、左脚依次向后迈一步,3 拍同 1 拍。4 拍左脚脚跟点地,5 拍左脚向前迈一步,6 拍右脚向左脚前交叉。7 拍转身,8 拍收脚站立。

(2)手臂:自然摆动。

(3)手形:自然放松。

(4)面向:1 点。

1   2   3

4   5   6   7~8

图 10-20 第三个 8 拍

1、3   2   4

5~6   7   8

图 10-21 第四个 8 拍

3. 健身街舞组合动作三

第一个 8 拍(图 10-22)

(1)步伐:1 拍右脚右侧点,2 拍左脚反方向同 1 拍,3 拍同 1 拍,4 拍右膝跪地左脚向左伸出,5 拍、6 拍重心向左上侧移动,7 拍、8 拍右、左脚依次向左迈一步脚跟点地。

(2)手臂:4 拍左手扶头,右手撑地。

(3)手形:自然放松。

(4)面向:1~3 拍 1 点,4 拍 8 点,5~8 拍 7 点。

图 10-22　第一个 8 拍

第二个 8 拍(图 10-23)

(1)步伐:1 拍左脚向右一步,2 拍右脚向后,同时重心向右平移,3、4 拍原地交叉跳 3 次,5 拍双脚并立,6 拍开立半蹲,7 拍拍手,8 拍双脚并立。

(2)手臂:1 拍自然摆动,2 拍挥右臂向左指,3~6 拍自然摆动,7 拍拍手两次,8 拍双臂斜上举。

(3)手形:1~7 拍自然放松,8 拍出食指。

(4)面向:1~4 拍 7 点,5~8 拍 1 点。

第三个 8 拍(图 10-24)

(1)步伐:1~2 拍右脚左踹后落地,3~4 拍左脚右后交叉,还原。5~6 拍左脚向左迈一步,右脚左踢,7~8 拍右脚落地并脚。

(2)手臂:1~4 拍上下摆动,5~6 拍双手经后至前交叉,7~8 拍击掌。

(3)手形:半握拳。

（4）面向：1 点。

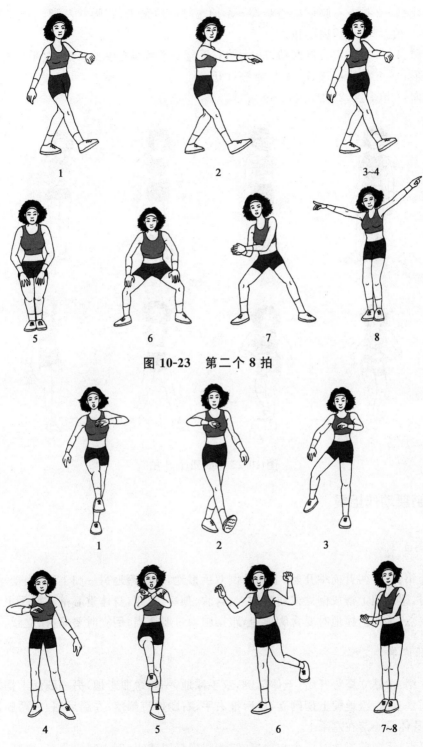

图 10-23　第二个 8 拍

图 10-24　第三个 8 拍

第十章　时尚健美操课程

· 253 ·

第四个 8 拍(图 10-25)

(1)步伐:1～2 拍左右脚依次迈步,3～4 拍左脚原地踏步,右脚并左脚。5～6 拍右脚前、后迈步,7～8 拍右脚点地,屈小腿。

(2)手臂:1～6 拍前后自然摆动,7～8 拍双手侧平举后至右手扶脑后,左手扶右脚跟。

(3)手形:1～6 拍半握拳,7～8 拍放松打开。

(4)面向:1 拍 7 点,2 拍 5 点,3～8 拍 1 点。

图 10-25　第四个 8 拍

(三)街舞动作拓展

1. 手倒立

动作介绍:站立两臂前举开始,上体前倒双手撑地,一腿蹬地另一腿上摆,当摆动腿摆至与地面垂直时,蹬地腿上摆成倒立或屈膝倒立,含胸、顶肩、立腰,身体重心落在两手上。

动作要点:手向前撑地时要含胸顶肩,蹬摆腿力量要适当;倒立时要紧身、立腰、顶肩。

2. 侧屈体单臂支撑

动作介绍:由站立姿势开始,上体前倒,双手撑地,一腿弯曲蹬地,另一腿后上摆;当摆动腿摆至与地面垂直时,蹬地腿上摆倒立,然后推右手,右腿伸直侧落,左腿后屈,或两腿侧落,身体右侧屈,使身体重心落在左手上。

动作要点:手向前撑地时要含胸顶肩,蹬摆腿力量要适当;倒立时要紧身、立腰、顶肩;推手时重心要迅速移到支撑臂上。

3. 单腿全旋

动作介绍：由两手撑地，左腿全蹲，右腿侧伸开始，右腿沿地面经前向左绕跃，同时上体在两手支撑作用下，向左、右侧依次移动，并使右、左手离地让右腿绕过再撑；右腿绕至左脚时，左脚蹬地稍提臀腾空，让右腿迅速绕过至右侧方，回到开始姿势。

动作要点：绕腿时，必须与上体重心移动相配合；右腿绕至左脚时，身体重心要前移。

4. 风车

动作介绍：由分腿俯撑开始，左手靠近身体左侧撑地，左肘内夹靠住腰侧，右手在前撑地，两脚大分腿；左脚蹬地抬起，往右斜下方用力摆腿，同时左手放开，身体由左侧倒，沿着手臂至背部顺序着地，腰部稍抬起，两腿依次摆动，带动身体转动成俯卧；双手迅速撑地，使身体撑成开始姿势，然后再按照同样的步骤重复进行。

动作要点：起步时脚要用力摆，手放开的时机要得当。转动风车时要大分腿。转动过程中，两脚尽量不要触地。

第三节　踢踏舞

一、踢踏舞概述

踢踏舞以双脚律动为主，音乐轻快、舞态多变，表现力强。舞者穿着特别的踢踏舞鞋，用脚的不同部位在地板上摩擦拍击，发出各种踢踏声，加上舞者的各种优美舞姿，形成踢踏舞特有艺术魅力。踢踏舞是一种轻松活泼的舞蹈形式，具有娱乐、健身、美体等功能，从起源开始就受到了各个国家的青睐。踢踏舞最初是一种爱尔兰的民间舞蹈，距今已有 300 多年的历史。当时，爱尔兰人在欢度各种节日或举行各类庆典时，都会以舞蹈的方式表达高兴的心情，他们把木制的船形鞋穿在脚上，跟随着强烈的音乐节拍欢快起舞，木制的鞋在击打地面时发出清脆的声音，增添了节日的喜庆气氛。

随着人类的迁徙，来自爱尔兰的移民和非洲黑奴把这种特殊的舞蹈形式带到了不同的国度。美国是一个由移民组成的国家，踢踏舞在这里得以成长和成熟，很多不同地区的舞蹈聚集于此，踢踏舞吸收了其他舞蹈的精髓部分，逐渐形成了一套相对完备的艺术风格和舞法套路。

20 世纪 30 年代，美国的踢踏舞传入我国的一些大城市，风格多变的美式踢踏舞在我国逐步得到了推广。20 世纪 50 年代，我国一些专业舞蹈人员专门前往国外学习踢踏舞，这为踢踏舞在我国的进一步发展奠定了基础。

20 世纪 90 年代，踢踏舞在我国广泛开展，并培养了一大批优秀的踢踏舞教师。

踢踏舞经历了较长时间的发展，形成了众多流派，主要包括非洲风格、爱尔兰风格、美国风格、西班牙风格、俄罗斯风格等，每种流派都具有独特的风格和魅力。

在我国的踢踏舞中,藏族踢踏舞占有着重要位置。藏族踢踏舞作为藏族文化的重要组成部分,有着浓郁的原始风格,其舞姿舒展自然,双脚以脚跟的跺为主要动作,躯干部位前屈,双臂舞动着长袖等都具有传统藏族舞蹈的风格。

知识拓展

踢踏舞王——麦克·弗莱特雷

麦克·弗莱特雷,美国人,他在 17 岁那一年拿到爱尔兰世界舞蹈冠军,因此创下第一位非欧洲人(还可是美国人)拿下冠军的纪录,之后他更拿遍 13 个国家的爱尔兰舞蹈冠军,美国国家地理协会甚至称麦克是"人间至宝"。麦克不但是一位成功的踢踏舞者,他还拥有拳击冠军、西洋棋大师、全爱尔兰长笛演奏冠军等头衔。他的踢踏舞速度每秒钟 28 下,至今仍为吉尼斯世界纪录保持者。

二、踢踏舞的基本动作

(一)上肢动作

踢踏舞的风格和特色主要集中体现在下肢动作上,但手臂和手掌的动作同样可以增加踢踏舞的表现力。

踢踏舞的上肢动作技术主要有 4 种形式,即西班牙式、芭蕾式、五指分开式以及响指,具体如下。

1. 西班牙式

双手五指分开,拇指、环指以及小指分别向内扣,手腕放松。

2. 芭蕾式

拇指向内侧收拢,中指、环指、小指并拢,示指微微分开,手腕部位放松。

3. 五指分开式

手掌张开并绷紧,用力将五指分开,手腕一同用力。

4. 响指

用拇指和中指摩擦,发出声响。环指和小指自然弯曲。这种指法既可以在姿态上增加舞蹈的表现力,还可以在声音上起到呼应作用。

(二)下肢动作

踢踏舞的下肢动作有很多,下面主要介绍一些比较常用的。

1. 打击

指脚在地面快速敲击后立刻抬起的过程。其共有 6 种方法：向前打击、向后打击、直打击、脚趾打击、脚跟打击、脚尖打击。在踢踏舞中常用英文 shuffle 的译音"莎否"来表示打击的快速向前或者向后。做每一种打击，下肢膝关节和踝关节要做出不同的反应。打击的动作要领技巧要经过多次练习才能熟练掌握。

2. 正步

双脚并拢，两脚的脚尖和脚跟部位不留空隙，两手自然垂于体侧，全身放松，保持气息平稳。

3. 单脚

掌击步单脚站立，做掌击步，重心落在脚趾的同一点上。

4. 掌击弹跳步

一只脚做掌击步，然后用同一只脚完成弹跳。

5. 落步

落步主要包括脚跟落步、脚尖落步和脚趾落步三种。与打击相似，但打击之后脚并非马上离开，而是停留在地面上。

6. 踏步

踢踏舞中，身体重心由一只脚转移到另一只脚的动作被称为踏步。非重心脚微微抬起，而后落回原地，并同时转移重心。

7. 跺步

整个脚用力打击地面，在完成跺步时，重心可以转移也可以不转移。

8. 八字步

双脚脚跟处靠拢，两脚尖适度分开，朝向斜前方，呈"八"字，双手自然垂于体侧。

9. 挖步

脚部用力做挖地状，可分为脚跟挖地和脚趾挖地。

10. 美式步

将处于八字步状态的右脚，向斜前方迈进半步，双膝微屈，双臂姿态可置于体侧也可背于身后。

11. 丁字步

一脚在前,一脚在后,位于前方的脚跟紧靠另一脚足弓处,脚尖朝向斜前方。双手自然垂于体侧。

12. 百老汇舞步

两脚开立,与肩同宽,脚尖朝向正前方。

13. 爱尔兰步

左脚在前、右脚在后,左脚维持八字步时的姿态,脚尖与水平线成 45°角,右脚脚尖顶于左脚跟部靠外侧处。完成爱尔兰步时,重心要稳,保持身体的平衡。

14. 拍打步

向前打击并完成跺步,动作完成后重心更换至另一脚,同时保持膝关节韧带的松弛。

15. 前搓步

用一只脚的脚趾部位作身体的支撑点,向体前方移动,膝关节放松,脚跟落下,击地发出响声。可以一只脚做也可以两只脚做。

16. 拖擦步

一只脚站立,重心集中在站立脚上,用另一只脚完成跺步并向前,同时发出擦地的声音,或用脚跟挖步来代替跺步。

17. 掌击换步

一只脚站立,用同一只脚做掌击步并弹跳到另一只脚。

18. 翼状换步

一只脚站立,向外擦地,一脚弹跳重心落在另一只脚上。

三、踢踏舞的核心动作

(一)行走动作

踢踏舞的行走动作主要有:踏步行走、踢踏行走、踢踏追步、踢踏跳行走、掌跟打击行走、跟掌打击行走等。

1. 踏步行走

和平时走路姿态基本相同,用脚掌着地,在走路过程中注意保持重心转移的稳定性以及步法的节奏性。

2. 踢踏追步

身体保持直立,挺胸收腹,双肩放松。重心在左脚上,右脚掌敲击地面一下,然后右脚向前迈进半步,再用右脚掌敲击地面一下,重心换至右脚,完成第 1 拍动作。左脚迈进到右脚旁侧,同时敲击地面,右脚掌击打地面向前迈进半步,完成第 2 拍动作。重复上述动作。

3. 踢踏行走

身体保持直立,挺胸收腹,双肩放松,身体重心转移至左脚,用右脚前脚掌快速敲击地面 1 次,然后右脚向前迈进半步,脚掌着地,脚跟抬起,重心移至右脚。左脚以同样方式敲击地面,重复动作。

4. 掌跟打击行走

预备姿势同踢踏跳行走,右脚向前迈进半步,敲击地板,完成第 1 拍动作,之后右脚脚跟敲击地面 1 次,完成第 2 拍动作,之后换左脚,完成接下的第 2 拍动作。

5. 踢踏跳行走

身体保持直立,挺胸收腹,双肩放松,左脚微微跳起,右脚掌轻轻敲击地面,然后右脚前脚掌部位向前迈出一小步,敲击地面,完成第 1 拍动作。下 1 拍两脚交换动作,左脚完成敲击。

(二)跳步动作

踢踏舞的跳步动作主要有 3 种,即轻跳单脚跳、轻跳足尖踢踏跳以及爱尔兰跳步,具体如下。

1. 轻跳单脚跳

双脚并拢,身体直立,两臂自然放于体侧,两肩放松,抬头挺胸收腹,左脚轻跳 1 拍,右脚轻跳 1 拍,注意重心在脚掌处,右脚轻跳 1 次,然后单脚跳 1 次共完成 2 拍,交换脚重复上述动作。

2. 轻跳足尖踢踏跳

双脚并拢,身体直立,两臂自然放于体侧,两肩放松,抬头挺胸收腹,第 1 拍右脚和左脚先后各跳一小步,重心落在脚掌处,之后的 2 拍右脚轻跳一小步,左脚脚尖踢踏右脚,然后完成 1 次单脚跳,随后换脚继续进行上述动作。

3. 爱尔兰跳步

预备动作同前,但双脚采用爱尔兰站位,在第 1 拍,右脚脚跟上提 45°,第 2 拍左脚轻跳,右脚落下左脚收起;接下的 2 拍左脚前放,重心转移到右脚上,之后双脚互换继续上述动作。

第四节 啦啦操

一、场地啦啦操

(一)场地啦啦操概述

场地啦啦操有广义和狭义之分,广义的场地啦啦操是一种有组织的为体育赛事助威的场地表演活动;狭义的场地啦啦操运动是指在音乐的衬托下,运动员完成高超的啦啦操特殊技巧动作,体现青春活力、健康向上的团队精神和团队荣誉感的一项体育运动。

1. 场地啦啦操运动的起源发展

场地啦啦操运动起源于美国,是体育运动中的一个新兴项目。啦啦操运动的起源可追溯到原始部落时期。在早期的部落社会中,为激励外出打仗或打猎的战士们,他们通常会举行一种仪式和表演来鼓励战士,寄托祝福。

场地啦啦操运动的正式发展是从 19 世纪后期开始。19 世纪 70 年代,第一个啦啦队俱乐部在美国普林斯顿大学成立。1898 年,明尼苏达大学的学生约翰尼·坎贝尔(Johnny Campell)在一次橄榄球比赛时非常激动,从人群中跳出来站在观众前面带领他们一起为比赛呐喊助威,这次对啦啦队活动发展有着重要转折意义,约翰尼·坎贝尔成为第一位正式的啦啦队队长,标志着啦啦队活动的正式诞生。

20 世纪 20 年代,女性在啦啦队中活跃起来。开始把健美操项目中的一些动作融入欢呼呐喊中,并手持道具增添气氛。

20 世纪 70 年代,啦啦队开始出现在各种比赛的现场,甚至服务于摔跤、游泳和田径比赛。1980 年,美国举办了首届全美啦啦队锦标赛,并且首次制定了比较规范的啦啦操运动竞赛规则,标志着啦啦操运动进入了竞技比赛的行列。此后,啦啦操运动得到了飞速发展。

场地啦啦操运动在中国是一项新兴的体育运动项目。1998 年,中国大学生篮球联赛(CUBA)诞生以来,为其加油呐喊的啦啦操表演应运而生。啦啦操运动首先在高校得到了发展。

2007 年,中国大学生健美操艺术体操协会选派国内很多中学参加世界啦啦队与舞蹈锦标赛,其中广州体育学院与南宁二十六中分别获得了啦啦队国际公开混合组第 5 名与国际公开全女生组第 5 名,中国代表团还获得了啦啦队的团体第 5 名与舞蹈组的团体第 8 名。中国的啦啦操运动正日益与世界啦啦操运动接轨,发展迅速。

2. 场地啦啦操运动的特点

(1)团结协作

啦啦操运动是以集体形式展开活动的。只有在人数上达到一定的要求,才能完成更多的队形变换及空间转换,才能编排更多层次的动作,才能完成更多的复杂技巧和创造性的动作,才能真正体现啦啦操的无限魅力。这就需要啦啦操运动员在训练、表演中相互配合、鼓励、信任、理解。

(2)动感活力

啦啦操运动表现的是一种朝气蓬勃、健康向上的精神,因此,啦啦操队员必须拥有一个青春的形象、健康的体魄和健美的体形。所有的啦啦操队员要求五官端正、仪态端庄、青春靓丽,具有当代青少年的青春美和健康美。男运动员要有明显的肌肉线条,体形匀称成倒三角;女运动员要具有明快的肌肉曲线美,上下肢比例匀称,皮肤有光泽。

(3)风格鲜明

①更加体现所有肢体类动作在运动过程中通过短暂加速和定位制动来实现啦啦操特有的力度感。

②慢板动作只作为过渡动作出现。

③结合多种舞蹈元素、口号等,运用各种啦啦操基本手位、步伐、跳跃并通过多种空间、方向与队形、节奏的变化展示出啦啦操运动的项目特征。

④从空中落下到地面的动作必须是双脚落地,并且有缓冲。

⑤成套动作中展示的内容必须具有清晰的开始和清晰的结束。

⑥所有难度类动作都有具体的规定和要求。

(4)目的明确

啦啦操运动具有明确的目的,即通过具有丰富含义的手势、响亮震荡的口号、整齐划一的动作、色彩鲜明的道具以及各种复杂的队形变化及空间技巧的转换,传达的是健康的生活态度、自信乐观的精神面貌、集体主义和进取精神。

(二)场地啦啦操的基本动作

1. 手臂动作

场地啦啦操运动手臂的动作主要以肩关节为轴,如我们常用的典型动作 K 手位与 V 手位。手臂伸展时应直臂,弯曲时应有一定的角度,手型多为握拳。手臂动作应在移动迅速、定点准确的基础上,以手指带动发力,选择最短的路线到达下一个动作。

场地啦啦操基本的手臂动作主要有上 M、下 M、平举 W、下举 V、斜举 T、下举 X、屈臂 X、上举 H、倒 L、大弓箭、小弓箭等。动作简单易学,在此不一一解释。

2. 步伐动作

场地啦啦操的步伐要求在短时间到达指定位置,每个步伐清晰、有力,不需要有意识地缓冲。动作伸展时不要屈膝,屈膝时的角度应有一定要求,膝关节与脚尖的方向要始终保持一致。

场地啦啦操基本的下肢动作主要有立正、弓步、侧弓步、锁步、吸腿、分腿小跳、分腿大跳和C跳等。

(三)场地啦啦操的技巧动作

1. 场地啦啦操平衡转体类动作

运动中,人的重心会随着动作的变换而转移,身体的平衡是保证啦啦操运动安全、平稳、流畅的重要因素之一。

(1)前吸腿控腿平衡

准备:两腿前后站立成弓步,两臂自然下垂,收腹立腰,眼看前方。

动作:动力腿蹬地,主力腿直立,同时脚立踵;动力腿向上吸起与地面平行,脚尖绷直:两臂侧上举,两手握拳;保持2秒钟。

(2)前屈腿搬腿平衡

准备:两腿并拢,两臂自然下垂,眼看前方。

动作:动力腿蹬地,主力腿直立,同时脚立踵;上体直立,动力腿向上吸起与地面平行,脚尖绷直;两手抱住动力腿的小腿;保持2秒钟。

(3)搬腿前平衡

准备:两腿前后站立成弓步,两臂自然下垂,收腹立腰,眼看前方。

动作:动力腿蹬地,主力腿直立,同时两脚立踵;动力腿迅速向上踢起,膝关节伸直,绷脚尖;两手抱住动力腿的踝关节;保持2秒钟。

(4)单足转体360°

准备:两腿前后站立,右腿在前弓步,左臂前举,右臂侧举,收腹立腰,眼看前方。

动作:动力腿蹬地,主力腿直立,同时两脚立踵;动力腿大腿向上吸起与地面平行,脚尖绷直;在转体中头部留头甩头;转体时两臂胸前屈,前臂交叉,手握拳,拳心向后;转体360°后,两脚并拢成直立。

(5)抱腿转体360°

准备:两腿前后站立,右腿在前弓步,左臂前举,右臂侧举,收腹立腰,眼看前方。

动作:动力腿蹬地,主力腿直立,同时两脚立踵;动力腿迅速向上踢起,膝关节伸直,绷脚尖;转体中头部留头甩头;转体时两手抱住动力腿踝关节:转体360°后,动力腿向下与主力腿并拢成直立。

2. 场地啦啦操倒立类动作

倒立是场地啦啦操难度动作中翻腾、软翻等动作的基础,是啦啦操技巧动作中最基础的动作。能增强上肢支撑力量,提高上下肢协调能力外,锻炼和发展大脑前庭器官的分析能力,培养运动员头朝下时的方位感。

（1）背向墙靠墙倒立

准备：面对墙站立，距离墙壁约一步半。

动作：左腿向前迈半步，同时两臂前平举，手指向上，掌心朝前，五指稍分，眼看拇指；上体前屈，两手在脚前30厘米至50厘米的地面撑地，两手距离与肩同宽，稍抬头，手指正对墙壁；右腿向后上方摆起，至最大角度时，左脚用力蹬地，当身体接近垂直部位时，左腿向右腿并拢成手倒立；身体倒立时，两臂伸直撑地，含胸、立腰，掌握身体重心。

（2）控倒立

在熟练掌握靠墙倒立的基础上，由脚尖贴墙逐渐过渡到仅用手臂作为支撑。

（3）头倒立

准备：全蹲，两手撑地。

动作：身体前移，用前额于两手前撑地，使两手和头部成三角形；脚尖蹬地，两腿向上伸，绷脚背，提臀，展髋，立腰，成倒立姿势。

（4）蹬倒立

准备：全蹲，两手于两脚前撑地，眼看前方。

动作：直臂顶肩撑地，肩背相应前移，身体重心落在两肩上，上提髋腰，腿由弯曲轻轻向上伸端，翻臀、展髋，成倒立姿势；两臂用力支撑，两腿弯曲下落，以脚掌轻轻着地。

（5）提倒立

准备：两脚开立，略比肩宽。

动作：体前屈，直臂撑地，上提髋腰；当两脚离地后，侧分腿，向上翻臀；两腿由分腿向上并拢成手倒立。

3. 场地啦啦操滚翻类动作

滚翻类技巧性动作是着眼于产生的视觉效果和体现的能力与技巧，运用的本意不同于竞技体操的翻滚动作，是啦啦操运动中常见的表现技巧难度类的动作之一。

（1）前滚翻

准备：半蹲。

动作：脚跟提起，前脚掌着地，两手在体前撑地，两臂稍屈；身体重心前移至两臂时，屈臂低头，经头后部、颈、肩、背依次向前滚翻；身体滚至背着地时，顺势屈膝抱腿。尽量使膝盖与胸部相贴，使滚翻圆滑；当两脚着地时，两臂前举，立腰；同时两腿伸直，呈站姿。

（2）后滚翻

准备：蹲撑。

动作：上体前倾后，两手立即推地，上体迅速后倒。两臂弯曲举至肩上，掌心朝上，手指向后，带动身体向后滚翻，两腿弯曲上提，膝盖靠近胸部，含胸，收腹，使臀部、背部、肩部、颈部、头依次着地，向后滚翻；滚至肩部着地时，两手顺势倒置于地上，掌心向后，手指靠近肩部；后滚翻至颈部、后脑着地时，两手快速推地，以脚掌着地成全蹲。

（3）后滚翻倒立

准备：蹲撑。

动作：做后滚翻动作，身体后滚至头后部着地时，两臂用力撑地，抬头；同时两腿快速向上伸,绷脚,立腰,展髋,使身体后倒滚成倒立姿势。

(4)前手翻

准备:站立姿势。

动作:助跑起跳后,上体前压,两臂前伸撑地,同时一腿后摆,一腿蹬地。接近倒立位置时,两腿并拢,经倒立后,迅速向前上伸髋,同时顶肩、推手、挺身翻转成站立。

(5)后手翻

准备:站立姿势。

动作:两腿弯曲,同时两臂向后预摆,接着两脚蹬离地同时两臂迅速向后上方摆。经过手倒立后,迅速顶肩,推手,提腰,屈髋,两腿迅速下压着地。

4.场地啦啦操托举类动作

场地啦啦操的托举的运动员分为 3 类:最上面的队员称为尖子(完成站立、支撑以及各种平衡动作)、在啦啦操的托举中最下面的队员称为底座(起支撑作用,负责辅助尖子员落地)、保护者(保护尖子,协助底座,给予额外的支持和稳定)。

本书主要介绍髋位托举(尖子队员的身体最低点在底座啦啦队队员的髋部位置)和肩位托举(尖子队员的身体最低点在底座队员的肩部位置)。

(1)髋位托举

①单底座髋位托举

尖子队员:面对长凳或者椅子,一脚上步吸腿,另一只脚踩在长凳或椅子上,同时手臂绷紧成"V"形。

底座队员:不参与。

保护者:当同伴上下时,保持其腰部的平衡。

②双底座髋位托举

双底座髋位托举是指两名底座队员支撑完成的髋位托举。主要有以下两种。

A. 双底座两脚站立托举

尖子队员:身体方向同底座队员身体方向一致,两脚站在两名底座队员弓步的大腿上部。上体保持直立平衡。

底座队员:面对面弓步站立,各做相反方向的弓步,一人左脚弓步,另一人做右脚弓步。底座队员的弓步前腿的同侧手从尖子队员的大腿后侧屈臂抱紧尖子队员的单腿,帮助尖子队员保持平衡。

保护者:无。

B. 双底座单脚站立托举

尖子队员:身体方向同底座队员身体方向一致,单脚站在一名底座队员弓步的大腿上部,另一侧腿放置在另一底座队员两手上,上体保持直立平衡。

底座队员:面对面弓步站立,各做相反方向的弓步,一人左脚弓步,另一人右脚弓步,底座队员的弓步腿的同侧手从尖子队员的大腿后侧屈臂抱紧尖子队员的站立腿,另一名弓步底座队员的两腿分立,两手托住尖子队员的脚掌,帮助尖子队员保持平衡。

保护者:在尖子队员后面托住尖子队员髋关节两侧。

（2）肩位托举

①单底座肩位托举

A．单底坐肩

尖子队员：站在底座队员身后。外侧腿放置底座队员的肩部，屈腿绷紧。平衡后，将另一只腿置于底部队员的肩上，两腿屈膝夹住底座队员肩部坐下，两手握拳叉腰。

底座队员：大腿弯曲，平行于地面，膝盖不能超过脚尖，两腿绷紧。分腿半蹲姿势开始，当尖子队员坐上肩位时，胳膊从外侧扶握住尖子队员两腿。向上站立时，两腿用力，腰背立直。手臂扶握尖子队员的大腿。

保护者：站在底座队员身后，两手扶住尖子队员髋关节两侧。

B．单底肩站立

尖子队员：站在底座队员身后，用握手式握法握住底部队员的手。两脚依次踩上底座队员肩部，推底部队员的手，伸腿时同时释放两手，绷紧身体站立，手臂成"V"形。

底座队员：两腿半开蹲，伸出两手并用握手式握法握住尖子队员的手。尖子队员站上去时，依次释放尖子队员两手去握住尖子队员的小腿。下拉稳定小腿，肘关节向前。

保护者：支撑尖子队员的腰部，在尖子队员上肩后握紧其大腿或小腿。

（2）双底座肩位托举

A．双底座骑跨式托举

尖子队员：骑跨姿势，手臂成高"V"形。

底座队员：两腿站立与肩同宽，面对面站立。当尖子队员提右腿时，底部队员一手握住尖子队员的大腿，另一手握住脚踝或小腿中部。当尖子队员被举起时，第二个底部队员握住尖子队员的另一条腿并握住大腿和脚踝的下面，将他们举到肩部的位置。在尖子队员举起的过程中，两底座队员的外侧腿向前侧跨一步成一个小角度。

保护者：托住尖子队员臀部。

B．双底座空中劈腿

尖子队员：两腿伸直，绷脚尖，头、胸、背成一条直线。

底座队员：面对面站立，两脚分开与肩同宽，肘关节夹紧，掌心向上托住尖子队员小腿，将尖子队员踝关节置于肩上。

保护者：无。

C．三底座肩位托举

尖子队员：背对底部队员。向上跳然后后倒，绷紧身体。手臂紧贴身体两侧或成 T 型。保持头部和身体在一条直线上并收紧下巴，后倒时不低头。

底座队员：两名底座面对面站立，两脚分开与肩同宽。下蹲时，一手从后侧握住尖子队员的小腿，另一手放在同伴背部的中间位置。后面的底座站立，手放在尖子队员的背部。

保护者：无。

二、看台啦啦操

看台啦啦操是啦啦队队员在看台上的展示与表演，它没有场地啦啦操那么动感激昂，但因参与人数多,声势浩大。目前,国际上还未见学者对看台啦啦操给出确切的定义。

(一)看台啦啦操概述

1. 看台啦啦操的起源和发展

比赛中,除了呐喊、唱歌、打鼓等,赛场上最壮观、最能调动球员情绪的一种方式就是"墨西哥人浪"表演。1986 年,在墨西哥举行的第 13 届世界杯足球赛上,一部分球迷高举两手跳起来又坐下后,邻座的球迷接着跳起来又坐下,形成壮观的"墨西哥人浪"。

看台啦啦操真正单独地被重视起来是在 2002 年韩日世界杯期间,尤为壮观的是由韩国球迷组织的"红魔"啦啦队。他们新颖的助威方式、整齐划一的动作以及比赛之后不留一块纸片在看台的行为都为世人称道。他们曾在 2006 年德国足球世界杯赛上,以 5 000 人的"红魔"啦啦操声势"压倒"3 万名法国球迷。

看台啦啦操是一项新兴的啦啦操项目。目前,国际上有组织地开展的看台啦啦操活动还比较少。国内也只有北京市看台啦啦操的发展较为蓬勃。

2007 年,金龙鱼杯第二届北京市文明啦啦队大赛扎根于普通老百姓,在赛事上作出了重大调整,大幅度增加了看台队伍数量。啦啦队选拔大赛看台啦啦操的发展起到了稳步推进的作用。

2. 看台啦啦操的特点

(1)简易性

一方面,看台啦啦操简单易学,因此各学校、单位或社区都可以组建文明看台啦啦操;另一方面,看台啦啦操对于队员的要求也不高,其动作幅度不大,下肢动作简单。

(2)广泛性

看台啦啦操由于运动强度不大,动作简单,在运动员的年龄上没有特定的要求,老少皆宜。

(3)感召性

看台啦啦操的动作主要有上肢手臂的屈伸、摆动、环绕与下肢的伸蹲、小幅度的移动等,这些动作配合不同的口号和道具,起到整齐划一的视觉效果,较场地啦啦操及其他助威活动,更能振奋人心,营造赛场气氛。

(4)灵活性

看台啦啦操不像场地啦啦操那样有明文规定限制,是由看台观众自发自愿地发展而来,只有相对的大中小规模之分,这使得看台啦啦操的开展更为易行,规模更加灵活。

(5)文明性

看台啦啦操有助于赛场文化的建设。在体育比赛期间肩负着重要的文明示范作用,还能在工厂活动、全民健身运动会及各种大、中、小型活动中发挥带头作用,是各企事业、学校、社区等文明载体的重要组成部分。

(二)看台啦啦操的基本动作

1. 看台啦啦操运动的基本姿势

(1)坐姿

姿势描述:抬头挺胸,肩胛骨向后夹紧,收腹立腰,坐于椅子的前部,两手自然放在腿上,两腿并拢,大腿与小腿垂直,膝盖脚尖在同一方向。

(2)站姿

姿势描述:抬头挺胸,肩胛骨向后夹紧,收腹立腰,两手自然放在体侧,两腿并拢。

2. 看台啦啦操运动的基本动作

(1)举:主要有前举、上举、侧上举等。

(2)击掌:主要有胸前击掌、头上击掌、身体两侧击掌等。方法为一手四指并拢在另一手的虎口处相叠。

(3)振臂:主要有胸前振臂、两臂上举振臂、单臂上举振臂等。

(4)摆动:主要有两臂侧上举,保持大臂不动,小臂向两侧摆动;两臂上举直臂向两侧摆动;身体向两侧摆动,同时两手胸前平屈,小臂重叠,两臂经体前直臂上下摆动等。

(5)手臂屈伸:主要两手同时由胸前竖屈至上举、两手交替由胸前竖屈至上举、两手同时由胸前竖屈至前举、两手交替由胸前竖屈至前举。

(6)手臂的绕及环绕:主要两臂或单臂体前绕或环绕。

(7)人浪:由啦啦队队员顺时针或逆时针依次完成一样的、有上下起伏的动作。

2. 看台啦啦操运动利用道具的动作

看台啦啦操所用的道具主要有:锣、鼓、丝巾、旗子、横幅、花球、扇子、哨子、喇叭、气球、充气棒、手铃、沙锤、标语牌、鼓掌手板等。

看台啦啦操运动的基本动作均可加上道具进行练习。

第五节　普拉提

一、普拉提概述

(一)普拉提的起源与发展

普拉提是一种锻炼方法,因为是由 Joseph Pilates(约瑟夫·普拉提)创立并推广,因此用他的名字来命名。

德国人约瑟·亨伯特斯·普拉提 1880 年出生于德国,自小体弱多病,患有风湿病、哮喘和佝偻病,为了克服这些疾病,他曾进行健美训练、体操等各类运动,并研习东西方不同类型的运动方法。1912 年,普拉提先生迁居英国。在第一次世界大战期间,他的独特有效的运动疗法,帮助了大批囚犯康复身体,因而受到大众的关注。1926 年,普拉提移民美国纽约。在前往美国的船上遇见了未婚妻克拉拉。在纽约他们夫妇设立了普拉提工作室,专门为著名的舞蹈家、演员、运动员提供针对性的运动疗法训练。由于效果显著,从此誉满美国,后来更逐步获得世界各国及各界的认同和肯定。

普拉提汲取了东方古老的瑜伽、太极与西方古罗马、希腊的传统养生术的精髓,再通过姿势练习将呼吸、冥想、柔韧和平衡有机地结合在一起,从而达到加强人体核心肌肉、提高柔韧壁性、改善不良体态、均衡雕塑形体、缓解压力的多重目的。普拉提的练习目标非常全面,在令全身得到锻炼的同时,它主要针对人体的核心肌肉(由腹肌、臀肌、下背肌环绕组成)进行练习,所以对腰、腹、臀等女性重点部位的塑造效果尤为突出。普拉提没有复杂的动作组合,学起来很容易。它的动作以动静结合为主。其动静结合的动作安排,使身体既有紧张也有放松,既有节奏的转换又有放松的调息,让练习者更容易控制身体,减少错误姿势对体态的负面影响;它的运动速度平缓,不会对关节和肌肉产生伤害,在舒缓的状态下,全身的每一块肌肉、每一块骨骼都得到了锻炼;它的适应性很强,能适应很大年龄段的人练习;它还可以借助于哑铃、弹力带等进行全方位的身体训练。

在 20 世纪三四十年代,普拉提训练法被美国"舞蹈协会"接受并认可。在专业的舞蹈训练中,因为运动强度过大,很多动作姿势过分违背人体的生理弯曲,所以大多数舞者都有伤病,尤以腰部病例者占多数。普拉提训练法在给伤病舞者进行身体康复的过程中,有着积极促进作用。随后,普拉提相继被体操、跳水、田径等运动列为特殊的训练项目。

20 世纪 90 年代,很多理疗师将普拉提运用于理疗的各个领域,其中包括外科、老年医学、治疗慢性疼痛等等。到了 20 世纪末,普拉提更广泛地被运用于医疗康复机构。在包括外科学、慢性疼痛研究、老年医学等领域,发挥其辅助治疗的功效。如今,在欧美国家,普拉提已成为最时尚、最受欢迎的健身方法之一。许多影视明星、超级名模对普拉提更是钟爱有加,纷纷把它作为塑身美体、释放压力的秘密武器。

普拉提既不像有氧健美操那样剧烈,也不像瑜伽那样繁复高深,是一种大众的健身方法。普拉提效果显著,动作简单易学,对于形体塑造来说,是一种很好方法。

(二)普拉提的特点与功效

1.普拉提的特点

(1)糅合东方和西方运动概念而成的运动

西方人着重于身体肌肉能力的训练,如锻炼腰、腹、背、胸等肌肉。而东方人着重呼吸和心灵的训练,如冥想、瑜伽和太极。普拉提把东方的柔韧和西方的刚毅合二为一,既吸取了古老的瑜伽和太极的动作精髓,用节奏将呼吸、冥想、柔韧、平衡有机结合在一起,达到伸展脊椎拉长韧带的功能,同时,还提高了本体神经的感受,深层肌肉的调动能力,躯干的稳定性和周围神经的动员,让肌肉柔韧性得到改善,增进肌力,增强躯干的控制能力、平衡能力、稳定能力。

（2）理论的科学性

普拉提不仅集聚了东西方运动概念的长处，还兼容了当时的心理学与生理学的相关研究成果，其中包括现代运动科学及康复学，是很科学的健身理论。

（3）安全性

普拉提的运动速度平和，是静力状态的运动，几乎不会产生对关节和肌肉的伤害。与此同时，普拉提动静结合的动作安排，使身体既有紧张也有放松，既有步伐的转换又有打坐的调吸，这就使锻炼的人更容易控制身体，减少因姿势错误造成的负面作用。因此，在安全方面，普拉提运动是系数最高的运动之一。

（4）全面有效

普拉提借助于哑铃、体操棒、垫子交叉进行身体训练，虽然动作较为稳健，看起来并不火暴，但却是全方位的。既有针对手臂、胸部、肩部的练习，又有腰腹部和背部的力量练习，也有增强柔韧性的伸拉训练，各个部位能够得到充分绷紧和拉伸，所以全面有效。

（5）强调静止控制，不加大肌肉

普拉提强调静止控制，使得训练者在增强肌肉力量的同时却不加大肌肉体积。普拉提的轻器械练习就是遵循着小重量多次数的原则，令肌肉充满弹性而又不会使肌肉变得太突出。它的运动强度不是特别大，但它讲究控制、拉伸和呼吸，对腰、腹、臀等女性重点部位的塑造有非常好的效果。这更适合女子在现实生活中对形体美的要求。

（6）挑战性与娱乐性相结合

由于动作缓慢，加上肌肉的控制、呼吸的配合，让本来看似简单的动作，做起来会有一定的难度。普拉提的练习环境，配合舒缓优美的音乐，能使人充分放松，动作的转换则流畅自然，训练者在练习过程中惬意自在，不会出现过度劳累的感觉。

（7）简单易学

普拉提动作与瑜伽相比较要简单，它没有复杂的动作组合，简单易于掌握。普拉提最大的特点是简单易学，不仅动作平缓，而且能有目的地针对手臂、胸部和肩部锻炼，同时又可以增强身体的柔韧性。而且，这项运动不受活动地点的限制，无论专业健身房还是起居室，同样能够练习。

（8）实用性强

普拉提不受场地的限制，没有太多的要求，价值简单易学，效果全面，因此，实用是很强的。

2. 普拉提的功效

（1）促进脊柱的生理功能恢复

就如同人的容颜会衰老一样，人的脊柱随着年龄的增长，也会出现退行性改变的现象。更不可避免的是，现代职业女性的工作生活压力越来越大，长期伏案、使用电脑工作的人越来越多，却很少有人细心地去呵护自己的脊柱，从而使出现脊柱病变的人数不断增加。众所周知，脊柱承受着人体完成前屈、后伸、左右侧屈和自身扭转动作带来的压力，而由一节节脊椎骨以及其中间的椎间盘组成的脊柱，本身并不存在活动能力，支持脊柱运动的主要是附着在脊柱周围的韧带和肌肉。普拉提训练法注重腰背肌及其深层肌肉力量的提升训练，职业女性可以通过对腰背肌训练，加强了脊柱周围肌肉和韧带的力量，而这强有力的肌肉及韧带就像在脊柱周围包裹了一层"橡胶"一样，大大地提高了脊柱的安全性，并起到恢复正常脊柱生理弯曲的作用。

(2)增加肌肉力量,却不会增大肌肉体积

普拉提训练法强调静止中的控制,利用自身体重,遵循小重量多次数的训练原则,令肌肉丰盈、充满弹性而不会增大肌肉的体积。这更加符合职业女性对形体美的要求,使训练者的动作更加流畅,改善了对肌肉的控制能力,减少肌肉的僵硬感。

(3)挺拔身姿

拉伸练习是普拉提训练法的重要组成部分,其借助了瑜伽、芭蕾的姿势,并在每组动作结束后都要针对目标肌肉进行伸拉。拉伸的益处主要表现在以下几个方面。

①可以有效预防运动损伤的产生。

②缓解疲劳,促进体能恢复。

③充分而正确的拉伸练习,使膨胀的肌细胞纵向伸展,塑造均匀、修长的肌肉线条,并改善肌肉的柔韧性。

④在拉伸的过程当中,机体器官的功能也同时可以得到强化。

(4)提高精神

普拉提可以促进情感健康。平缓、稳定的动作可以让人心灵平静,缓解紧张的精神。在拉长和加强肌肉的时候,可以促进循环系统的运转,扫除你的紧张情绪。每一个动作都会让人感到平静、协调和有活力。把注意力集中,消除压力。

(5)发展核心力量,均衡发展肌肉

普拉提让身体产生一个强壮的"核心",或者可以说是身体的中心。而这个核心的构成部分就是深层的腹部肌肉连同离脊柱最近的肌肉。这个很强的中心力量,使躯干、骨盆和肩带成为一个稳定的整体。

普拉提能够照顾到全身的所有部位,甚至包括踝关节和足部,没有一组肌肉会产生训练不足或过度训练的情况,使锻炼者的肌肉能平衡地得到锻炼,从而使肌肉能够平衡地发展。这样,锻炼者就会拥有线条优美的肌肉。

(6)促进关节健康

普拉提通过拉长身体,从而能够减少骨关节疼痛。恰当的普拉提运动对于治疗关节炎很有疗效。因为它通过拉伸运动可以增加人体的柔韧性,减少关节疲劳。拉伸还会让营养物质流向肌肉肌腱,让肌肉健康。普拉提还可以刺激关节润滑剂的产生,缓解腿、背、颈和肩膀的一些病痛。

(7)改善体态

普拉提的强度不是很大,但每个动作都讲究控制、伸拉,对腰、腹、臀部位的塑造效果极佳。对于减肥,普拉提表现出来的持久性与稳定性比一些有氧运动更强。

二、普拉提基本动作

(一)站姿热身

锻炼部位:脊柱及全身柔韧性。

动作方法：

(1)靠墙站立,脊柱于人的中轴位置,从颈椎至尾骨充分伸展,后脑勺及腰、背、臀贴于墙面,扩展胸腔,沉肩,收腹.脚跟与墙相距 1 步。静止吸气。

(2)呼气,下颌抵进锁骨,后脑勺离开墙面,臀部紧贴墙面不动,自然呼吸,而后吸气,还原动作。

(3)动作重复 5 次左右。

注意要点：

(1)脊柱处于中轴位置上进行伸展,不要耸肩或仰起下颌。

(2)要沉肩、收腹,双腿做"普拉提基本站姿"。

(二)单腿伸展

锻炼部位:腹肌及大腿肌群。

动作方法:

(1)仰卧上体抬起,肩膀离地,左腿伸直,右腿弯曲。

(2)胸与右腿接触,右手抱住脚踝,左手抱膝,呼吸 1 次交换腿。

(3)左右两侧动作各重复 10 次左右。

注意要点:上体不要放松,上背部离地。

(三)单腿画圈

锻炼部位:腹肌及大腿肌群。

动作方法:

(1)平躺在垫子上,双臂放于体侧,一腿上举,另一腿伸直或弯曲放于地上,腹部要收紧,腰背部紧贴地面。

(2)吸气时上腿画圈,呼气时回到起点停住,一个方向要做 10～12 次,然后换反方向环绕 10～12 次。

注意要点:腿环绕幅度不应该太大,保持臀部平稳,髋关节不动。

(四)双腿伸展

锻炼部位:腹肌及大腿肌群。

动作方法:

(1)仰卧上体抬起,双膝收到胸前,团紧身体,双手抱膝,吸气。

(2)伸展全身,呼气,收回到初始状态。

(3)动作重复 10 次左右。

注意要点:打开身体时,双臂从前到上,收回时则从旁边手到抱膝。

(五)侧卧抬腿

锻炼部位:大腿内侧肌群。

动作方法:

(1)侧卧,头、肩、髋在一条直线上,双腿稍向前收,左腿于右腿后。吸气。

(2)屈膝,脚尖蹬地,脚后跟抬起,右腿勾脚外悬,向上抬起与髋同高。同时呼气。

(3)还原,吸气。然后换腿重复上述练习。

(4)左右两侧动作各重复做 10 次左右。

注意要点:肩膀放松,上体不要松懈。

(六)屈膝外展

锻炼部位:外侧臀大肌。

动作方法:

(1)跪撑手臂和身体,大腿和身体、大腿和小腿均保持在 90°的位置。

(2)呼气时左膝外展至水平。

(3)吸气还原。

(4)左右动作各重复做 10 次左右。

注意要点:

(1)动作要缓慢,应有控制。

(2)保持各关节的垂直状态和身体的平衡。

(七)侧卧击腿

锻炼部位:侧腹肌及大腿内侧肌群。

动作方法:

(1)侧卧左臂肘撑,身体成一条直线。

(2)然后呼气,左腿上举击打左腿。

(3)吸气,左腿还原。

(4)左右动作各重复做 10 次左右。

注意要点:动作缓慢有控制,保持正确的身体姿态。

(八)单腿上伸

锻炼部位:臀大肌下缘和大腿后侧肌群。

动作方法:

(1)双臂肘撑、跪立,左腿膝关节朝下屈膝脚尖向上。

(2)呼气,左腿沿脚尖方向上伸。

(3)吸气,动作还原。

(4)左右腿动作各重复做 10 次左右。

注意要点:

(1)动作应缓慢有控制。

(2)使脚尖尽量保持向上。

(九)卷腹起身

锻炼部位:上腹肌。

动作方法:

(1)仰卧双手胸前交叉,双腿屈膝 90°。

(2)双腿分开同肩宽,呼气,上体卷起。

(3)吸气,身体还原。

(4)动作重复 10 次左右。

注意要点:身体卷起时,腰部始终保持与地面接触。

(十)仰卧挺髋

锻炼部位:臀大肌、大腿后群肌肉。

动作方法:

(1)仰卧双手放于体侧,双腿屈膝 90°。

(2)双腿分开同肩宽,然后呼气,髋向上挺起至最高点。

(3)停顿 2 秒,再吸气动作还原。

(4)动作重复 10 次左右。

注意要点:双脚的前后位置可以根据自己练习部位的感觉情况来调整。

(十一)身体控制

锻炼部位:腹肌及腰、背部肌肉。

动作方法:

(1)双臂肘撑、跪立,然后双腿向后伸出双脚脚尖着地,身体挺成一条直线。

(2)保持此姿势控制 10 秒,自然呼吸。

(3)动作重复 10 次左右。

注意要点:

(1)做此动作时要有控制,呼吸自然,不要憋气。

(2)在完成动作有困难时,可用膝关节支撑地面。

参考文献

[1]何荣,王长青.健美操教程[M].北京:北京师范大学出版社,2010.

[2]文岩.健美操教程(第二版)[M].上海:复旦大学出版社,2014.

[3]黄菁,朱维娜.健美操[M].重庆:西南师范大学出版社,2013.

[4]李德玉,胡素霞.健美操[M].北京:化学工业出版社,2012.

[5]张虹,刘智丽,党云辉,黄咏.健美操[M].北京:北京师范大学出版社,2008.

[6]李玉玲,周祖宝,王家顺.健美操实用技法解析[M].北京:中国商务出版社,2008.

[7]吴晓红.跳动音符——健美操[M].南京:江苏科学技术出版社,2006.

[8]李红,冯艳,梁宝君.健美操[M].北京:化学工业出版社,2012.

[9]黄文杰,刘畅.健美操教程[M].北京:北京大学出版社,2014.

[10]马鸿韬.竞技健美操[M].北京:高等教育出版社,2005.

[11]王艳.健美操实用技法解析[M].西安:西安地图出版社,2009.

[12]陈瑞琴.健美操理论与实践创新[M].北京:北京体育大学出版社,2011.

[13]孟宪君.大众流行健身项目理论与实践[M].北京:高等教育出版社,2003.

[14]朱晓龙,李立群.健美操[M].杭州:浙江大学出版社,2014.

[15]马鸿韬.现代健美操训练方法[M].北京:北京体育大学出版社,2005.

[16]王京琼.健美操教学与训练[M].长沙:中南大学出版社,2008.

[17]赵栩博,崔海燕.健美操套路与教学[M].北京:北京体育大学出版社,2006.

[18]马鸿韬.健美操创编理论与实践[M].北京:高等教育出版社,2004.

[19]颜飞卫.大学健美操、体育舞蹈、排舞教程[M].北京:北京师范大学出版社,2012.

[20]张斌.瑜伽基础入门大全[M].北京:科学技术文献出版社,2012.

[21]宋雯.瑜伽教学与实践[M].北京:北京体育大学出版社,2011.

[22]尹珏林.瑜伽大全[M].北京:华文出版社,2009.

[23]刘荃莉.拉丁塑身操[M].成都:成都时代出版社,2008.

[24]姜桂萍.健身健美[M].北京:高等教育出版社,2006.

[25]张先松.健身健美运动[M].武汉:华中科技大学出版社,2009.

[26]OYA.学跳肚皮舞[M].杭州:浙江科学技术出版社,2006.

[27]黄迓达.形体训练[M].北京:原子能出版社,2008.